国家重点研发计划"智慧司法科学理论与司法改革科技支撑技术研究"（项目编号：2020YFC0832400）

数字时代民事裁判文书说理依据研究

郑令晗 著

中国社会科学出版社

图书在版编目（CIP）数据

数字时代民事裁判文书说理依据研究／郑令晗著．—北京：中国社会科学出版社，2023.9
ISBN 978-7-5227-2221-4

Ⅰ.①数… Ⅱ.①郑… Ⅲ.①数字技术—应用—民事诉讼—法律文书—研究—中国 Ⅳ.①D926.134

中国国家版本馆 CIP 数据核字（2023）第 129095 号

出 版 人	赵剑英
责任编辑	许 琳 高 婷
责任校对	李 硕
责任印制	郝美娜

出 版	中国社会科学出版社
社 址	北京鼓楼西大街甲 158 号
邮 编	100720
网 址	http://www.csspw.cn
发 行 部	010-84083685
门 市 部	010-84029450
经 销	新华书店及其他书店
印 刷	北京君升印刷有限公司
装 订	廊坊市广阳区广增装订厂
版 次	2023 年 9 月第 1 版
印 次	2023 年 9 月第 1 次印刷
开 本	710×1000 1/16
印 张	15.25
插 页	2
字 数	235 千字
定 价	88.00 元

凡购买中国社会科学出版社图书，如有质量问题请与本社营销中心联系调换
电话：010-84083683
版权所有 侵权必究

序

　　如果说法律是一门平衡的艺术，那么司法就是一场价值平衡的活动。法官审理案件在进行价值判断时，往往因个体的偏好、认知等因素而导致裁判尺度偏差。近年来，司法实践中因价值失衡，出现了"老人倒地扶不扶"和"电梯吸烟劝不劝"等社会性后遗症，那么如何实现价值均衡呢？纯粹的法学方法往往难以解决这个问题！必须革新研究手段，以海量的裁判文书为基础，把千千万万法官内隐于裁判文书中的司法价值尽可能显性化，即将主观的司法价值得以客观化展现出来。裁判文书说理是法官价值平衡活动中最生动的部分，但是当其以文字表达出来时，那些"生动"又隐入了严肃的法言法语之中。

　　说理的"理由"并不是完全客观的，它具有主观性的因素，"理由"的主观性需要"依据"的客观性来排除。裁判说理彰显着司法论证的实践理性，裁判理由是法官进行裁判说理给出的理由，说理依据是裁判理由的事实样态，由此可以推导出说理依据是指在裁判文书中支持被说理对象的说理理由的一般性依据。说理依据与裁判依据既有关联性，又存在实质性区别。无"依据"则无"说理"，民事裁判文书说理依据既是规范与事实的连接点，也是同案不同判的理性尺度，这是民事裁判文书说理依据所具有的独立价值。知识是人类经验的凝结，民事裁判文书说理依据来源于显性知识、隐性知识以及隐性知识显性化，这也是民事裁判文书说理依据知识图谱可行的理论依据。

　　随着裁判文书改革不断强化和细化，我国民事裁判文书释法说理改革已经逐渐深入到"说理依据"上来。在建设高效率的智慧法院背景下，将裁判文书的各个要素都实现智能化生成，尤其是裁判理由部分的自动生成，有赖于说理依据的结构化、客观化和计量化。因为裁判理由是法官价值判断的过程，而说理依据则是该价值判断的载体。因而，有必要将民事裁判文书说理依据研究置于"智慧司法"或"智慧法院"场域中进行观察，将裁判文书说理依据中的隐性知识显性化。

湘潭大学法学学部在智慧司法研究方面有较好的基础，诉讼法学本就是传统优势学科，近年来牵头主持十三五国家重点研发计划项目"智慧司法科学理论与司法改革科技支撑技术研究"，获批了智慧司法与数字治理湖南省重点实验室，与湖南省高级人民法院共建湖南省数据治理与智慧司法研究中心。郑令晗博士深度参与了"智慧司法科学理论与司法改革科技支撑技术研究"项目，其在硕士生和博士生期间都是研习民事诉讼法，这本著作体现了其在运用人工智能技术和多学科方法解决法律问题的意识和能力。例如，以知识图谱为模型解决民事裁判文书说理依据发现方法的问题，从心理学的"心理契约"理论和经济学的"助推理论"探究民事裁判文书的说理依据适用机制。

整体而言，这本著作以"说理对象＝说理理由＋说理依据"为裁判文书说理的构造公式，从"基本原理""现状实证""适用情形""发现方法""选择准据"和"能动适用"，构建民事裁判文书说理依据"理论—应用"体系。当我们回到智慧司法问题域，会发现这本著作根据说理对象与说理理由、说理依据的逻辑联系，构建了民事裁判文书标注的新实体——说理依据。

当然，由于受到知识结构和学术前沿的影响，其关于人工智能技术的掌握还需与时俱进，对于智慧司法原理的研究还不够透彻，希望郑令晗在未来的交叉研究中能够继续挑战自己。作为见证郑令晗在学术路上不断成长的老师，得知其专著《数字时代民事裁判文书说理依据研究》即将出版，这也是我期待的智慧司法科学理论系列丛书的第一本，欣然作序！

期待郑令晗的研究成果越来越多，在学术之路上越走越远！

廖永安

作于湘潭大学

2023 年 8 月 23 日

目 录

第一章　绪论 ··· 1
　第一节　选题背景 ··· 1
　　一　建设高效率的智慧法院 ·· 1
　　二　裁判文书释法说理改革 ·· 3
　　三　小结：背景反映的问题意识 ·································· 7
　第二节　研究综述 ··· 10
　　一　民事裁判文书说理中基本要素和其必要性 ············· 10
　　二　民事裁判文书说理中的原则、方法与选取因素 ······· 12
　　三　民事裁判文书说理的问题、因素与完善 ················ 16
　　四　国内外研究成果的述评 ······································ 20
　　五　小结：民事裁判文书说理依据研究的必由之路 ······· 22
　第三节　研究思路、方法与内容 ···································· 23
　　一　基本研究思路 ·· 23
　　二　主要研究方法 ·· 24
　　三　主要研究内容 ·· 25
　第四节　创新与不足 ·· 28
　　一　可能的创新 ··· 28
　　二　潜在的不足 ··· 29

第二章　民事裁判文书说理依据的基本原理 ····················· 31
　第一节　民事裁判文书说理依据的本体论 ······················· 31

一　裁判说理：司法论证的实践理性 …………………………… 32
　　二　说理依据：裁判理由的事实样态 …………………………… 34
　　三　民事裁判文书说理依据的内涵 ……………………………… 38
　　四　民事裁判文书说理依据的构造 ……………………………… 39
　　五　民事裁判文书说理依据与裁判依据的关系 ………………… 41
　第二节　民事裁判文书说理依据的独立价值 ……………………… 43
　　一　无"依据"则无"说理" …………………………………… 43
　　二　事实与规范的连结点 ………………………………………… 47
　　三　同案同判的理性尺度 ………………………………………… 48
　第三节　民事裁判文书说理依据的知识来源 ……………………… 50
　　一　说理依据的显性知识来源 …………………………………… 50
　　二　说理依据的隐性知识来源 …………………………………… 54
　　三　说理依据的隐性知识显性化来源 …………………………… 55

第三章　民事裁判文书说理依据的现状实证 ………………………… 58
　第一节　民事裁判文书说理依据发现的现状：基于访谈样本 …… 58
　　一　依靠个人经验发现依据 ……………………………………… 59
　　二　法官缺乏检索依据技能 ……………………………………… 61
　　三　存在说理依据库的需求 ……………………………………… 65
　第二节　民事裁判文书说理依据选取的现状：基于问卷样本 …… 69
　　一　民事裁判文书说理需要说理依据的情形 …………………… 70
　　二　选取民事裁判文书说理依据的整体思路 …………………… 72
　　三　可选民事裁判文书说理依据的主要类型 …………………… 74
　　四　影响民事裁判文书说理依据选取的因素 …………………… 83
　第三节　民事裁判文书说理依据适用的现状：基于案例样本 …… 89
　　一　说理没有说理依据 …………………………………………… 92
　　二　说理均有说理依据 …………………………………………… 93
　　三　部分说理没有说理依据 ……………………………………… 94
　第四节　小结：说理依据发现难、选择难、适用不当 …………… 95

第四章　民事裁判文书须要说理依据的适用情形 ………… 98
第一节　证据审查说理阶段须要适用说理依据 …………… 99
　　一　举证证明责任分配须要说理依据 …………………… 99
　　二　证明标准须要说理依据 ……………………………… 102
　　三　证据三性须要说理依据 ……………………………… 104
　　四　证据能力和证明力须要说理依据 …………………… 106
第二节　事实认定说理阶段须要适用说理依据 …………… 109
　　一　审查诉称事实进入法律事实须要说理依据 ………… 110
　　二　认定事实及确认事实争点须要说理依据 …………… 113
　　三　根据间接证据认定案件事实须要说理依据 ………… 115
　　四　采用推定方法认定案件事实须要说理依据 ………… 115
第三节　法律适用说理阶段须要适用说理依据 …………… 117
　　一　法律漏洞出现时须要说理依据 ……………………… 119
　　二　法律适用争议时须要说理依据 ……………………… 121
　　三　法律规范竞合时须要说理依据 ……………………… 123
第四节　自由裁量说理阶段须要适用说理依据 …………… 123
　　一　运用自由裁量权须要说理依据 ……………………… 124
　　二　自由裁量所考虑因素须要说理依据 ………………… 126

第五章　民事裁判文书的说理依据发现方法：以知识图谱为模型 …… 129
第一节　从法律发现到说理依据发现 ……………………… 129
　　一　发现的内涵 …………………………………………… 130
　　二　法律发现的内涵 ……………………………………… 131
　　三　说理依据发现的内涵 ………………………………… 132
第二节　民事裁判文书说理依据的知识图谱构建 ………… 134
　　一　说理依据知识图谱的信息抽取 ……………………… 137
　　二　说理依据知识图谱的知识融合 ……………………… 139
　　三　说理依据知识图谱的知识加工 ……………………… 141
　　四　说理依据知识图谱的知识更新 ……………………… 144
第三节　民事裁判文书说理依据知识图谱的应用 ………… 145
　　一　说理依据的发现Ⅰ：构建说理依据库 ……………… 145

  二　说理依据的发现Ⅱ：优化说理依据检索 …………… 149
  三　说理依据的发现Ⅲ：降低法官说理风险 …………… 153

第六章　民事裁判文书的说理依据选取准则：以宪法规范为例证 …… 155
 第一节　选取准则Ⅰ：民事裁判文书说理依据的合法性 ………… 157
  一　形式合法性：合乎现行法律 …………………………… 158
  二　实质合法性：实现法律效果 …………………………… 161
 第二节　选取准则Ⅱ：民事裁判文书说理依据的必要性 ………… 163
  一　弥合法律的漏洞：缺位—弥合模式 …………………… 163
  二　回应当事人诉求：诉求—回应模式 …………………… 167
 第三节　选取准则Ⅲ：民事裁判文书说理依据的可行性 ………… 170
  一　具有客观性：说理依据本身无须再证 ………………… 171
  二　具有一致性：说理依据之间不相冲突 ………………… 174
 第四节　小结：新类型依据成为民事裁判文书说理依据的判定 …… 178

第七章　民事裁判文书的说理依据适用机制：以能动司法为视角 …… 180
 第一节　民事裁判文书说理依据能动适用的理论基础 …………… 181
  一　心理契约：法官与法院间的隐性心理期待 …………… 182
  二　助推理论：法院激励法官的隐性行为策略 …………… 184
 第二节　民事裁判文书说理依据能动适用的心理机制 …………… 186
  一　心理契约形成：愿用说理依据 ………………………… 186
  二　心理契约维护：敢用说理依据 ………………………… 187
  三　心理契约履行：用好说理依据 ………………………… 190
 第三节　民事裁判文书说理依据能动适用的助推机制 …………… 191
  一　简化机制：民事裁判文书说理"繁简"分流 ………… 192
  二　纠正机制：民事裁判文书说理体例灵活调整 ………… 201
  三　默认机制：民事裁判文书说理依据辅助生成 ………… 206

结　语 ……………………………………………………………………… 213

参考文献 …………………………………………………………………… 216

附　录 ……………………………………………………………………… 226

第一章

绪　　论

第一节　选题背景

"社会不是以法律为基础的，那是法学家们的幻想。相反的，法律应该以社会为基础。"[①] 一方面，法学问题的研究不能离开特定的时空背景，否则显得"不合时宜"；另一方面，法学问题的研究必须回应特定时空背景下的社会问题，否则显得"不务实"。然而，在同一个时代中，社会背景并不是唯一的，而是多种社会问题交织在一起，需要从众多的问题中寻找到与研究主题密切相关的社会基础。对于裁判文书说理依据的研究而言，必须回应"人工智能"和"司法改革"时代呼声，即建设高效率的智慧法院和加强裁判文书释法说理工作，才有可能让研究成果既合乎"时宜"又相对"务实"。

一　建设高效率的智慧法院

"智慧法院"并不是凭空想出来的，而是基于信息化技术发展和法院信息化进程而提出的愿景。1995年，全国法院通信及计算机工作会议的召开，意味着我国法院信息化建设起步；2015年，中国法院实现了人民法院信息化2.0版——依托互联网的互通特征为基础；2015年7月全

[①] 中共中央马克思恩格斯列宁斯大林著作编译局：《马克思恩格斯全集（第六卷）》，人民出版社1961年版，第291—292页。

国高级法院院长座谈会提出建设具有中国特色的人民法院信息化 3.0 版。① 智慧法院的含义可以作如下描述，"依托现代人工智能，围绕司法为民、公正司法，坚持司法规律、体制改革与技术变革相融合，以高度信息化方式支持司法审判、诉讼服务和司法管理，实现全业务网上办理、全流程依法公开、全方位智能服务的人民法院组织、建设、运行和管理形态"。②

尽管最高人民法院于 2018 年 1 月开通了"类案智能推送系统"，以实现类案的查询与推送的智能化和效率化，用以规范裁判尺度、统一法律适用、辅助量刑决策，从而促进司法公正。③ 但是，在调研过程中发现，大多数法官并不是冲着"类案"去的，在法官眼中"没有类案，只有类争点"，他们认为裁判文书自动生成系统比所谓的类案系统更加实用，因为裁判文书自动生成系统能够自动、半自动生成全要素的裁判文书样稿（如图 1-1），能够切实减轻法官工作负担。因为目前没有"类说理依据"推送系统，法官将"类案智能推送系统"作为说理依据查找的工具，但是所推送的类案并不符合办案法官所需要的类案，即便通过关键词主动检索也难以找到所需要的类案，因而该系统并未受到办案法官的欢迎。

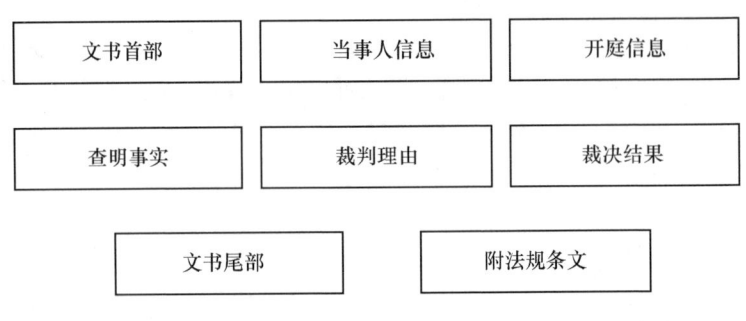

图 1-1 裁判文书自动生成系统生成裁判文书的完整要素

---

① 中国社会科学院法学研究所、国家法治指数研究中心法治指数创新工程项目组：《中国法院信息化第三方评估报告》，中国社会科学出版社 2016 年版，第 1—7 页。

② 光明网：《智慧法院：促进审判能力现代化》，https://news.gmw.cn/2017-07/28/content_25254809.htm。

③ 人民法院新闻传媒总社：《周强：认真学习贯彻党的十九大精神深入推进智慧法院建设》，http://courtapp.chinacourt.org/fabu-xiangqing-76552.html。

就案件审理而言，智慧法院的建设应该贯穿立案登记、繁简分流、庭审过程、文书生成、案件送达等全过程。目前，电子卷宗随案同步生成系统，以及深度运用电子卷宗工作在各级法院得到了大力推广，通过电子卷宗自动识别技术，自动归类技术和文书辅助生成技术为代表的智能应用成效展现，成为智慧法院智能化建设的"牛鼻子"工程。[1] 智慧法院建设能够最大限度实现文书的智能生成、自动生成。将庭审前、庭审中和庭审后的所有相关卷宗都进行电子化和结构化处理，在系统内智能提取相关数据，对当事人信息、案件事实、证据梳理、争点归纳、指导案例、法律索引等都可以在"裁判文书自动生成系统"按照法律文书样式的要素自动生成相应段落。

当事人信息、案件事实、证据、争议焦点都是经过法官审查或归纳后形成了电子文档，已经完成了法官的价值判断；指导案例、法律索引等可以在司法大数据库中自动完成检索匹配，不涉及价值判断问题。但是，对于裁判文书说理部分涉及到价值判断内容的，法官之间存在个体差异，这是当前智慧司法建设过程中要着重突破的难点。因此将裁判文书说理部分涉及的价值判断尽可能趋同，是实现裁判文书理由部分智能输出的前置条件。然而，要使裁判文书说理部分涉及的价值判断趋同，尽可能防止"类案不同判"，以减少公众质疑司法判决公信力，进而提升司法权威，其突破口在于说理依据——尽管说理不可量化，但是说理的"依据"可以量化，而量化后的"依据"就能客观呈现其所荷载的价值判断。因此，在建设高效率的智慧法院背景下，如何将"裁判文书自动生成系统"的各个要素都实现智能化生成，尤其是裁判理由部分的自动生成，有赖于说理依据的结构化、客观化和计量化，这是研究背景之一。

二 裁判文书释法说理改革

作为司法改革的关键环节，裁判文书释法说理改革自然是人民法院司法改革步骤中重中之重，《人民法院五年改革纲要》可视为裁判文书

---

[1] 中国法院网：《〈法治蓝皮书：中国法院信息化发展报告（2019）〉发布》，https://www.chinacourt.org/article/detail/2019/03/id/3742824.shtml.

说理改革的起步阶段。根据历次司法改革进程中发布的有关政策文件（见表1-1）可将裁判文书释法说理改革分为几个主要阶段，可以大致发现其从宏观阶段逐步推进到精细化阶段，从裁判文书的结构形式方面延伸到裁判文书说理依据方面。

表1-1　　　裁判文书说理改革的有关文件内容简介

文件名称	主要内容	时间
最高人民法院印发《人民法院五年改革纲要》	增强判决的说理性	1999年10月
《最高人民法院关于民事诉讼证据的若干规定》	阐明证据是否采纳的理由	2001年12月
《最高人民法院关于加强民事裁判文书制作工作的通知》	强调判案理由说理性，突出争议证据认证说理以及对当事人诉讼请求的辨法析理，对当事人争议焦点要详尽地阐述裁判的理由	2006年6月
《人民法院第三个五年改革纲要（2009—2013）》	增强裁判文书的说理性	2009年3月
《最高人民法院关于进一步提高裁判文书质量的通知》	加强裁判文书说理，重点围绕争议焦点、事实认定、证据采信、裁判理由、法律适用进行阐释	2009年5月
《最高人民法院关于裁判文书引用法律、法规等规范性法律文件的规定》	对于特定规范性文件，可以作为裁判说理的依据	2009年10月
《中共中央关于全面深化改革若干重大问题的决定》	增强法律文书说理性	2013年11月
《中共中央关于全面推进依法治国若干重大问题的决定》	强调加强法律文书释法说理	2014年10月
《人民法院第四个五年改革纲要（2014—2018）》	加强裁判文书的说理性，对于未采纳的辩护代理意见应当在裁判文书中说明理由，完善裁判文书说理的刚性约束机制和激励机制，建立裁判文书说理的评价体系	2015年2月

第一章　绪论

续表

文件名称	主要内容	时间
最高人民法院发布《行政诉讼文书样式（试行）》	有关证据的列举、认证、说理方式以及相关的写作要求等一一作了说明，要求灵活掌握争议焦点与事实认定、裁判理由的关系	2015年4月
最高人民法院关于印发《人民法院民事裁判文书制作规范》	对"理由"及其依据作出专门规定	2016年6月
最高人民法院印发《关于加强和规范裁判文书释法说理的指导意见》	进一步加强和规范人民法院裁判文书释法说理工作，提高释法说理水平和裁判文书质量	2018年6月
《人民法院第五个五年改革纲要（2019—2023）》	完善审判委员会讨论案件的决定及其理由依法在裁判文书中公开机制	2019年2月
《最高人民法院关于民事诉讼证据的若干规定》	人民法院应当在裁判文书中阐明证据是否采纳的理由	2019年12月

（1）裁判文书说理改革的起步。《人民法院五年改革纲要》的改革重点是从证据方面加强判决的说理性，通过裁判文书公开裁判理由。[①] 随之，2019年《最高人民法院关于民事诉讼证据的若干规定》第九十七条规定，裁判文书中法官需要阐明证据是否被予以采纳的理由，无争议证据是否采纳的理由可以不表述。由此可见，裁判文书说理改革首先就是从证据部分开始展开，因此可以质疑当前的一种说法——裁判文书说理是从"本院认为"开始的。

（2）裁判文书说理改革的持续。2006年《最高人民法院关于加强民事裁判文书制作工作的通知》指出了裁判文书说理缺乏针对性、没有围绕争议焦点展开的问题，进一步强调"争议证据"的认证说理，同时开

[①] 改革的重点是加强对质证中有争议证据的分析、认证，增强判决的说理性；通过裁判文书，不仅记录裁判过程，而且公开裁判理由，使裁判文书成为向社会公众展示司法公正形象的载体，进行法制教育的生动教材。参见中国法院网：《最高人民法院印发〈人民法院五年改革纲要〉》，https://www.chinacourt.org/article/detail/2013/04/id/941425.shtml。

始关注"当事人争议焦点"的裁判理由的阐释问题，做到"辨法析理，胜败皆明"。2010年《人民法院第三个五年改革纲要（2009—2013）》同样继续强调要增强裁判文书说理性，而2009年《最高人民法院关于进一步提高裁判文书质量的通知》对裁判文书中的具体说理部分予以明确——争议焦点、事实认定、证据采信、裁判理由、法律适用都要进行阐释。2013年《中共中央关于全面深化改革若干重大问题的决定》和2014年《中共中央关于全面推进依法治国若干重大问题的决定》两个文件中都对"法律文书的说理"要求作出规定，裁判文书说理改革已经达到前所未有的重视程度。以至于，其后2015年《人民法院第四个五年改革纲要（2014—2018）》中仍然对加强裁判文书的说理性要求予以强调，甚至扩展到对于律师依法提出的辩护代理意见未予采纳的，应当在裁判文书中阐述理由，同时利用刚性约束机制以及激励机制两个方面来强化裁判文书说理性，建立健全针对裁判文书说理标准的评价制度。

（3）裁判文书说理依据改革的起步。2009年《最高人民法院关于进一步提高裁判文书质量的通知》强调对"裁判理由"进行阐释，尽管并没有以"说理依据"来表达，但从对"理由"进行阐释的语义来看，就是对给出"理由"的"理由"，也就是就为何给出"理由"还要给出依据，这是首次出现和涉及到"说理依据"新内容的改革要求。2009年《最高人民法院关于裁判文书引用法律、法规等规范性法律文件的规定》第六条规定，刑事案件裁判文书、民事案件裁判文书和行政案件裁判文书除了可以直接引用前述第三条、第四条和第五条规定的法规文本，在此之外的规范性文件经审查被认定为合法有效的，则根据审理案件需要，可以作为裁判文书中说理的依据。相比于2009年《最高人民法院关于进一步提高裁判文书质量的通知》的"理由阐释"，该规定首次使用了"裁判说理的依据"的表达，即还须载明"说理依据"。

（4）裁判文书说理依据改革的持续。《人民法院民事裁判文书制作规范》以"（六）理由"单列九项对民事裁判文书说理理由加以规定，并在"（七）裁判依据"中特地说明特殊类型"说理依据"——裁判文书中裁判依据不能够是依据引用宪法以及各级人民法院颁布的有关于审判工作的指导性文件、会议纪要、各个审判业务庭关于案件审理意见的答复意见以及人民法院会同有关部门联合下发的文件而来，但上述规范性文件所体现的原则和精神,说理部分中可以予以阐述。①

从司法改革的阶段来看,裁判文书改革贯彻两条线:其一,不断强化"裁判文书说理改革",需要说理的具体部分更加全面,从证据到争议焦点,甚至将"辩护意见"采纳与否也纳入说理范畴;其二,不断细化"裁判文书说理改革",从"说理理由""理由阐释""说理的依据"等表述来看,"说理依据"逐渐被纳入说理的必备要素。司法过程并不一定全部为社会大众所知,但是随着裁判文书网上公开的普及,裁判文书开始作为社会大众洞见司法正义的窗口。因此,站在司法改革的浪潮中,加强个案说理对于推动司法进步的作用并不亚于整个司法体制改革,因为裁判文书承载的就是司法改革的成果。我国民事裁判文书改革已经逐渐深入到"说理依据"上来,这是对民事裁判文书说理改革不断深化的结果,这是研究背景之二。

三 小结:背景反映的问题意识

如果用两句通俗的话概括研究的问题意识,那就是如何在智慧司法的建设过程中:让法官更容易发现说理依据、更容易选择说理依据、更容易适用说理依据;将裁判文书结构化,将裁判文书说理依据知识化,为裁判文书辅助生成系统落地提供进路。

刚开始,做这个选题感觉很难,也不那么有趣,但是随着实证研究的开展,发现"民事裁判文书说理依据研究"其实很有意义,尤其是在解决法官的"痛点"问题方面。问题意识是如何发现的呢?将"说理依据"作为研究命题,无疑是对自己的一个巨大挑战。实证研究是一个很有挑战性和趣味性的过程,论文研究最开始设定内容限定在"说理依据适用"上,也就是从中国裁判文书网的案例中去找问题。后来到法院调研又发现了两个新问题:

一方面,法官很难发现(寻找)说理依据,因为没有诸如菜单一样的说理依据清单可以供其参考;另一方面,法官通过检索关键词在中国

---

① 法信网:《最高人民法院关于印发〈人民法院民事裁判文书制作规范〉的通知(法〔2016〕221号)》,https://www.faxin.cn/lib/Zyfl/ZyflContent.aspx?gid=A239452&userinput=%e4%ba%ba%e6%b0%91%e6%b3%95%e9%99%a2%e6%b0%91%e4%ba%8b%e8%a3%81%e5%88%a4%e6%96%87%e4%b9%a6%e5%88%b6%e4%bd%9c%e8%a7%84%e8%8c%83。

裁判文书网通过"类案"找说理依据时,往往会出现很多案例,又出现了选择上的困难,不知道选哪一个更好。

如此,研究的问题点就有三个:发现说理依据、选择说理依据和适用说理依据,这三个部分正好构成"现状实证",可以安排一章。

接着,根据"发现→选择→适用"的逻辑线,又可以设置三章作为问题解决的对策,分别是说理依据的"发现方法""选择准据"和"适用机制"。

接着往前推,要研究"说理依据"就要先明确其概念、其是否具有独立价值、其知识来源,故而凝练说理依据的"基本原理"作为一章。

然后,考虑到论证的需要,"说理依据"是裁判文书释法说理改革所要求的,所以要交代在哪些阶段需要说理依据,即以规定的"证据审查""事实认定""法律适用"和"自由裁量"为内容设置"须要说理依据的情形"一章。

现将背景反映的问题意识,详细论证如下:

以"裁判文书说理"为检索词在中国知网进行篇名精确检索,最早的文献可追溯到2002年,显然"裁判文书说理"并不是一个新兴法学问题。然而,2016年中共中央办公厅、国务院办公厅印发《国家信息化发展战略纲要》要求"建设'智慧法院',提高案件受理、审判、执行、监督等各环节信息化水平,推动执法司法信息公开,促进司法公平正义";[①] 2016年《国务院关于印发"十三五"国家信息化规划的通知》明确支持"智慧法院"建设,推行电子诉讼,建设完善公正司法信息化工程。[②] 在这种背景下,裁判文书说理依据又成为一个新的研究命题,即如何通过裁判文书说理依据的智能化推进"智慧法院"建设的落地。

在"智慧法院"或"智慧司法"建设中,裁判文书自动化生成系统成为重要的建设内容。裁判文书自动生成的理想状态就是,"法院判决完,平台可以自动生成部分或全部判决书,大幅提升法官的

[①] 中华人民共和国中央人民政府网:《中共中央办公厅国务院办公厅印发〈国家信息化发展战略纲要〉》,http://www.gov.cn/xinwen/2016-07/27/content_5095336.htm.

[②] 中华人民共和国中央人民政府网:《国务院关于印发"十三五"国家信息化规划的通知(国发〔2016〕73号)》,http://www.gov.cn/zhengce/content/2016-12/27/content_5153411.htm.

工作效率"。① 但是裁判文书中最重要的部分——说理，涉及价值判断，尤其是民事裁判文书说理面临的价值判断多元化，这是裁判文书自动生成面临的最大障碍。理想化程度是人工智能能够完成法官的价值判断——但也仅仅就是理想而言，现实的程度是人工智能辅助法官完成价值判断，这还是可能的。

裁判文书释法说理改革已经细化到"说理依据"上，优化人工智能辅助法官说理可以在"说理依据"上做文章。说理的构造用公式表达为"说理对象＝说理理由＋说理依据"，②尽管说理理由是法官主观思维过程的表达，但是说理依据则是客观存在的，要求裁判文书载明说理依据，则是通过"客观"来约束"主观"，也就是说通过说理依据可以量化说理过程中的价值判断。转换一种思路，既然人工智能无法像法官一样进行价值判断，但是它可以比法官更有效率找到相关说理依据，并将相关说理依据呈现给法官，且以关联度标识表达人工智能的价值判断，而将最终价值判断的决策交给法官，人工智能仅仅起到辅助决策的作用。

问题的本质在于，当释法说理改革要求法官在裁判文书中说明"说理依据"后，法官如何在发现说理依据、选择说理依据和适用说理依据时变得更有效率，而不至于因此项有助于提升法院司法公信力的改革举措而增加法官的工作负担。换而言之，一方面，说理依据种类繁多，且分散在各个不同的"角落"，而目前又不存在一份"说理依据清单"可供法官像点菜谱一样方便；另一方面，不是所有的"说理依据"都能成为裁判文书中的说理依据，不同的法官价值判断不一样，那么如何确定一个能够达成最小共识的"选择准据"，让法官不存在选择上的"纠结"；再一方面，如果不存在说理依据的"发现难"和"选择难"，如何让法官从愿意说理、不畏惧说理、能够把理由说好到愿意适用说理依据、不畏惧适用说理依据、能够把说理依据适用好的飞跃。这就是研究的问题意识，为了解决这些问题，需要厘清说理依据的基本原理，展开说理依据的现状实证，明确说理依据的适用阶段，提供说理依据的发现方法，统一说理依据选择准据，建立说理依据适用机制。

---

① 亿欧智库：《2018 人工智能助力法律服务研究报告》，亿欧智库 2018 年版，第 3 页。
② 详见后文第六章第三节"二具有一致性：说理依据之间不相冲突"以及图 6－5 说理对象、说理理由和说理依据的构造公式。

截至2017年底，全国3500余家法院的4.2万法庭中超过2/3已建成科技法庭，同时电子卷宗、庭审语音转写、智能辅助审判、智慧执行系统等也在各试点法院纷纷上线。[①] 这为智慧司法提供了硬件支撑，而本书要实现的就是为民事裁判文书说理依据辅助生成提供理论指导和实现思路。我们有理由相信：人工智能不可能取代律师核心工作，更无法取代法官涉及价值判断的工作，但是人工智能却能取代现有诸多重复性劳动，成为辅助法官决策的最佳工具。

第二节　研究综述

通过以"说理依据"为检索词在中国知网进行篇名、关键词、主题词检索，除了在正文中将"说理依据"作为词组进行表述外，没有获取一篇与"说理依据"直接相关的研究成果。鉴于此，有必要将研究综述的视野放大到"裁判文书说理"，故对近年来的"裁判文书说理"研究成果进行全面梳理，挖掘可用的成果，试图发现研究的空间。因为，裁判文书又分为民事裁判文书、行政裁判文书、刑事裁判文书三大类，本书主要对近三年来的民事裁判文书说理研究成果展开文献综述，以此试图说明我国裁判文书说理问题研究的现状、问题及发展方向。

一　民事裁判文书说理中基本要素和其必要性

（一）民事裁判文书说理的不同结构要素说

裁判文书中针对裁判案件的个体进行说理，可称之为要素式说理；针对裁判案件中的对象进行说理，可称之为身份式说理；针对制作主体中个体进行说理，可称之为人性式说理；针对案件的本质说理，可称之为本质式说理。[②] 对于民事裁判文书说理的基本要素，不同学者的观点都不一致：

两要素说。裁判文书的说理主要是认定事实和法律适用的说理两个

[①] 张颖：《计算机行业：人工智能助推法院信息化步入3.0智能时代》，http://vip.stock.finance.sina.com.cn/q/go.php/vReport_Show/kind/search/rptid/4285499/index.phtml.

[②] 周庆华：《"裁判文书说理的技巧与规则"研讨会发言摘登》，《人民司法（应用）》2016年第25期。

方面,①裁判理由在展开时的要素实际上是案件事实和法律依据两个。②

三要素说。民事裁判文书说理的基本要素包括对证据的说理、对事实的说理、对法律（包括实体法和程序法）的说理三个方面,③庭审过程中说理、审判程序后说理与裁判文书说理部分存在差异,裁判文书说理与其所不同,其所包含的证据审查说理、事实认定说理、法律适用说理以及法官自由裁量权的说理。④

四要素说。程序性说理、证据认定说理、事实认定说理、法律适用说理,⑤要转变为只有制作规范中规定的"本院认为"部分才需要说理的理念。因为判决书当中每一部分均是由语言、逻辑以及理由组合而成。不论是实体性内容的还是程序性内容,判决的所有体例部分都需要体现说理,尤其是证据审核认定、事实分析、法律分析关乎实体说理内容的主体,更是应该加强说理。⑥

十要素说。具有说服力的裁判文书涵盖的实质要素包括十个方面：要涵盖所有基本事实、要列明所有关键争议焦点、要保持论理的前后连续一贯、要避免相互矛盾的逻辑与事实认定、要符合请求权或法律关系的基本架构、要正确且诚实地说明全部的事实、要保持论理的适度弹性、要用简单的语言文字进行表达、裁判的结论要尊重公众与社会普遍遵守的价值观、要对庭审中的突发主张和事实给予有效的回应。⑦

（二）民事裁判文书说理的必要性

判决说理是法官对自身做出判决结果的正当性予以解释的活动,⑧

---

① 周庆华：《"裁判文书说理的技巧与规则"研讨会发言摘登》,《人民司法（应用）》2016年第25期。
② 周庆华：《"裁判文书说理的技巧与规则"研讨会发言摘登》,《人民司法（应用）》2016年第25期。
③ 赵朝琴：《规范民事裁判文书说理的五个问题》,《人民司法（应用）》2016年第1期。
④ 潘自强、邵新：《裁判文书说理：内涵界定与原则遵循》,《法治研究》2018年第4期。
⑤ 安自强：《民事裁判文书说理探析》,硕士学位论文,山东大学,2018年。
⑥ 周庆华：《"裁判文书说理的技巧与规则"研讨会发言摘登》,《人民司法（应用）》2016年第25期。
⑦ 周庆华：《"裁判文书说理的技巧与规则"研讨会发言摘登》,《人民司法（应用）》2016年第25期。
⑧ 万毅、林喜芬：《从"无理"判决到判决书"说理"——判决书说理制度的正当性分析》,《法学论坛》2004年第5期。

主张判决理由是限权与护权的工具、司法职能转化的内在要求。从中国法治实践学派的视角论证裁判理由的独立价值,充分的裁判理由是司法透明指数中显著标准之一。① 裁判文书作为客观载体,其全面展示出审理法官的法律专业素养,语言修辞水平以及对案件的价值评判,不仅是法官职业水平的最好衡量标尺,同时也是社会司法文明程度的集中呈现。② 裁判文书说理有助于树立司法权威,提高司法公信力,规范法官自由裁量权,弘扬法治思想。③ 正义、效益和秩序是民事裁判文书说理的重要价值。④ 判决书说理不是一个有使用说明就可以完成组装的机械事务,而真的是一种实践理性、技艺理性,是一种需要长期和反复实践才能习得和精通的技艺。⑤

对于裁判文书中理由的必要性以及正当性,国外学者很早就持有积极态度,并从多个角度进行阐述。"规则不可能主动去认领自己的实例"的推导逻辑,以及其在实例当中判断的观点也在其著作中得到例证。⑥ 同理,国外学者⑦也从"找法"即发现的过程(process of discovery),法官是如何得出判决结果的"判法"即论证的过程(process of justification),法官是如何公开地证明判决是正当的角度验证说理在裁判文书的不可替代地位。

二 民事裁判文书说理中的原则、方法与选取因素

(一)民事裁判文书说理的基本原则

裁判文书说理有三个基本法理要求:规范性立场,要正确处理"法官寄语"等感性发挥;适度性立场,要提倡类型区分、繁简有度的说

---

① Martin Shapiro, *The Giving Reasons Requirement*,转引自范凯文、钱弘道《论裁判理由的独立价值——中国法治实践学派的一个研究角度》,《浙江社会科学》2014年第4期。
② 周庆华:《"裁判文书说理的技巧与规则"研讨会发言摘登》,《人民司法(应用)》2016年第25期。
③ 安自强:《民事裁判文书说理探析》,硕士学位论文,山东大学,2018年。
④ 赵朝琴:《规范民事裁判文书说理的五个问题》,《人民司法(应用)》2016年第1期。
⑤ 李红海:《裁判文书说理:激活案例指导制度之举》,《人民法院报》2018年8月11日第2版。
⑥ H. L. A. Hart, *The Concept of Law*, Oxford: Oxford University Press, 2012, p. 126.
⑦ Cf. Bruce Anderson, "*Discovery*" *in Legal Decision-Making*, Netherlands: Kluwer Academic Publishers, 1996, p. 21.

理；程序性立场，要完整记录重要的程序性事项。① 在内容上要有效回应争议焦点，在形式上要当繁则繁当简则简，在价值取向方面要德法相融。② 裁判文书说理不能搞"一刀切"，要根据审判方式、诉讼程序、案件类型等繁简分流，做到简案简写、繁案精写，既区分案件类型、法院审级，也区分法律术语和通俗用语；要坚持裁判文书说理的法律性；要注重裁判文书说理的可接受性。③ 简而言之，裁判文书要做到法理、推理与情理的"三理合一"。④

此外，裁判理由论证方面应注意十方面的关系：说理者与受众者的关系，证据和事实的关系，事实和理由的关系，规则的原义和价值的评价关系，诉辩之间的关系，共性与个性的问题，繁与简的关系，传统和现代的关系，突破与创新的问题。⑤ 裁判说理首先要符合证据规则，其次必须符合常知、常理、常情。⑥ 在强化裁判文书说理方面，要始终把准三个指向：辨得清、析得准、看得明。⑦

裁判理由论证展开应当坚守合法性原则、客观性原则、可接受性原则、裁判理由论证要符合逻辑原则。⑧ 裁判文书说理遵循的原则有五个，即合法、必要、恰当、透彻、效力。⑨ 裁判文书说理应遵循义务性原则、公正性原则和功能性原则，并符合三个维度上的标准，即在形式上合逻辑性，在实质上合融贯性，在程序上合交互性。⑩

---

① 陈灿平：《裁判文书说理的法理立场与运用》，《湖南大学学报》（社会科学版）2017年第3期。

② 朱新林：《裁判文书说理的几个着力点》，《人民法院报》2017年5月26日第6版。

③ 周庆华：《"裁判文书说理的技巧与规则"研讨会发言摘登》，《人民司法（应用）》2016年第25期。

④ 周庆华：《"裁判文书说理的技巧与规则"研讨会发言摘登》，《人民司法（应用）》2016年第25期。

⑤ 周庆华：《"裁判文书说理的技巧与规则"研讨会发言摘登》，《人民司法（应用）》2016年第25期。

⑥ 周庆华：《"裁判文书说理的技巧与规则"研讨会发言摘登》，《人民司法（应用）》2016年第25期。

⑦ 寇建东：《裁判文书说理的三个指向》，《人民法院报》2016年7月5日第2版。

⑧ 周庆华：《"裁判文书说理的技巧与规则"研讨会发言摘登》，《人民司法（应用）》2016年第25期。

⑨ 周庆华：《"裁判文书说理的技巧与规则"研讨会发言摘登》，《人民司法（应用）》2016年第25期。

⑩ 王明辉：《裁判文书说理评价标准之建构》，《河北经贸大学学报（综合版）》2016年第2期。

(二) 民事裁判文书说理研究的主要方法

国内主要强调民事裁判文书说理的视角，裁判理由主要从如下八个视角来考虑：概念；证据的角度、证据的三性；规则解释；法学理论；尊重规则还是照顾习俗，是坚守合法性还是充分考虑法律的正当性；价值分析判断；合理使用法官的一般经验或者照顾到当地的习俗、习惯；情理等。[1]

国外针对裁判文书说理依据的研究较之于国内更加侧重说理方法的原则和说理方式法理上的探索，诸如 FV Kratochwil[2] 通过对不同形态和不同效力层级的法律规范所起作用的推理过程的研究，解决了左右裁判者书写裁判文书不同结果的问题。因而应根据效力层级的不同对裁判文书撰写的指导性规则进行严格的区分，同时还根据风格的不同对规范进行厘清。以此方便裁判者在受到指导性规则和规范影响时更好地为统一标准选取适宜的裁判文书依据。

由于欧盟内部存在大陆法系和英美法系并行而立的司法现象，欧洲范围内的学者多关注比较法和欧盟法院的裁判在欧洲司法审判中的运行，和他国法律渊源在本国司法说理中的植入状况。例如在 *Comparative legal reasoning and european Law* 一书中比较法作为司法裁量来源，主张其在欧洲特定的法律土壤中具有法律论证依据的正当性，同时通过对欧洲法中的几则疑难案例考察来讲解比较法是如何融入裁判者的思维，进而最终作用于司法程序中。Schröter, Michael W[3] 关注到在欧洲法院 Simone Leitner vs. TUI Germany 案中比较法在司法说理中运用得当，并且试图从在欧盟条约和欧洲法院的判决中，梳理出各国司法中可以接受的法律推理原则的最小公约数，再积极寻求横向欧盟组织和纵向成员国间判决一致性的可能性。其后 Christopher S. Gibson[4] 评估国际法庭的裁判文书作为

---

[1] 周庆华：《"裁判文书说理的技巧与规则"研讨会发言摘登》，《人民司法（应用）》2016年第25期。

[2] Kratochwil F V, *Rules, norms, and decisions on the conditions of practical and legal reasoning in international relations and domestic affairs*, Cambridge Town: Cambridge University Press, 1989.

[3] Schröter, Michael W, "European Legal Reasoning: a coherence-based Approach", *ARSP: Archiv für Rechtsund Sozialphilosophie/Archives for Philosophy of Law and Social Philosophy*, Vol. 92, No. 1, 2006, pp. 82 – 92.

[4] Gibson C S, "Iran-United States Claims Tribunal Precedent in Investor State Arbitration", *Journal of International Arbitration*, Vol. 23, No. 6, 2006, pp. 521 – 546.

各国司法适用中的法理价值，勾勒出在一定程度上具有先例作用的国际法庭文书，在融入各国司法审判实际时应注意所作出必要决定所依据的法律的相似性，以及法庭作出决定时所依据的优势或指导价值。在司法实践中寻求说理依据时，Gerard Conway[①]也提出一种保持比较法恰当介入司法的连贯性方法，来作为连接各成员国间司法审判的交汇点。Gunnar Beck[②]则与上述观点相背而驰，质疑了欧洲法院裁决中的价值判断，同欧盟各国国内司法裁判作出的影响因素具有相通之处的可能性，也以分析法律推理中的局限性来推导出欧洲法院作出裁决时所不可避免的限定因素，是以欧洲法院裁决也不具备适用于各国司法说理根据的前提条件。

（三）民事裁判文书说理依据的选取因素

第一，尝试解决司法滞后性。国外研究观察到法官难以对案件作出既合乎法律又合乎法理的裁判的原因之一，便是源于法律天然的滞后性。又因为法律必须解决现实中的新型案件，致使法官在选择说理依据进行说理时面临困难。"之所以出现所谓的解释的困难，是在立法机关从未想到今天会对该制定法提出这个问题；法官必须做的并不是确定当年立法机关心中对某个问题究竟是如何想的，而是要猜测对这个立法机关当年不曾想到的要点——如果曾想到的话——立法机关可能会有什么样的意图"。Lei[③]和 D Lind[④]等国外学者也从说理依据来源的多样性上来解决司法滞后性对裁量带来的不良影响。例如将习惯纳入说理依据的范围中，习惯就是司法决定的某个习惯，而不是民众活动的某个习惯被学者所察觉并提炼出用于解决司法滞后性的方法，Cardozo[⑤]引用 Pound 的文献中进行论证。从适用法律所要达到的终极目的为起点来探讨"法律的达

---

① Conway G, "Levels of Generality in the Legal Reasoning of the European Court of Justice", *European Law Journal*, Vol. 14, No. 6, 2008, pp. 787–805.

② Gunnar Beck, "The Limits of Legal Reasoning and the European Court of Justice", *International & Comparative Law Quarterly*, Vol. 62, No. 2, 2013, pp. 515–519.

③ Lei L, "A Structural Analysis of Basic Forms of Legal Reasoning", *Chinese Journal of Law*, 2009.

④ Lind D. Basic categories of argumentation in legal reasoning, https://www.judcom.nsw.gov.au/publications/benchbks/judicial_officers/argumentation_in_legal_reasoning.html.

⑤ Pound, "Courts and Legislation", 转引自［美］本杰明·N·卡多佐《司法过程的性质》，苏力译，商务印书馆2000年版，第5页。

成的终极因素是社会福利的实现，未有达成其目标的审理规则不会有永久合理存在的可能"。如同 Cardozo[①] 引用 Dillon 主张对于个人而言，将空气从其所生存的空间中剥离出去是不切实际的，同理追寻真正福祉的目的也不可能将法律中的正义抽离开来，因此正义必然是法院适用说理依据进行裁判的目标宗旨。

第二，关注司法的社会效果。国外学者基于本国联邦和州之间两套法院系统，分析州法院和联邦法院判决所考量的社会影响因素，其中 Lydia Tiede、Robert Carp 和 Kenneth L. Manning[②] 的成果揭示了一个被忽视的研究领域，即学者们传统分析的司法判决属性是否会影响联邦地区法院的判决决定。联邦和州法官的理由选择中都存在考虑判决对男女同权所带来的影响，也有对自身政治倾向的维护等社会效果的关注。还有是对国际关系和国内司法事务的实践操作中法律推理条件的规则、规范和决定的适用条件进行了分析，针对国际关系和国内事务的法律推理条件进行了差异化对待，并将重心放在通过比较两者法律推理条件选择和适用的不同，进而论述国内司法案例法律推理规则依据选取的国情因素，并强调国情因素的考量对于稳定国内社会秩序和司法信任度的重要性。

三　民事裁判文书说理的问题、因素与完善

（一）民事裁判文书说理的主要问题

从公开的民事裁判文书来看，在事实认定、论证说理、判决主文等核心内容上不尽人意，在文字表达、结构布局方面也存在诸多明显错漏。[③] 法院的裁判文书一直饱受诟病，论证不力、说理薄弱和欠缺一直是当前人民法院裁判文书遭受批判的重要原因之一。[④] 在我国裁判文书的说理中，绝大部分都是以法理、事理的论述为主，对情理进行论述的

---

① Dillon, *Law and Jurisprudence of England and American*，转引自［美］本杰明·N·卡多佐《司法过程的性质》，苏力译，商务印书馆 2000 年版，第 39—40 页。

② Tiede L, Carp R, Manning K L, "Judicial Attributes and Sentencing-Deviation Cases: Do Sex, Race, and Politics Matter?", *Justice System Journal*, Vol. 31, No. 3, 2010, pp. 249–272.

③ 李喜莲:《网上公开之民事裁判文书的现状、问题及对策》，《法律科学（西北政法大学学报）》2015 年第 4 期。

④ 周芳:《从公开到说理：新形势下裁判文书说理的完善与思考——对裁判文书中证据认定与"本院认为"的实证分析》，《中国案例法评论》2016 年第 2 期。

较少，这就使得裁判文书的说理中缺少对案件情理的裁判，也就无法引起大众对判决正义的理解与支持。① 民事裁判文书说理不全面、说理不充分、说理欠缺逻辑性、说理不准确、说理不规范。②

当下我国裁判文书说理"困境"主要表现在，说理内容不全面，说理方式套路化，结构不统一，无法有机融合事理、法理、学理、情理、文理等。③ 裁判文书说理的问题主要表现在说理繁简不分，说理针对性不够、逻辑性混乱，说理全面性匮乏。④ 事实论证说理不充分，裁判论证说理不到位，裁判说理用语不规范，裁判说理同质化明显。⑤ "千案一面"缺乏说理特性，诉讼程序事项说理欠缺，裁判文书内容繁简不分，事实认定与证据分析脱节，裁判理由公式化，导致一审裁判服判息讼效率低、二审发改率和再审改判率较高、社会舆论评价较差。⑥

除了证据认证、裁判理由等在裁判文书中独立存在的两步直接影响裁判文书说理之外，文书内容的繁简失当、逻辑结构的不合理体现为说理轻重不分；案由不规范体现为说理缺乏针对性；庭审证据表述不准体现为说理缺乏说服力；事实叙述不清体现为说理层次不明；论证部分简略不当体现为说理不充分；文书补正混乱体现为说理缺乏权威性和严肃性。在司法实践中，法官们在立案、庭审及制作裁判文书时的这些通病也对裁判文书的说理质量造成不利影响。⑦ 此外，在说理依据的适用方面，一审法院一定程度上存在向模糊性法律规范逃逸的倾向。⑧

---

① 周庆华：《"裁判文书说理的技巧与规则"研讨会发言摘登》，《人民司法（应用）》2016年第25期。
② 周庆华：《"裁判文书说理的技巧与规则"研讨会发言摘登》，《人民司法（应用）》2016年第25期。
③ 王雅文：《传统"三段论"对裁判文书说理"困境"的影响及其消解》，《牡丹江大学学报》2017年第1期。
④ 蔡萍琴、张演锋：《裁判文书说理的实践与思考——以基层法院为例》，《智库时代》2018年第25期。
⑤ 薛扬：《论裁判文书说理改革配套制度之完善》，《人民司法（应用）》2018年第10期。
⑥ 安自强：《民事裁判文书说理探析》，硕士学位论文，山东大学，2018年。
⑦ 周芳：《从公开到说理：新形势下裁判文书说理的完善与思考——对裁判文书中证据认定与"本院认为"的实证分析》，《中国案例法评论》2016年第2期。
⑧ 夏勇勤：《民事裁判文书说理实证调查——基于900篇民事裁判文书的分析》，《中国应用法学》2018年第2期。

（二）民事裁判文书说理的影响因素

在制作主体方面，认识不到位、工作责任心不强，不愿说理，不敢说理，不能说理；在制度原因方面，重视调解轻判决，缺乏督促激励措施，文书审签机制不完善，集体署名制度的制约，法官培训机制不健全；现实因素方面，案多人少，法律信仰未牢固树立，法官"不务正业"，民事裁判中侧重社会效果和政治效果；历史渊源方面，受大陆法系司法传统和重实体轻程序法律思想影响，还有司法权运行中的因素。①

裁判文书说理不充分的原因表现在，规则理性缺失、司法环境欠佳，法官职业道德方面素质的限制，案件数量和审限等方面的客观压力，缺少配套的激励制度。② 职权主义的诉讼模式使得法官易滋生说理不充分的惰性，我国法院受传统"三段论"思想的影响，大多数法官所习惯接受的方式仍然是"我说你听"的行政命令决断式方式，案件审理需要层层审批，遭受来自各方的行政干预，导致法官在裁判文书中不会说理或懒于说理，更不大习惯于说理。③

（三）民事裁判文书说理的完善进路

要创造一切条件鼓励法官在裁判论证时敢于突破，善于创新。④ 裁判文书说理制度体系的构建与完善，应当以说理双重属性为遵循依据，以说理价值实现为目标，既要系统梳理说理制度的内部机制，又要科学建构说理制度的外部机制。⑤ 裁判文书说理责任是一种司法责任，构建裁判文书说理责任制度，立足于当前司法改革背景，应当建立健全裁判文书说理责任相关配套机制，采取制定公开说理要求的机制来明确法官的说理责任，运用说理的权力条款增进说理行为人说理作为，设定说理目标以及标准性条款来提升法官整体说理水平。以考核激励措施调动说

---

① 安自强：《民事裁判文书说理探析》，硕士学位论文，山东大学，2018年。
② 陈灿平：《裁判文书说理的法理立场与运用》，《湖南大学学报》（社会科学版）2017年第3期。
③ 苏力：《判决书的背后》，《法学研究》2001年第3期。
④ 周庆华：《"裁判文书说理的技巧与规则"研讨会发言摘登》，《人民司法（应用）》2016年第25期。
⑤ 赵朝琴、邵新：《裁判文书说理制度体系的构建与完善——法发〔2018〕10号引发的思考》，《法律适用》2018年第21期。

理积极性，以内外部评价机制促进说理效果实现。①

确有必要设置裁判文书说理当中的刚性约束和激励机制，要探索建立裁判文书评价机制，将裁判文书说理水平作为法官业绩评价的重要因素，以提升法官裁判文书的说理能力；着力于提高引领社会舆情的能力，从正面回应公众的疑惑来解除信息不对称带来的舆情危机，同时要坚定为敢于裁判文书说理、善于裁判文书说理的法官撑腰打气，为裁判文书说理创造宽松的制度环境。②健全法官职业保障机制；在现有改革成果的基础上尽快出台规范裁判文书说理的指导意见；积极落实裁判文书繁简分流改革；建立裁判文书说理的刚性约束机制和激励机制；完善法官培训机制，加强对法官裁判文书制作的技能训练；加强裁判活动说理和判后答疑。③

目前的裁判文书说理改革应当注重五个方面：说理要作为案件质量评估的重要依据；最高人民法院将来要对裁判文书进行相应的抽查统计，运用大数据和云计算，成立专门的裁判文书监督机构，对裁判文书进行分析和评估；司法机关应该努力把不同法官的观点公布出来；律师的辩护词、代理词在裁判文书中也要公开；将来要鼓励裁判文书的多种形式、多重风格。④以儒家思想阐释法律条文，文书说理从单一说理转向多重说理；以儒家思想打通情理，文书说理从强调服从到强调共鸣；引入儒家思想，在法律没有规定情形下，文书说理由无法可依转向有理可据。⑤从民事裁判文书的说理模式和结构重建视角出发，提出证据、事实、法律三元说理法。⑥调整裁判文书现有构架，将说理与逻辑程式化，规范说理的标准、范围与限度，要转变只有"本院认为"部分才需要说理的观念。⑦

---

① 赵朝琴、刘树德：《关于裁判文书说理责任制度构建的思考》，《法律适用》2017年第23期。
② 朱新林：《裁判文书说理的几个着力点》，《人民法院报》2017年5月26日第6版。
③ 薛扬：《论裁判文书说理改革配套制度之完善》，《人民司法（应用）》2018年第10期。
④ 周庆华：《"裁判文书说理的技巧与规则"研讨会发言摘登》，《人民司法（应用）》2016年第25期。
⑤ 周庆华：《"裁判文书说理的技巧与规则"研讨会发言摘登》，《人民司法（应用）》2016年第25期。
⑥ 周庆华：《"裁判文书说理的技巧与规则"研讨会发言摘登》，《人民司法（应用）》2016年第25期。
⑦ 周庆华：《"裁判文书说理的技巧与规则"研讨会发言摘登》，《人民司法（应用）》2016年第25期。

此外，构建裁判文书说理评估标准，建立繁简分流的分类说理要求规范，确立科学的裁判案例指导制度，推动法官说理奖惩和责任机制。①

鉴于此，裁判文书说理改革的趋势呈现繁简分化、公共化、标准化和实质化。② 一方面，运用法律修辞增强裁判文书的说理性和可接受性。③ 另一方面，将逻辑进路的说理作为基础，将修辞进路的说理作为升华，将程序进路的说理作为保障。④ 应从合理配置司法资源、明确裁判文书说理义务、提升法官职业水平、规范社会舆论监督方面强化司法裁判说理。⑤ 总之，推进民事裁判文书说理改革应当遵循"顶层设计与地方实践相结合"的进路，顶层方案应当充分吸收各地实践的经验，尽早制定具有可操作性的说理指导意见，进而提升我国民事裁判文书的质量，以增强审判工作的公开性、透明度以及公信力。⑥

四 国内外研究成果的评述

伴随现代司法进程的不断深入，裁判文书说理内容已经成为诉讼的组成部分。就目前国内外比较研究而言，英美法系基于自身先例制度的理念根基，裁判文书说理中论证充分、分析缜密、博采众长、语言修辞学等方面皆不是大陆法系国家所能比拟的。通过对上述内容的综合分析，可将国内外民事裁判文书说理研究作如下评述：

在国外，民事裁判文书说理研究侧重于说理必要性、方法论的探讨，尤其强调这方面的研究要契合本土法治土壤，民事裁判文书说理及其依据选取应该考虑到解决司法滞后性和司法结果附随而来的社会后果；反观我国，民事裁判文书说理研究侧重于结构要素、基本要求（原则）和存在问题及其原因，以及相应的解决方案，但是尚未触及说理依据选取

---

① 蔡萍琴、张演锋：《裁判文书说理的实践与思考——以基层法院为例》，《智库时代》2018年第25期。

② 刘莉：《衍变与重塑：裁判文书说理改革的趋势分析》，《人民法院报》2016年5月11日第5版。

③ 黄现清：《裁判文书说理的法理分析》，《政法论丛》2016年第1期。

④ 李皓轩：《裁判文书说理的三条进路及其启示》，《人民法院报》2016年7月22日第5版。

⑤ 杨月娥：《我国裁判文书说理困境及其对策——以惠阳"许霆案"判决为例》，《淮海工学院学报》（人文社会科学版）2016年第7期。

⑥ 张润：《地方人民法院民事裁判文书说理的实践考察》，《法治论坛》2016年第2期。

的因素。也就是说，国外研究更侧重于正当性、实质性研究，遵循实用主义进路，而国内不仅从形式主义出发研究相关概念，而且也从实质主义着手研究问题和对策。相比较而言，国外研究并不侧重于概念范畴等形式问题，而是直接描述出问题，并深入到研究方案的探讨中，而我国的研究兼顾了形式问题和实质问题，这与英美法系和大陆法系的法律思维有密切关系。

当前研究成果的贡献在于，理清了说理依据的结构要素，就说理依据的必要性达成基本一致，对于基本遵循有了一定的讨论（尽管未达成共识），同时基本涉及了民事裁判文书说理存在的问题及其影响因素，并提出了不同的完善对策。然而也存在诸多不足：一方面，研究点仍然比较宏观或中观，尚未真正触及到微观层面，因而导致可操作性并不太强；另一方面，研究范式还比较传统，套用传统的研究思维和路径，说理要素、说理方法、说理风格、说理规则、说理模式、说理技巧、说理语言、说理实践与说理改革等均有所涉及，但是对于说理依据展开研究的少之又少；再一方面，既有研究成果并未结合当前的社会时代背景，没有将裁判文书说理研究置于"智慧司法"或"智慧法院"的背景下展开，这是当前研究成果的一大缺憾！

总体说来，对于"裁判文书说理"的研究已基本上涉及各个方面，但是尚未具体到"说理依据"的研究上。基于此，在《人民法院民事裁判文书制作规范》生效后，对于"说理依据"的精细化研究可能是一个新的研究趋势。毕竟，法学已经不是传统的法律学科了，也就是说不再是以前一个或前几个社会沉淀下来的法律问题为法学研究的主要内容。然而，当现代社会从互联网时代、信息化时代，过渡到大数据时代，又开始跃迁至人工智能时代，技术革命带来了新社会难题，也给法学提出新的问题。如何基于现有的法律制度、法律文化、法律规则、法律体系等的认知，了解新时代法学发展的动态和法律发展的趋势，并完善已有的法律制度体系，实现法治不断地与时俱进。因此，对于"民事裁判文书说理依据"命题的研究，不能局限在传统的知识体系中努力探索，而是要考虑如何能够契合这个时代的现实场景，把当前社会面临的新问题意识融入到该传统命题中去创新。

五　小结：民事裁判文书说理依据研究的必由之路

自《人民法院民事裁判文书制作规范》实施以后，"说理依据"研究的实践价值逐渐显露出来，但是学界并未对此有专门的研究，而仅仅是在"裁判说理"的研究中提及"说理依据"。这个原因值得反思，并不是学者没有感知到这个问题，从某种意义上而言，按照传统的法学研究思路和范式，可能很难突破"说理依据"研究的难点——如何将"说理依据"和实践结合起来，而不是从"理论"到"理论"。说理依据的研究在"人工智能"和"司法"结合后迎来了契机——"说理依据"的研究能够从理论落脚到实践，也就是在裁判文书自动生成系统构建方面具有重要实践意义。换而言之，要让"民事裁判文书说理依据"研究能够具有应用性，就应该以问题意识为导向（参见第一章第一节"三小结：背景反映的问题意识"），进而转向人工智能技术寻求突破口。

一方面，要对中国裁判文书网中的民事裁判文书进行全样本的分析，通过人工解读是无法完成的工作，即便通过相当长一段时期完成了解读也无法及时更新，因为中国裁判文书网在不断地进行增量更新。况且，人工解读也不太现实依靠一个人去完成全部工作，因为不同的主体对说理依据的认知程度不一致，可能会导致分析的结果出现偏差，参与的人数越多，出现偏差的概率和程度就越大。然而，利用知识图谱模型和算法为内核的机器学习（人工智能技术）就可以解决全样本分析的问题。当前的机器学习已经可以实现"不引入任何人类经验，而学会人类策略"，反推可知，引入人类经验可以让机器学习更快、更好地学会人类策略。

另一方面，如何对裁判文书进行结构化处理并进行标注，需要确定"结构"和"标签"，这是为机器自动学习分析裁判文书的"人类经验"提供必要供给。因此，要将当前裁判文书的"理由部分"按照一定的逻辑结构进行处理，即将裁判文书当中的说理依据进行知识图谱化，才能将法官的经验法则（和隐性知识）转化为显性知识。在机器学习的过程中还需要将识别的结果进行归类，此时就需要"标签"——标签就相当于逻辑的"仓库"，只要某说理依据符合"标签"的特性就往该"仓库"储存。这些"标签"也是人类经验"知识化"的产物，例如"法律法规""法理""事理""情理""学理"等等。

诚然,"民事裁判文书说理依据发现"依托知识图谱或者计算机语言来建构"说理依据库"的科学性问题也需要说明。因为知识图谱模型所要做的就是将法官既有"经验法则"知识化,这种归纳经验并不是去创造新知识的"说理依据库",其科学性就依赖于其"知识图谱模型"和"计算机语言"自身的科学性。计算机语言已经是软件行业的基础语言,其科学性已经得到实践验证。同样,知识图谱也广泛应用到社交网络、人力资源与招聘、金融、保险、零售、广告、物流、通信、IT、制造业、传媒、医疗、电子商务和物流等领域,知识图谱类产品在风控领域中主要应用于反欺诈、反洗钱、互联网授信、保险欺诈、银行欺诈、电商欺诈、项目审计作假、企业关系分析、罪犯追踪等场景中。①

第三节　研究思路、方法与内容

一　基本研究思路

研究的问题意识明确后（参见第一章第一节"三小结：背景反映的问题意识"），在调研过程中不断明晰思路,将调研过程中发现的新主题融入到整个研究内容,扩充了研究框架。

本书从研究本体"民事裁判文书说理依据"出发,按照"总→分"的递进逻辑展开研究,总论部分着力解决"是什么"和"为什么",而分论部分着力解决"怎么办"。

总论部分按照并列逻辑安排"民事裁判文书说理依据的基本原理""民事裁判文书说理依据的现状实证"和"民事裁判文书说理依据的适用情形"三章,其中"基本原理"论证说理依据的"概念""价值"和"来源","现状实证"从说理依据的"发现""选择"和"适用"展开,"适用情形"理清"证据审查""事实认定""法律适用"和"自由裁量"必须适用说理依据。

分论部分按照递进逻辑安排"民事裁判文书说理依据的发现方法：

---

① Amy：《6个方面分析：知识图谱的价值和应用》,http：//www.woshipm.com/it/1088237.html。

以知识图谱为模型""民事裁判文书说理依据的选择准据：以宪法规范为例证"和"民事裁判文书说理依据的适用机制：以能动司法为视角"三章，其中"发现方法"以知识图谱为模型构建说理依据知识图谱并在此基础上建立说理依据库实现说理依据智能检索，"选择准据"则是提供选择说理依据的"合法性""必要性"和"可行性"三个标准并以宪法规范为例论证，"适用机制"在能动司法的视角下以心理契约和助推理论为理论基础建立激励机制和助推机制。（见图1-2）

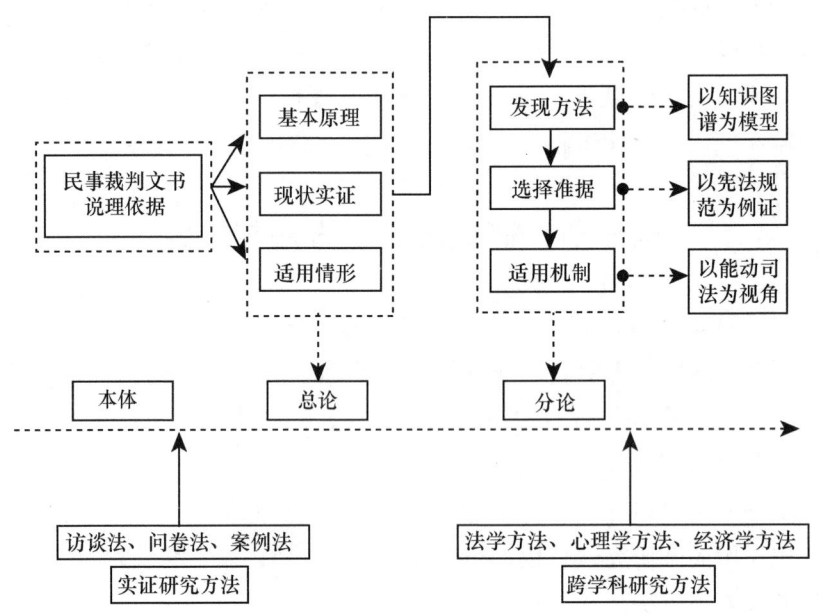

图1-2 民事裁判文书说理依据研究的基本思路

然后，安排第一章"绪论"和最后一章"结语"，共形成八章体例结构，大致遵循"绪论→原理→实证→存在→发现→选择→适用→结语"的脉络展开全文研究。

二 主要研究方法

主要的研究方法就是实证研究方法和跨学科研究方法，分别阐述如下：

实证研究方法，进行深层次研究。采用访谈方法获取样本素材，归纳出民事裁判文书说理依据发现的现状；采用问卷调查法获得样本素材，归纳出民事裁判文书说理依据选取的现状；采用案例法获得样本素材，归纳出民事裁判文书说理依据适用的现状。通过对现状的反思为研究明确问题意识和研究基础。

跨学科研究方法，进行多角度研究。综合运用法学、心理学、经济学的研究方法展开研究。运用法学的价值分析法分析民事裁判文书说理依据的独立价值等，运用心理学和经济学方法了解法官和法院之间的行为及其互动关系，发现法官与法院之间的心理契约，以及如何帮助法院采用隐性策略助推法官实现心理契约。

三 主要研究内容

第一章 绪论，交代了研究背景、研究综述、研究方法、研究思路、研究内容以及可能创新和潜在不足。研究背景方面：在建设高效率的智慧法院背景下，如何将裁判文书自动生成系统的各个要素都实现智能化生成，尤其是裁判理由部分的自动生成，有赖于说理依据的结构化、客观化和计量化；在裁判文书释法说理改革背景下，"裁判文书说理改革"不断被强化和细化，我国民事裁判文书改革已经逐渐深入到"说理依据"上来，这是对民事裁判文书说理改革不断深化的结果。研究综述方面：一方面，研究点仍然比较宏观或中观，尚未真正触及到微观层面，因而导致可操作性并不太强；另一方面，研究范式还比较传统，套用传统的研究思维和路径，说理要素、说理方法、说理风格、说理规则、说理模式、说理技巧、说理语言、说理实践与说理改革等均有所涉及，但是对于说理依据展开研究的少之又少；再一方面，既有研究成果并未结合当前的社会时代背景，没有将裁判文书说理研究置于"智慧司法"或"智慧法院"的背景下展开，这是当前研究成果的一大缺憾！至于，研究方法、研究思路、研究的主要内容以及可能创新和潜在不足，不是本书研究的主要内容而不赘述。但是需要指出的是，通过文献综述说明为什么对于"说理依据"的研究只有按照当前的思路和体例研究是其运用到实践中的必由之路。

第二章 民事裁判文书说理依据的基本原理，主要理清民事裁判文书说理依据的概念、独立价值和知识来源。裁判说理彰显着司法论证的实践理性，说理依据是裁判理由的事实样态，可以推导出裁判文书说理依据的内涵，即说理依据是指在裁判文书中支持被说理的对象的说理理由的一般性依据，并在裁判文书说理依据构造中提出了三组公式："结论＝理由＋依据"、"裁判结果＝裁判依据＋裁判理由"（其中裁判理由又是由众多具体的说理对象组合而成）、"说理对象＝说理理由＋说理依据"。裁判依据同说理依据间既有区别，又包含联系。无"依据"则无"说理"，民事裁判文书说理依据是规范与事实的连接点，也是类案不同判的理性尺度，这是民事裁判文书说理依据的独立价值，也是裁判文书具有独立研究价值的价值基础。知识是人类经验的凝结，从知识来源的角度看，民事裁判文书说理依据来源于显性知识、隐性知识以及隐性知识显性化，这也是民事裁判文书说理依据知识图谱可行的理论依据。

第三章 民事裁判文书说理依据的现状实证，主要是廓清民事裁判文书说理依据发现、选取和适用的现状。基于访谈样本，归纳出民事裁判文书说理依据发现的现状表现为"依靠个人经验发现依据""法官缺乏检索依据技能""存在说理依据库的需求"；基于问卷样本，归纳出民事裁判文书说理依据选取的整体思路、主要类型和考量因素等现实困境；通过案例样本，归纳出民事裁判文书说理依据适用的现状表现为"说理没有说理依据""说理均有说理依据""部分说理没有说理依据"。简而言之，民事裁判文书说理依据发现的工具不便利、民事裁判文书说理依据选择的标准不统一、民事裁判文书说理依据适用的能动性不够，是民事裁判文书说理依据发现难、选择难和适用消极的主要原因，由此确定研究的问题意识和现实基础。

第四章 民事裁判文书须要说理依据的情形，主要是界定在民事裁判文书说理中须要说理依据的主要情形。在证据审查阶段，举证证明责任、证明标准、证据三性，以及证据能力和证明力等都须要说理依据；在事实认定阶段，审查诉称事实、认定法律事实、确认事实争点、以及根据间接证据认定案件事实、采用推定方法认定事实都须要说理依据；在法律适用阶段，法律漏洞出现时、法律适用争议时、法律规范竞合时都须要说理依据；在自由裁量阶段，运用自由裁量权和自由裁量时所考虑因素都须要说理依据。

第五章 民事裁判文书的说理依据发现方法，主要是提出"说理依据发现"的概念、民事裁判文书说理依据的知识图谱构建和应用。"发现"的对象是"已经存在的"而不是创造"并不存在"的，作为专业术语的"法律发现"就是在已经颁布的法律中发现所需要的法律而不应该关涉到法律创造或续造。同理，构造专业术语的"说理依据发现"是司法的一种过程，而不属于立法范畴，因而它强调从"现有的依据"中找到"适当的依据"，而非是从"无"到"有"的创制。民事裁判文书说理依据的知识图谱构建可分为四步展开：从实体抽取、关系抽取、属性抽取方面完成说理依据知识图谱的信息抽取；从实体链接（实体消歧和共指消解）、知识合并方面完成说理依据知识图谱的知识融合；从本体构建、知识推理和质量评估方面完成说理依据知识图谱的知识加工；说理依据知识图谱的构建并不是一次性就能完成，需要不断地对建成的说理依据知识图谱进行优化和完善。最终，以民事裁判文书说理依据知识图谱为基础构建说理依据库，进而实现说理依据的智能检索，并降低法官说理的风险而破解"不敢说理"的难题。

第六章 民事裁判文书的说理依据选取准则，主要是归纳出选择说理依据的三大准则。民事裁判要求在事实和规范之间做出价值衡量，不是所有的依据都能成为民事裁判文书的说理依据，法官在选择民事裁判文书的说理依据时，应该分三步判断：首先，考察说理依据的"合法性"，即从"合乎现行法律"考察说理依据的形式合法性，从"实现法律效果"考察说理依据的实质合法性；其次，考察说理依据的"必要性"，即遵循"缺位—弥合"模式考察说理依据能否弥合法律漏洞，遵循"诉求—回应"模式考察说理依据能否均已回应当事人提出的说理依据；最后，考察说理依据的"可行性"，即从"说理依据本身无须再证"考察说理依据的客观性，从"说理依据之间不相冲突"考察说理依据的一致性。新类型依据能否成为民事裁判文书的说理依据，不需要一一列举，而是需要设定一套依据，成为民事裁判文书说理依据的判定模型。

第七章 民事裁判文书的说理依据适用机制，主要是构建民事裁判文书说理依据能动适用的理论基础、心理机制和助推机制。分别从心理和行为两方面来分析法官与法院之间的互动行为，引入心理契约理论来审视法官和法院间的隐性期待，引入助推理论来释明法院激励法官应该采取隐性策略。法官身份一旦得到确定，在法院与法官之间除了书面契约

（合同）以外，诸如隐含的、动态的以及无法公开说明的相互心理期望也随之形成，建立民事裁判文书说理依据能动适用的心理机制，就是要在心理契约形成、维护和履行阶段让法官形成愿用说理依据、敢用说理依据和用好说理依据的隐性期待。采用"隐性"策略来引导公众达成某种特定目的，比采取硬性规定或强硬措施更好，更容易让人兼得"自由选择权"和"利益最大化"。建立民事裁判文书说理依据能动适用的助推机制，就是要形成以民事裁判文书说理"繁简"分流为内容的简化机制，以民事裁判文书说理体例灵活调整为核心的纠正机制，以民事裁判文书说理依据辅助生成的默认机制。

第四节 创新与不足

一 可能的创新

本书在选题、内容和素材等方面都可能具有一定的创新性，简要阐述如下。

选题新。从既有研究成果的检索情况来看，涉及裁判文书说理研究的主要包括说理要素、说理方法、说理风格、说理规则、说理模式、说理技巧、说理语言、说理实践与说理改革等等，目前学界并没有出现裁判文书的"说理依据"研究成果，更没有以"民事裁判文书说理依据"为主命题的研究成果。换而言之，本选题是目前裁判文书说理相关研究领域并未专门化、体系化研究的命题，故为选题新。

内容新。提出了"说理对象＝说理理由＋说理依据"的民事裁判文书说理的构造公式，并在此基础上凝练了民事裁判文书说理依据的"基本原理"，完成了民事裁判文书说理依据的"现状实证"，剖析了民事裁判文书需要说理依据的"基本情形"。在此基础上，提出以知识图谱为模型形成民事裁判文书的说理依据发现方法，归纳了民事裁判文书说理依据的选取准据并以宪法为例验证，最终以能动司法为视角、以心理契约和助推理论为基点构建民事裁判文书说理依据适用机制。这些内容都是裁判文书说理相关研究领域的现有研究成果不曾涉及过的领域，故为内容新。

素材新。通过访谈获取样本素材，归纳出民事裁判文书说理依据发现的现状表现为"依靠个人经验发现依据""法官缺乏检索依据技能""存在说理依据库的需求";通过问卷调查获得样本素材,归纳出民事裁判文书说理依据选取的整体思路、主要类型和考量因素等现实困境;通过收集案例获得样本素材,归纳出民事裁判文书说理依据适用的现状表现为"没有适用说理依据""说理理由均有说理依据""部分说理理由没有说理依据"。当前裁判文书说理相关研究主要是通过收集案例或者实证素材,故通过实地访谈、问卷调查获得实证素材是当前相关研究不曾获取的,故为素材新。

视角新。以能动司法的视角提出构建民事裁判文书说理依据适用机制是不曾有过的,而且从心理学视角提出以心理契约为模型,建立起民事裁判文书说理依据适用的心理机制,从经济学视角提出以助推理论为导向,建立起民事裁判文书说理依据适用的助推机制,进而形成民事裁判文书说理依据适用的能动机制。当前民事裁判文书说理相关研究主要局限于法学内部视角,没有从心理学、经济学等外部视角出发,更没有具体到能动司法、心理模型、助推理论等视角上,故为视角新。

二 潜在的不足

尽管在能力所及范围内,尽量完善可能出现的不足,但是因为本书的研究主题——民事裁判文书说理依据,尚没有任何直接相关研究成果作为参考,此时进行创新性研究难免存在不足,因为创新就是一种冒险的活动。

一方面,本书试图在"智慧司法"背景下研究"说理依据",解决在调研过程中发现的问题——法官面临发现说理依据的困境,因此安排一章的篇幅提出以知识图谱为模型建构说理依据库,试图为"法官发现说理依据"的实践难题寻找技术解决方案。尽管努力将所掌握的法律知识和所了解的技术原理融合起来,但作为法科生,信息技术并不是笔者所擅长的,因而只能实现到提出了技术方案的思路,而无法完成详细技术路径和参数设计。

另一方面,本书实证研究中的案例文本分析,仍然是按照法学领域传统的样本实证分析方法——手动分析案例,因此无法实现中国裁判文书网上的全样本分析,也不敢声称动辄统计万余案例样本。从理论上分析，如果采用大数据分析的方法是可以完成中国裁判文书网上 6600 余万样本的分析。但是，在当前大数据分析技术"满天飞"的情境下，似乎市面上还没有推出可以自动对裁判文书内容进行结构化文本的提取、理解和分析的法律数据库，而笔者也无法在短时间内掌握和运用包括数据爬虫、数据聚类、数据分析等大数据分析技术来处理样本。

即便存在上述不足，但是并不影响本书实质内容的研究深度，因为涉及技术的内容毕竟只有第三章的第三节、第五章的第二节和第三节，按照传统方法也可以预期的实现目标，只不过如果能运用技术方法处理可能会更好。如果能够宽容地看待法科学生运用新技术的局限，那么这些不足就并不那么严重，毕竟法学著作更应该侧重法律问题。当然，这些潜在的不足，也是本主题后续研究需要补强之处。

第二章

民事裁判文书说理依据的基本原理

第一节 民事裁判文书说理依据的本体论

"概念乃是解决法律问题所必须的和必不可少的工具。没有限定严格的专门概念，我们便不能清楚地和理性地思考法律问题。"[1] 若说"裁判文书是司法的最终产品，说理是裁判文书的灵魂"，[2] 那么"依据"则是说理的尺度。理由是根据其所适用场景不同，探究其所反映的观念。本质上仍是围绕为了某种行为或判断寻找说理的基础，以此否定自己的行为不是在某种非理性主导下产生，从而最大限度展现决策者的理性判断。[3] 研究民事裁判文书说理依据，需先论证"说理依据"在裁判文书这一特定司法活动载体中的概念。具体而言，需要辨明裁判说理与论证、说理依据与理由这两组关系，即裁判说理彰显着司法论证实践理性的表现，而说理依据是理由的事实形态，在此基础上明确民事裁判文书说理依据的内涵，进而辨明民事裁判文书的说理依据与裁判依据之间的区别与联系。

---

[1] Max Rheinstein, "Education for Legal Craftsmanship"，转引自［美］埃德加·博登海默《法理学：法律哲学与法律方法》，邓正来译，中国政法大学出版社1998年版，第486页。
[2] 潘自强、邵新：《裁判文书说理：内涵界定与原则遵循》，《法治研究》2018年第4期。
[3] 范凯文：《裁判理由的发现与论证》，中国政法大学出版社2018年版，第30页。

一　裁判说理：司法论证的实践理性

"法律根本上是说理，说理离不开论证。"① 论证又称逻辑证明或证明，指运用一个或几个已知为真的判断，证明另一个判断或真或假的思维形式，论证由论题、论据和论证方式组成，通过推理形式进行。② 如果只是表达观点，它可能是理性的，也可能是感性的，更可能是"脱口而出"而无所根据。论证是主体在阐明自己的观点（理由）之后加以证明，让自己的观点（理由）具有理性的证实，它是主观活动的理性实践，而非感性的表达。应当注意到，"逻辑学家所使用的论证一词，就是指任一这样的命题组：一个命题从其他命题推出，后者给前者之为真提供支持或根据。"③ 那么，"理性"也就是论证的天然属性了，用"已知为真判断"这样一个论据，去证明"另一个判断"这样一个论点时，论据是前者为后者提供依据。因而，在理性的社会交往中，个人主张能否被他人信任，需要依靠一定的依据来论证主张的正确性，论证也成为主体存在的一种方式，因为无数次"个人主张"被信任，逐渐就建立起主体的被信任人格，这也是主体在广泛的社会交往活动中理性的存在基础。

"论证"不是特定的法律术语，它在法学/法律领域被称之为法律论证、司法论证，"论证是法律论证和司法论证的属概念，法律论证又是司法论证的属概念。"④ 法律论证，是指"通过提出一定的根据和理由来证明某种立法意见、法律表述、法律陈述、法律学说和法律决定的正确性与正当性"。⑤ 换而言之，法律论证就是通过一定的依据来证明法律活动的合法性，法律活动包括但不限于立法、司法、执法等过程中需要表达的意见（如法律意见）、陈述（法律陈述）、学说（法律学说）、决定（法律决定）、辩论（法庭辩论）、解释（法律解释）等，这些法律活动

---

① 葛洪义：《试论法律论证的概念、意义与方法》，《浙江社会科学》2004 年第 2 期。
② 韩明安：《新语词大词典》，黑龙江人民出版社 1991 年版，第 310 页。
③ ［美］欧文·M·柯匹、卡尔·科恩：《逻辑学导论》，张建军、潘天群、顿新国等译，中国人民大学出版社 2007 年版，第 8 页。
④ 夏卫国：《司法论证概念网络的逻辑分析》，《贵州工程应用技术学院学报》2015 年第 6 期。
⑤ 葛洪义：《试论法律论证的概念、意义与方法》，《浙江社会科学》2004 年第 2 期。

第二章　民事裁判文书说理依据的基本原理

的参与主体可以是立法者（全国人大及其常委会）、司法者（法官、检察官等）、执法者，也可以是律师、教授、记者、法科学生以及普通社会大众。法律论证与法律实证具有天然的联系，从法律方法角度而言，"法律论证是对法律解释、漏洞补充所确认的作为法律推理大前提的法律的正当性所作的说明。"① 所以说，论证的理性，再加上法律的理性，法律论证必然要求是理性的。从广义上而言，法律论证就包括立法论证、司法论证，司法论证也就法律论证的下位概念；从狭义上而言，司法论证是法律论证的同义表达，法律论证一般是"指司法裁判过程中法官、律师或当事人等就案件事实与法律进行论辩，追求合理裁判结论的思维过程，此即法律方法论意义上的法律论证"。② 本书之所以强调裁判说理彰显着司法论证的实践理性，就是站在狭义的法律论证立场，与"法律"的广阔包容性不同，"司法"强调的是以司法活动为中心，司法论证就是要求司法活动必须要有论证，故司法论证取狭义的法律论证含义。

　　法官在裁判过程中最为核心的工作就是适用法律来判断事实并作出结论，而"法律根本上是说理，说理离不开论证。"③ 说理不同于"谈玄"，④ 谈玄是表达个人的理解，但并不要求阐明依据，也就是不需要论证，但是说理是阐明道理，强调有条理性的思维状态。裁判说理是法官理性思维活动的表现形式，法官做出支持抑或反驳当事人诉讼主张的结果时需要理由，每一项判断结果指向都需要理由来支撑，这些司法论证过程中阶段性理由和阶段性结果共同组成最终的司法结果。裁判说理就是司法论证实践理性的展开，尤其是当它从庭审说理移转到裁判文书说理时。裁判说理体现在裁判文书当中，它就是司法论证理性在裁判文书中的表达和实践。裁判文书"静态呈现"与庭审活动"动态展示"之间的联系，体现在裁判文书作为法庭审理流程的客观记录和集中展现，裁

---

① 陈金钊：《法治与法律方法》，山东人民出版社2003年版，第224页。
② 焦宝乾：《法律论证导论》，山东人民出版社2006年版，第72页。
③ 葛洪义：《试论法律论证的概念、意义与方法》，《浙江社会科学》2004年第2期。
④ （1）谈论玄理。从南朝宋刘义庆《世说新语·容止》："王夷甫容貌整丽，妙於谈玄。"范文澜《〈唐代佛教〉引言》"南朝士大夫有谈玄的习惯。"（2）谈论宗教义理。唐道宣《续高僧传·义解十一·灵润》："加以性爱林泉，捐诸名利，弊衣蠃食，谈玄为本。"（3）玄学内容之一。吕澂《中国佛学源流略讲》第九讲："唐人讲的玄学内容仍不出于三玄，而且分开来讲，称《易经》为'真玄'，《老子》为'虚玄'，《庄子》为'谈玄'。"

判文书被当作"审判活动的综合体现,必须全面反映人民法院案件审理'证据→事实→适用法律→裁判'的过程"。[①] 再者,从具象的审判行为和证据材料中用文字抽象出事实真伪的认定和法律规范的适用,其理由的说明也必然包含推理论证的过程。此处从裁判说理和司法论证的关系进行阐述,有助于更好地理解裁判说理是论证的实践理性行为。

二 说理依据:裁判理由的事实样态

在生活语境中,"理由"一词经常被适用,是指对行为的解释,也就是为什么要那样做,依据是什么。反对的"理由",支持的"理由",中立的"理由",不同场景都会使用到。"理由"并不是完全客观的,它具有主观性的因素。日常生活中经常出现的对话"找个理由""编个理由",这就折射了主观性在"理由"中所起的作用,这种主观性并非每个主体都意识到了,但是每个主体都存在编造理由的可能性。例如小学生经常被老师问及"为什么昨天又没来上课",一个"又"字说明该小学生经常旷课,所以就需要有不同理由让老师相信自己,所以小学生说"自己因为昨天生病了"。"生病了",是小学生说明其旷课合理性的理由,但是支持该理由需要"依据",否则老师无法判断这个理由到底成不成立(是真是假),因为老师无法排除小学生编造理由的主观性,那么如何提供依据呢?小学生要求老师给爸爸妈妈打电话,老师从爸爸妈妈那里证实了该小学生确实是生病了,那么依据的是"证人证言";如果小学生拿出了"载明了诊断证明的病历本",那么依据就是"病历本"。排除造假的可能性,无论是"证人证言",还是"病历本",都是客观存在的事实,相比于理由更具有客观性。所以说,理由的"主观性"需要依据的"客观性"来排除,这样理由才会让别人更加信服。因此,"依据"所起到的作用就是呈现了理由的事实样态,因为理由并不必然是主观的,如果例子中的小学生真的是因为生病了而旷课,那么"生病了"就是客观的事实样态,只不过我们没有依据的时候,无法排除其"主观性",既然"依据"更具有客观性,换言之,依据是理由事实样态的表现。

[①] 潘自强、邵新:《裁判文书说理:内涵界定与原则遵循》,《法治研究》2018年第4期。

第二章　民事裁判文书说理依据的基本原理

　　从理由到裁判理由，是从"理由"作为基础词汇，再限定在"裁判"或"司法裁判"这一特定场域，所形成的"裁判理由"概念必然具有"理由"的属性。裁判理由是在裁判过程中所表达的理由，按照前文论述的"裁判说理彰显着司法论证的实践理性"，那么这种在司法活动（裁判）中所表达理由的行为应该要是理性的，注意是"表达理由的行为"，那么也必然要求"理由"也是理性的，要求是这样，但并不是意味着理由就是必然理性的，因为"理由"并不是完全客观的，它具有主观性的因素，这一特性也表现在"裁判理由"之上。因此，要求裁判理由必须有相应的"说理依据"加以支持，换而言之，裁判依据是裁判理由的事实样态，因为裁判理由除了事实样态以外，还存在主观样态——例如裁判文书的说理应当避免强化感情色彩的语词，① 所以说裁判理由是法官的主观性表达，必须要有客观性的说理依据来支持。

　　裁判理由是裁判行为中裁判方法和裁判逻辑所表现出来的独有理由，投射到裁判文书中的理由说明，无可避免地带有文书静态化（书面化）的特征。就裁判行为而言，民事裁判作为民事审判中的一个缩影，是国家审判权在行使过程的具体操作环节。民事裁判文书是由人民法院发布的，由承办案件的法官行使审判权，根据案件事实，运用法律推理，将客观事实转化为法律事实，适用法律规范所作出明确当事人权利义务关系的具有法律效力的法律文书。② 司法裁量活动又因为各国法治观念和

---

　　① 2007 年《浙江省高级人民法院关于加强裁判文书说理工作的若干意见》第十二条规定，"裁判文书说理应当用语规范，做到表达简洁清晰、文字精练易懂……不能使用反问、疑问、设问等加强感情色彩的句式……"。参见法信网：《浙江省高级人民法院关于加强裁判文书说理工作的若干意见》，https://www.faxin.cn/lib/dffl/DfflContent.aspx?gid=B407932&userinput=%e6%b5%99%e6%b1%9f%e7%9c%81%e9%ab%98%e7%ba%a7%e4%ba%ba%e6%b0%91%e6%b3%95%e9%99%a2%e5%85%85%b3%e4%ba%8e%e5%8a%a0%e5%bc%ba%e8%a3%81%e5%88%a4%e6%96%87%e4%b9%a6%e8%af%b4%e7%90%86%e5%b7%a5%e4%bd%9c%e7%9a%84%e8%8b%a5%e5%b9%b2%e6%84%8f%e8%a7%81.

　　② 在此引用"我国当下司法实践中，裁判文书存在不同的种类，包括判决书、裁定书、决定书、调解书；适用于不同的审判领域，包括刑事审判、民事审判、行政审判、国家赔偿、执行；适用于不同的诉讼阶段，包括立案、一审、二审、再审、执行；适用于不同的诉讼程序，包括普通程序、简易程序、特别程序、督促程序、公示催告程序，等等；适用于不同的案件，包括简单案件、复杂案件；适用于不同层级法院，包括基层法院、中级法院、高级法院和最高法院。"的说法来囊括裁判文书中的相关含义。参见潘自强、邵新：《裁判文书说理：内涵界定与原则遵循》，《法治研究》2018 年第 4 期。

司法传统差异，呈现出不同风格的个案裁量与判决理由。① 法国判决文书的异乎简洁与美国判决中周密理由论证相对比，② 对于法国的判决文书写作简练风格导致案件出现法律漏洞，规则模糊与发生冲突等情况时，经常掩盖问题的复杂性和可争议性，其已经招致不清楚，没有充分说明所提出判决依据的意义范围，以及无从知晓采用这一判决依据动因的批评。③ 判决文书中说明理由，不仅仅是出于"司法裁决是对当事人诉讼请求的回应，是当事人期待的司法结论，是当事人实现其实体利益的依据，因而裁判文书作为法律关系宣言书的功能是首要的和根本性的"。④ 这些原因，同时也是基于更为优化的社会治理模式和民主法治的需要。法治兼具稳定性和灵活性双重属性，一方面作为法律面前人人平等的推论结果，法治宣称对法律适用过程的一般性要求；另一方面法治又需谨慎地让一般性原则不适用于那些可以或者应该作出合理区别的案件。⑤ 因而，基于判决结果得出的理由，业已成为国际法律界中的一种通识。法官在其审理过程中"有权力即有责任"为判决提供一个尽可能清晰明了的论证理由。⑥

裁判理由是法官由案件事实推导至法律事实，再将其对应至相应法律规范过程的说明。其中，裁判理由的内容糅合了诉讼程序中多方参与主体行为，一方当事人提交所主张事实的证据材料的行为，另一方当事人为反驳对方或者维护自身诉讼利益的行为，再加之法官综合各方当事

---

① 陈林林：《裁判的进路与方法——司法论证理论导论》，中国政法大学出版社 2007 年版，第 1—2 页。

② 法国判决文书秉承法官只是"法律的宣示者"，作为宣告法律的机器其只需指明所适用的法律条文足矣，同时固守简要撰写判决书的方式，益于防止判决文书陷入细枝末节脱离正题而影响权威性的理由。美国判决文书中所做的理由论证则需要陈述案件事实，问题争点，争点解决方案，以及支持该方案的理由和相关程序性指令。这是截然不同的两种对待裁判理由的方法。参见陈林林：《裁判的进路与方法——司法论证理论导论》，中国政法大学出版社 2007 年版，第 1—2 页。

③ ［法］雅克·盖斯旦、吉勒·古博、谬黑埃·法布赫—马南：《法国民法总论》，陈鹏、张丽娟、石佳友译，法律出版社 2004 年版，第 466 页。

④ 傅郁林：《民事裁判文书的功能与风格》，《中国社会科学》2000 年第 4 期。

⑤ Geoffrey Q. Walker, *The Rule of Law: Foundation of Constitutional Democracy*, Oxford: Clarendon Press, 1980, p. 32.

⑥ Aleksander Peczenik, *On Law and Reason*, Dordrecht/Boston/London: Kluwer Academic Publishers, 1989, p. 41.

第二章　民事裁判文书说理依据的基本原理

人诉讼行为之后论证思维的内在行为，最终呈现出来的裁判文书是法官逻辑推导的成果。对于裁判理由的理解，还可以将裁判理由与之近似概念——法官意见进行对比，来明晰其所属范围。① 法官在面对一个案件时要确保其给出判决理由的陈述为正确的，如果一个案件判决的情景将会影响今后全部此类案件裁判，这显然是无法承受的负担。此时对于"法官意见"概念，可以帮助判断判决理由真正需要承载的作用和其更为准确的定义。法院对之前案件的判决理由加以延用以便做出某种更为精确或合适的解释时，此种对前述判决理由过度概括以适用本次判决的为"法官意见"。② 虽然想要彻底区分出判决理由（holding）和法官意见（dictum）较为困难，但区别两者之间的关系具有重要意义，一是以便更好衔接下位概念——说理依据，二是为法官裁判说理减免不必要的责任和负担，无论是自身说理还是援引先例都把握分寸，也有利于说理的能动适用得到推广。③

判决文书虽然是国家公权力的代表，但并非产生伊始就自带不证自明的信服效果，一份裁判文书若想获得当事人的认可和社会公众的认同，达到定分止争的司法效果和弘扬公正的社会效果，必定需要有各方都信服的理由支撑，并且裁判文书中理由不能完全是法官所主观臆想或者自由判断，在其所主张理由的背后必然能够抽丝剥茧出某些客观存在的依据。如同小学生旷课，提出的理由是"生病了"，医院的病历单才是证明"生病了"的依据，此种隐藏在理由之后的客观存在即是支持理由的

---

① 对于判决理由（holding）和法官意见（dictum）的区别可能有助于解决裁判文书说理中概括过度或概括不足的问题。参见［美］凯斯·R·孙斯坦《法律推理与政治冲突》，金朝武、胡爱平、高建勋译，法律出版社2003年版，第165—166页。

② 正如儿童会依据先例进行争辩，父母往往会把这些先例当成附带意见。小孩说："但你昨天让我呆的很晚。"父母可能回答："昨天不同，因为你不用上学"或者说："昨天情况特殊，是你妹妹生日"。总之，父母会说，那并不是先例所要表达的意思。他们说小孩应尊重父母当前的判决理由（holding），而不是附带意见（dicta）。判决理由与法官意见间也存在着类似交织的关系。参见［美］凯斯·R·孙斯坦《法律推理与政治冲突》，金朝武、胡爱平、高建勋译，法律出版社2003年版，第166页。

③ 至少可以在一定程度上警醒法院不能在援引、适用先例理由时走的太远。但如同任何法官都经历过，在法律发现到法律适用间衔接的加入自己对案件的理解和阐释。查士丁尼曾命令禁止对查士丁尼法典中编撰者作品进行任何评论，而人民之所以还记得该禁令仅仅是由于这一禁令毫无结果。参见 Gray, *Nature and Sources of the Law*，转引自［美］本杰明·N·卡多佐《司法过程的性质》，苏力译，商务印书馆2000年版，第7页。

依据。司法活动中，法官主张之于诉讼中"事实理由""法律理由"以及"适用理由"间的逻辑关系并不是天然存在或者自动生成的，其仍有赖于其他理由的支撑和证成——说理依据，因为"说理依据是裁判理由的事实样态"。

三　民事裁判文书说理依据的内涵

有学者将判决理由分为两个层次，即作出判决结果的直接依据，以及提出这一依据的依据。① 结合司法裁判实践，裁判的直接依据就是通常所说的"裁判依据"，也就是这里的第一层次的"判决理由"，它是直接论证裁判结果的，"必然是一条或几条法律体系中的规范或命题"，② 在我国裁判文书中通常表现为法律条文。"依据的依据"是指什么呢？"依据的依据"要说明为何会选择这样的"直接依据"，它是为第一性依据服务的，即"论证第一性依据之'个案适用性'"。③ 如此看来，这个为"第一性依据服务的过程"本质上就是说理，而这"说理"也是需要依据的，也就是指"说理依据"是其所述第二层次的"裁判理由"。另一个佐证说明在于，其所谓的第二性依据可分为三类："事实构成上的释明性依据；法律内的形式性依据；法律外的实质性依据"，④ 可分别对应我国司法实践中更可以作为说理依据的通常说的事理、公理；法律法规、司法解释，以及最高人民法院发布的指导性案例、非司法解释类审判业务规范性文件，情理、经验法则、交易惯例、民间规约、职业伦理、法理及通行学术观点等等。所以，该学者提出的观点可以概括为"裁判理由＝裁判依据＋说理依据"，这种构造也符合前文论述的"依据是理由事实样态的表现"。但是，仍然要指出的是"理由"总是有"依据"支持的，那么"说理依据"应该支持的是"说理理由"，因此可以说该

---

① 陈林林：《裁判的进路与方法——司法论证理论导论》，中国政法大学出版社2007年版，第9页。
② 陈林林：《裁判的进路与方法——司法论证理论导论》，中国政法大学出版社2007年版，第9页。
③ 陈林林：《裁判的进路与方法——司法论证理论导论》，中国政法大学出版社2007年版，第9页。
④ 陈林林：《裁判的进路与方法——司法论证理论导论》，中国政法大学出版社2007年版，第10页。

观点中实际上是隐藏了"说理理由"。说理理由是在裁判文书中对证据审查、事实认定、法律适用和自由裁量环节中需要说理的具体"对象"进行说理而给出的理由。

结合前文第二章第一节"一裁判说理：司法论证的实践理性"和第二章第一节"二说理依据：裁判理由的事实样态"剖析，可以描述出如下三组关系：其一，裁判说理彰显着司法论证的实践理性；其二，裁判理由是进行裁判说理给出的理由，即裁判理由是司法论证的实践理性的理由；其三，说理依据是裁判理由的事实样态，即说理依据是司法论证中实践理性的理由事实样态。至此，在"第二性依据"理论阐述将潜藏的"说理理由"明确的基础上，可以得出一个推论，也就是裁判文书说理依据的内涵，即说理依据是指在裁判文书中支持被说理对象的说理理由的一般性依据。被说理的对象（以下简称"说理对象"）就是指需要被论证的命题。鉴于此，可以在裁判文书说理依据内涵的基础上，界定民事裁判文书说理依据的内涵，即在民事裁判文书中支持说理的理由的一般性依据。

四　民事裁判文书说理依据的构造

民事裁判文书的"说理依据"作为独立的研究本体，在民事裁判文书中也应当有相应的"位置"。裁判结果的得出需要由裁判依据作为直接支撑，而裁判依据则需裁判理由作为直接支撑，因此可以得出一个基本的公式"裁判结果＝裁判依据＋裁判理由"。对照当前的裁判文书样式基本要素，裁判结果对应裁判文书中的"裁判主文"，裁判依据即裁判文书中的"裁判依据"，裁判理由即裁判文书中"事实"和"理由"部分的说理内容。裁判理由在裁判文书中尽管是段落性的文字，但依然可以对其进行结构化拆分，即裁判理由由一个以上的说理对象及其论证构成，说理对象在当前的裁判文书样式中表现为争议焦点，一个争议焦点可能分解为一个以上的说理对象，说理对象的论证要素用基本的公式表达为"说理对象＝说理理由＋说理依据"。如果从"结论"的证成来看，任何结论都需要"理由"和"依据"共同支撑，"裁判结果"是结论，"说理对象"也是结论，因此它们的构造本质上都是"结论＝理由＋依据"。（见图2-1）

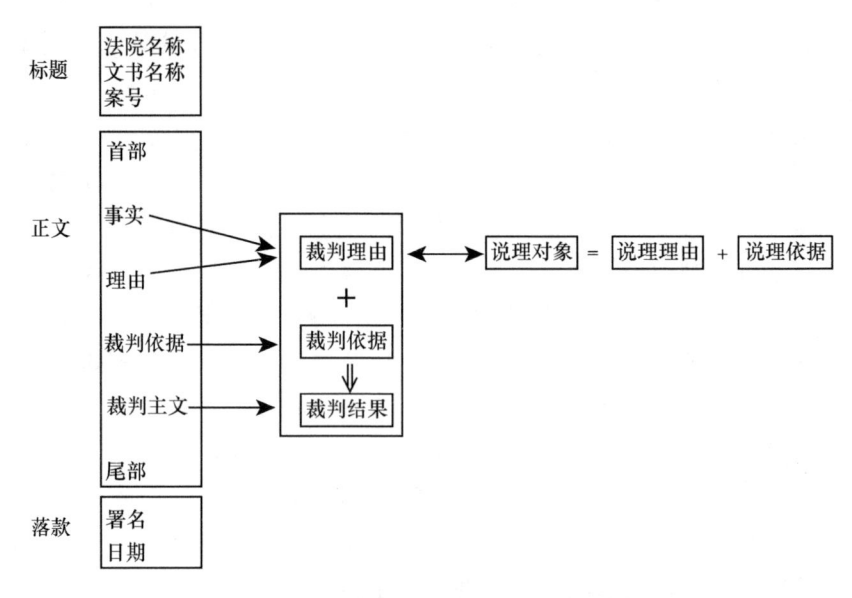

图 2-1 民事裁判文书说理依据的构造

结合民事裁判文书说理依据的内涵，理解说理依据的构造要把握以下要点：

第一，说理依据是一般性依据。也就是说，一条依据要比其所支持的理由更具有一般性，否则就不能称之为依据。如何理解"一般性"呢？就是要求依据本身是"不证自明"，即不再需要其他依据来证明——即不能出现"说理依据"的说理依据，如果没有这一要求，那么说理依据将会陷入无尽循环论证之中。

第二，说理依据用来支持说理理由。说理是一个动作或过程，"理由"才是"说理"的产物或结果，这就是要求"依据"是"理由"的事实样态，即"说理依据"是"裁判理由"的事实样态，因为理由存在潜在的主观因素，而依据是客观的事实存在。因而，要求说理依据是对说理理由的支持和支撑。

第三，说理依据表现在裁判文书中。说理不是司法活动特有的，更不是审判活动特有的，裁判说理彰显着司法论证的实践理性，裁判文书就是这一实践理性的书面载体。因此要将"说理依据"限定在裁判文书中，特定指向法官在裁判文书中释法说理的依据，它也是实现理性的书面化形式。

五　民事裁判文书说理依据与裁判依据的关系

如前文所述，（见图2-1）说理依据是说理理由的第一性依据，而说理理由是裁判理由的第一性依据，因而说理依据是裁判理由的第二性依据。又因为裁判理由和裁判依据支撑着裁判结果，所以裁判依据和说理依据共同作为"裁判结果"的支撑依据。在当前裁判文书要素体例中，"理由"之后是"裁判依据"，但是从狭义的角度来看，裁判依据与说理依据是不同的。"说理依据"和"裁判依据"同时出现在裁判文书中，裁判依据和说理依据的关系如何，人们对此的认识并不一样。通过实证调研了解到：60.5%的受访对象认为两者之间既有区别又有联系，20.25%的受访对象认为两者之间具有显著区别，认为两者之间有细微区别和没有区别的受访对象分别占比12.42%和6.83%。（见图2-2）

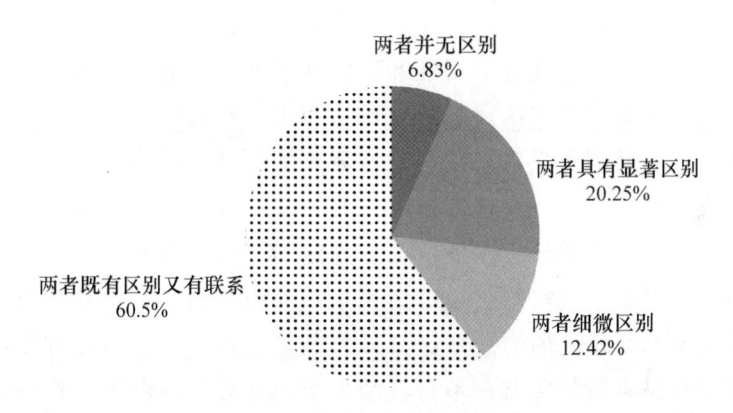

图2-2　裁判依据和说理依据的关系

（1）说理依据与裁判依据的区别

首先，在裁判文书的内容上，说理部分的依据与裁判依据分成不同内容。参照2016年最高人民法院关于印发《人民法院民事裁判文书制作规范》的通知中裁判文书样式的格式规范，不仅说理和裁判部分分别在正文中第（六）、第（七）部分单独列出，支撑说理部分和裁判部分的依据也被区分开来，说理部分的依据表述为法律、法规、司法解释、指导性案例，司法指导性文件、宪法和各级人民法院关于审判工作的指导性文件、会议纪要、各审判业务庭的答复意见以及人民法院与有关部门联合下发的文件的原则和精神,裁判依据则是法律、法规、司法解释。① 其次,在形式逻辑联系上,援引最为经典的三段论式演绎推理形式,其中大前提为已知的一般原理,在司法推导过程中大前提的选取范围实则就是现行法律,小前提的内容为现有查证的事实,反映在司法论证中则是案件事实。② 当法官在查证案件事实的过程中,用以支撑自己判定事实的合法合理性来源的依据便是说理依据,将案件事实与已经确定好的法律构成要件连结起来的则是裁判依据。最后,从实质司法进程看,说理依据支撑法官审查判断证据、认定事实,是适用裁判依据的前提和基础。

(2) 说理依据与裁判依据的联系

民事裁判文书最基础的目的便是促成涉案各方定分止争,使当事人能够知悉明了法官的审理思路、断案由来,需要在裁判文书中阐明说理依据和裁判依据。其一,从正相关联系来说,说理依据的充分程度、恰当程度直接关系着裁判依据适用的正确程度、精准程度。法官在实际文书制作过程中,制作规范所划定的理由和裁判依据的逻辑关系是紧密相连的,建立在错误事实认定上的法律适用也必然是空中楼阁,经不起检验。其二,从反相关联系来说,现行裁判依据规定的实质准确性、正义性也同样关乎法官论证说理依据的充实程度。法官在审理案件时直至撰写裁判文书,所面对的法律规范都是固定和不能更改的。面对法律规范的这一常量因素,法官阐述说理需要依情势而进行不断变化。其三,从民事裁判文书所要提倡的公平正义社会效果而言,一方面说理依据和裁判依据均为民事裁判文书中不可或缺的组成部分,两者一起构成裁判文书公平正义的基石,另一方面说理依据和裁判依据在裁判文书中的区分并非如同制作规范中界限分明,现实案件的复杂程度会使得法官在追求

---

① 法信网:《最高人民法院 关于印发人民法院民事裁判文书制作规范》的通知,https://www.faxin.cn/lib/Zyfl/ZyflContent.aspx?gid=A239452&userinput=%e4%ba%ba%e6%b0%91%e6%b3%95%e9%99%a2%e6%b0%91%e4%ba%8b%e8%a3%81%e5%88%a4%e6%96%87%e4%b9%a6%e5%88%b6%e4%bd%9c%e8%a7%84%e8%8c%83,最高人民法院网。

② "三段论是一种谈论方式,在其中某些事物被断定下来,某些不同于它们的事物就可以由它们是如此确定的论断而必然推出。对于短语'如此确定的论断',我指的是根据这些论断就会推出结论,也就是说,并不需要其他更多的词项,就可以得出必然的结论。"参见[古希腊]亚里士多德:《工具论》,张留华、冯艳译,上海人民出版社 2015 年版,第 61 页。

逻辑清晰、结果公正的目标下，下意识地忽略了文书的格式性。

从整个裁判文书来看，裁判依据不仅仅是作出裁判而依据的法条，说理依据也是实质充当了广义的裁判依据。基于民事裁判文书裁判依据与说理依据区别和联系的实际情况，本书所探讨的民事裁判文书说理依据包含了裁判文书呈现出来的证据审核过程说理的依据、法律事实认定说理的依据，法律适用中的说理依据和自由裁量中的说理依据。

第二节 民事裁判文书说理依据的独立价值

当前，民众对于司法权威公信力的认可度已经逐渐衰减，那些始终坚信司法公正的主体逐渐减少。虽然法院的司法权威尚不至于陷入"塔西佗陷阱"，但是"王林清"事件无疑在司法权威上"打了一闷棍"，幸亏后来剧情得到了反转。但是，不可否认法院围绕"努力让人民群众在每一个司法案件中都能感受到公平正义"的宗旨，在提升案件审判质量和效率方面都已下了不少功夫，而越来越多的民众已经不再满足于只载明案件裁判结果的裁判文书。因为随着法治进程的推进，越来越多民众的法律素养和知识结构已经得到大幅度提升，他们看得懂裁判文书，也更有意愿去审视裁判文书中证据审查、事实认定、法律适用、自由裁量等部分的说理及其依据。

一 无"依据"则无"说理"

裁判文书说理是裁判文书改革的必然结果，无"说理"则无裁判。经过多次司法改革，在法治语境中，裁判文书说理已经成为国家法治的一种载体。司法实践中的说理有诸如庭审说理、判后说理、裁判文书说理等不同的类型，但是在裁判文书上网制度下，庭审说理和判后说理均不像裁判文书说理那般要面对社会大众，并且是以"白字黑字"的形式呈现。我国裁判文书有很长的说理传统，在我国古代判词中就非常注重说理，强调"情、理、法"的融合，要求实判[①]"长于叙事说理，具有

[①] 实判是指司法活动中判决书，相对应的拟判是指科举考试中模拟实判之作。参见高宇：《浅议中国古代判词》，《文教资料》2014年第36期。

实用性",① 因此"理由部分作为判词的重点内容之一,可以说是判词的灵魂,是衡量判词质量的重要标准。"② 不仅如此,从传统判词向当代裁判文书的转型过程中,说理部分虽然经历了简化阶段,但是并未真正消失,且在司法改革现代化的进程中逐渐得到重视。从1999年最高人民法院印发《人民法院五年改革纲要》要求加强判决的说理性,通过裁判文书公开裁判理由起,裁判文书释法说理改革已经持续了二十多年(参见第一章第一节"二裁判文书释法说理改革"),目前我国的裁判文书要求必须具备说理内容并且要求有说理的依据。尤为重要的是,"说理"是裁判文书体现司法实体公正的关键要素,正如英国最高法院前任院长廖伯嘉勋爵所说的"没有理由的判决是非正义的,甚至都不成其为判决"。③

裁判文书说理依据是裁判文书释法说理改革深化的必然结果,无"依据"则无说理。在当前对裁判文书释法说理的司法改革要求中,仅仅在裁判文书中说明理由还不够,还要必须有"依据的依据"——说理依据。"或者说无法为结论找出令人满意的合适论据,那么除非法官是个专权者或疯子,否则他就会抛弃这个结论再去寻找一个。"④ 法官在作出裁判结果前必须要有理由作为支撑,否则其裁判结果就无法说服除自己之外的任何人,尽管理由本身是裁判结果的依据,但是该主观性理由背后还需要客观性依据来加以支持。在人类社会的经验中,越是主观的东西,越难以让他人信服,唯有客观的东西,才能让人相信。"说理"之所以需要相应的"依据"作为支撑,是因为说理是主体的主观行为过程,而"依据"才是客观量化的表达,没有任何依据的说理是无法让人信服的。

民事裁判文书说理依据所秉承的合法性、合理性、正当性与可接受性的目标在实现时,需要注意避免"塔西佗陷阱"⑤ 的发生。环顾当下

---

① 高宇:《浅议中国古代判词》,《文教资料》2014年第36期。
② 汪世荣:《中国古代判词研究》,中国政法大学出版社1997年版,第153页。
③ [英] 杰里米·库珀、杨小利:《英国法官如何进行裁判说理》,《中国应用法学》2018年第2期。
④ Jerome Frank, "Criticism of Trial-Court Decision-The Gestalt",转引自陈林林《裁判的进路与方法——司法论证理论导论》,中国政法大学出版社2007年版,第19页。
⑤ 塔西佗在《历史》中所言"一旦皇帝成了人们憎恨的对象,他做的好事和坏事就同样会引起人们的厌恶"。参见 [古罗马] 普布里乌斯·克奈里乌斯·塔西佗:《历史》,王以铸、崔妙因译,商务出版社2017年版,第8页。

第二章 民事裁判文书说理依据的基本原理

整体的司法环境，一方面法官没有将裁判文书说理依据勾勒的强烈意愿（见图2-3），法官认为自己不善说理，不敢说理的意见最为突出。普通民众无法通过裁判文书（说理依据）探知法官的裁判思维以及作出裁判结果的来源根据，而在对裁判结果不满的情况，这在一定程度上加剧了公众对于司法公信力的质疑。在实证调查中了解到，96%的受访者认为民事裁判文书适用说理依据存在问题，存在很多问题，存在一些问题和存在少数问题的占比分别为 16.52%、62.98% 和 14.91%。（见图2-4）

另一方面，法官对于裁判文书说理依据呈现效果，并没有达到预期中与提升司法公信力成正比的效果。在公众对某些司法结果抱有怀疑和偏见的现状下，裁判文书中说理依据阐释的越详实，法官的自由心证活动对外公开的越细致，则很有可能造成裁判文书中更多攻击靶向被公众攻击。例如，彭宇案[1]因为适用不恰当的说理依据导致了负面司法后果，

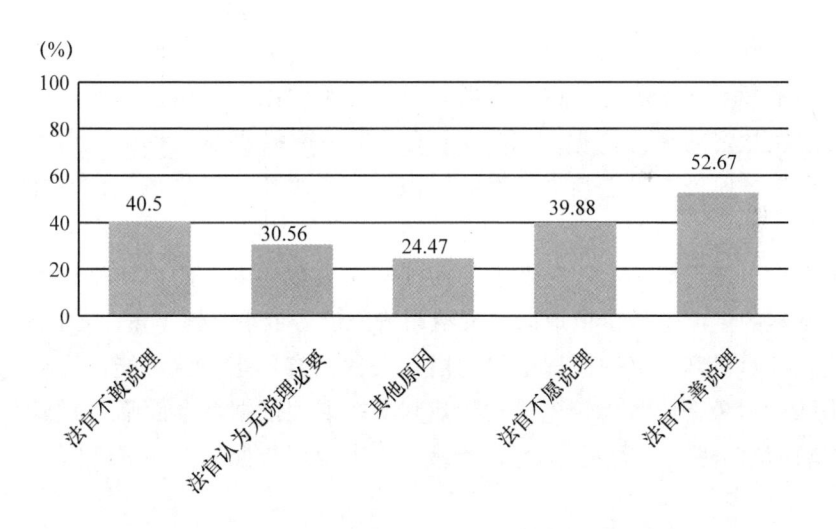

图2-3 法官对待民事裁判文书说理的心理态度

（数据：法官不敢说理 40.5%；法官认为无说理必要 30.56%；其他原因 24.47%；法官不愿说理 39.88%；法官不善说理 52.67%）

---

[1] 判决书中本院任务部分中对于原告、被告是否相撞的事实认定推理分析中，法官所表述的"如果被告是见义勇为做好事，更符合实际的做法应是抓住撞倒原告的人，而不仅仅是好心相扶；如果被告是做好事，根据社会情理，在原告的家人到达后，其完全可以在言明事实经过并让原告的家人将原告送往医院，然后自行离开，但被告未作此等选择，其行为显然与情理相悖"的言词。参见徐××与彭宇人身损害赔偿纠纷案，江苏省南京市鼓楼区人民法院（2007）鼓民一初字第212号民事判决书。

不存在 5.59%

存在，问题很多 16.52%

很少存在问题 14.91%

存在一些问题 62.98%

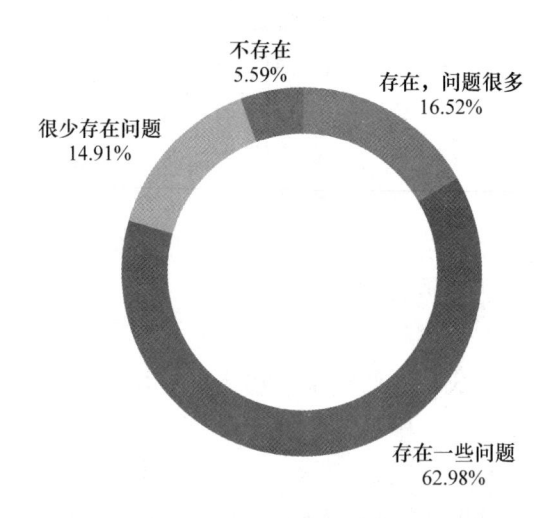

图2-4 民事裁判文书适用说理依据是否存在问题

法官在判决文书中认定彭宇没有碰撞徐某某老人的事实时，所选用生活经验推理不甚正确，并在不恰当运用"经验法则"的情况下将其作为补充事实认定的来源依据。① 随后，案件经由网络媒体的片段化剪辑与异化助推，使公众对于判决结果的认识进一步脱离了案件事实的真相。该案法官基于"人性恶"的个人经验推断出的社会一般经验作为说理依据，作出认定彭宇没有与老人相撞则不应去救助老人的事实推定既违背了基本的主流道德价值取向，又给司法公信力带来一锤重击。如此看来，法官针对裁判文书中说理依据的措辞表达稍有不当，就可能成为被"攻击"的对象，陷入无论怎样对待裁判文书说理依据都会面临"挑刺"的"塔西佗陷阱"。所以，运用民事裁判文书说理依据就更为重要！

---

① 判决文书中的表述在经过网络媒体的刻意渲染之后，通过传媒包装异化为法官认为不是彭宇撞的老人，则彭宇不应该去扶老人的偏离事实真相的论断，此种观点明显相悖于证明责任指向不利于彭宇的情形，同时也与庭审时彭宇的自认和相关联证明材料所认定的事实相违，但由于法官背离通俗道德信仰的事实推定的逻辑表达，最终致使判决结果与公众认知间巨大反差情况的出现。参见傅郁林《当信仰危机遭遇和谐司法——由彭宇案现象透视司法与传媒关系》，《法律适用》2012年第12期；中国法院网：《最高法发布交通事故赔偿纠纷案等四起典型案例中李明义针对彭宇案判决文书的分析》，https://www.chinacourt.org/article/detail/2014/07/id/1352051.shtml。

二 事实与规范的连结点

"无论作出裁判的具体实质性理由是什么，依形式观之，判决必定是在法律规范与个案事实的相互关照中得出的法律判断"。[1] 事实作为一个独立部分，规范作为一个独立部分，司法审判遵循的是"以事实为根据，以法律为准绳"，那么从"事实"到"结果"大致要历经"客观事实——法律事实——规范适用——裁判结果"，每一个过程都是"事实"与"规范"交互的结果，"说理依据"在交互过程中起到不可或缺的连接作用。与日常生活中（任意的、非规范性的）说理相比，司法活动中规范意义上的说理，天然地要求具备支撑说理的依据。对于说理行为而言，说理依据是经过法官能动发现、理性权衡和审慎适用的结果。裁判说理作为司法裁判的实践因子，必须高度关照事实和规范的互动，基于何种依据来说理，基于何种理由来裁判，都需要结合规范对事实的评价而做出最终的裁决。如此，阐明理由（第一性依据）、呈现其依据（依据的依据）及其与事实、规范的关系，是法官利用规范评价事实的基础。

客观事实是指实实在在发生过或存在的事实，而法律事实是指法官通过法律程式所还原的事实。"客观事实是法律事实的基础，法律事实是客观事实的再现或者反映，法律事实必须以客观事实为追求目标。"[2] 从客观事实到法律事实是通过证据链实现的，涉及到证据审查认定的核心问题，而证据的采纳与否需要说理，说理自然就应该阐明其依据。从这个层面而言，说理依据是客观事实到法律事实的连接点。从审判出现开始，客观事实到法律事实并不是一直依靠说理依据来连接，例如在早先审判阶段，还原"法律事实"就是依靠水审、火审等活动昭示案件事实，然后根据当时的规范（习惯、习俗、规约等）进行裁判，连接事实与规范的连接点就是水审、火审等活动，而且此类活动是不证自明的。只是发展到当前的"当事人 A—法院—当事人 B"法庭辩审模式，讲究证据为王，举证、质证、证据认定或形成心证都是为了将客观事实还原

---

[1] 陈林林：《裁判的进路与方法——司法论证理论导论》，中国政法大学出版社 2007 年版，第 64 页。

[2] 孔祥俊：《论法律事实与客观事实》，《政法论坛》2002 年第 5 期。

到法律事实,然后在法律事实的基础上适用法律。在这个过程中,遇到事实真伪不明或难以分辨时,法官必须展开说理并说明为何如此说理的依据,才有可能让普通大众尽可能地信服。公开采纳证据的理由是什么,该理由的依据是什么,让依据成为让人信服的"法律事实已经最大程度地接近了客观事实"的连接点,一旦法院通过正当程序将法律事实固定下来,此时无关乎当事人双方是否认可,就以此法律事实为前提展开法律适用。在裁判文书中表现为"争议焦点"部分,法官必须针对争议焦点逐一进行论证说理。"理由"是什么只不过是对说理行为的结果追问,而"依据"是什么则是说理正当性的本质拷问。

三 同案同判的理性尺度

《中国司法文明指数报告 2015》的指标"9.5 司法活动的结果受到信任与认同"[1] 就与裁判文书说理紧密相关,说明裁判文书说理在很大程度上影响司法活动是否被信服和认同。法律作为约束个体在社会群体性组织中行为的强制性规范,是法官在断案裁量中应始终信奉和执行的准则,其被赋予的强制性既是法律自身的特质和体现,又是克制法官无限制行使自由裁量的有效手段。法律所必备的强制性致使法官在司法程序中的行为必须受其约束,法官只能是戴着"脚镣跳舞"的法官,不可偏离出法律预设的轨道和范围。尤其是在成文法国家中,以法典为主体所构建的法律体系,在普通民众眼中已然是精密无比的司法操作指南。但落实到实际案例中,条文语义的模糊和逻辑框架间的漏洞,使法官在审理案件时,显性层面都是依法裁决,但也有出于隐性角度利用法律的不严谨和纰漏,游离出实体规则体系之外进行判断和认定。因而,缺少英美法系长久累积的先例制度以及诸多诉讼规则,大陆法系国家的法官更应该在适用法律时,将自己置于法律体系之内,运用正当的解释方法来确定法律条文的适用,使之作为案件说理的依据来源。法官自由裁量权是必然存在的,在约束法官自由裁量权方面,说理依据也有独立存在的必要性。

---

[1] 中国司法文明指数项目组:《中国司法文明指数报告 2015》,中国政法大学出版社 2016 年版,第 28 页。

第二章　民事裁判文书说理依据的基本原理

　　裁判文书说理依据是规范法官说理行为的尺度，因为法官说理的过程就是其主观活动过程，如果不加以约束，那么在适用"依据的依据"时难免会出现"恣意"。在裁判文书说理时，充分地呈现说理依据，向社会大众说明为什么如此说理，其依据是什么，有利于社会监督功能的实现，约束法官主观活动的"恣意"可能性。如果法官不在说理部分载明其依据，社会大众就无法判断或者说无法从自己的立场判断——因为无法根据说理依据找到代入感，理解到法官当时的说理情景——如此一来，不仅当事人难以理解"为什么输，为什么赢"，而且社会公众也无法有效监督裁判者的行为。

　　在很大程度上，同案同判的前提是"同案"（尽管在调研中了解到，法官认为不存在真正的"同案"或"类案"，只存在"类争议焦点"的案件），要实现同案同判，那么所选择的裁判依据必须相同，裁判依据相同则要求说理相同，说理相同则要求其依据相同。说理是法官主观活动的过程，而说理依据具有量化的可能性，所以理论上的同案同判是存在的。如果说同案同判作为一种理想状态，很难真正实现，但是尽可能缩小同案不同判的差异性，让同案之间的判决结果尽可能趋同，还是可以在很大程度上实现的。以北京稻香村诉苏州稻香村案与苏州稻香村诉北京稻香村案"同案不同判"为例，说明如何运用"说理依据"实现同案裁判结果尽可能趋同。

　　2019年3月12日，在十三届全国人大二次会议江苏代表团全体会议上，戴雅萍提到了同案不同判的问题："此案本质是稻香村商标权的归属问题，归根到底是同案不同判问题"。对此，最高人民法院副院长陶凯元现场回应："两地的法院也是依据不同的事实和理由，作出了看上去相对矛盾的判决……目前案件都在二审中，最高法院会加强指导，保证两个案件公正审理。至于是否存在'同案不同判'的情况，法院会做好充分的说理和释法工作"。[1] 由此看来，是否真的属于同案不同判，说理在其中起到了关键性作用。

---

[1] 人民日报：《南北"稻香村"之争为何同案不同判？最高法：将加强指导》，https://baijiahao.baidu.com/s?id=1627885321684063673&wfr=spider&for=pc.

第三节　民事裁判文书说理依据的知识来源

"一个中国法官可以从《甄嬛传》获得审判案件的灵感，正如努尔哈赤能够从《三国演义》中领悟用兵的奥秘。"① 说明法官的审判思路来源于可接触的一切事物，也说明法官的知识来源非常"朴素"。从知识的范畴来说，"说理"是过程，"说理依据"其实就是指向进行说理的过程中能够说服说理者和其他人的"知识"。"知识"成为我们耳熟能详、众所周知的概念，但是我们并不一定意识到"知识"是什么，因为"知识是一个意义模糊的概念"。② 将知识分为隐性知识和显性知识后，说理依据的知识来源也就可以分为两大类。汉语中很早就有"只可意会不可言传"的说法，但是波兰尼提炼出"隐性知识"（Tacit Knowledge，又称为"意会知识"）概念却成为国外哲学研究关注的课题。③ 波兰尼认为：显性知识（Explicit Knowledge）是通常被描述为知识的，以书面文字、图表和数学公式等加以表述；而隐性知识是未被表述的知识，我们在做某事行动中拥有的知识。④ 从隐性知识的定义来看，这种"说不清"的因素应该就是隐性知识。区分显性知识和隐性知识就像说为什么喜欢一个人：一种喜欢就是大家都知道的，可以言说的，比如喜欢其才华、长相、性格等；另一种喜欢就是"莫名其妙"的，难以言说，放弃了原来设想的喜欢标准，反正就是喜欢。从"规则"的角度看，这种隐性知识也是同样存在于"规则"体系中，犹如哈耶克提出的"阐明的规则"（articulated rules）和"未阐明的规则"（non-articulated rules）⑤。

一　说理依据的显性知识来源

显性知识是指能够以一种系统的方法表达的、正式而规范的知识，

---

① 凌斌：《法官如何说理：中国经验与普遍原理》，《中国法学》2015年第5期。
② 张润彤、朱晓敏：《知识管理学》，中国铁道出版社2002年版，第4页。
③ 刘仲林：《认识论的新课题——意会知识——波兰尼学说评介》，《天津师大学报》1983年第5期。
④ Michael Polanyi, *The Study of Man*, Chicago: The University of Chicago Press, 1958, p. 12.
⑤ [英]弗里德利希·冯·哈耶克：《法律、立法与自由（第一卷）》，邓正来、张守东、李静冰译，中国大百科全书出版社2000年版，第36页。

通常以语言、文字等结构化的形式存储，并且表现为产品外观、文件、数据库、说明书、公式和计算机程序等形式。① 来源于这一类知识的说理依据主要有释法类（法律条文、司法解释、复函、国际条约、指导案例等）和法理政策类（法律原则、立法精神、国家政策、学理等）等已经"成文"化的文字记载，并且成为法官普遍所掌握的社会知识。下面以释法类的五种主要情形为例阐明来源于显性知识的说理依据（以下简称"显性说理依据"）：

（1）法律条文。法律有广义和狭义之分：狭义的法律只包括全国人大及其常务委员会立法通过的法律，例如宪法、民法、刑法等等；广义的法律在狭义的法律基础上还包括行政法规、部门规章和地方性法规、规章，甚至可以指向司法解释、复函、国际条约等。法律条文是最普遍的说理依据，也是最优先选择和使用的说理依据。法律条文在法学（法律）领域中是最为基础的显性知识，在作为说理依据时不能够超出其字义本身。例如，在网络购物合同纠纷中依据部门规章作为"原价"说理的依据，即 2015 年《国家发展改革委关于〈禁止价格欺诈行为的规定〉有关条款解释的通知》第二条第二款规定，前款所称"'原价'是指经营者在本次促销活动前七日内在本交易场所成交，有交易票据的最低交易价格；如果前七日内没有交易，以本次促销活动前最后一次交易价格作为原价"。②

（2）司法解释。司法解释是最高人民法院针对适用法律的有关具体问题作出的解释，旨在进一步说明法律本身争议或模糊之处，故不得与法律本身含义或精神相违背。按照 2021 年《最高人民法院关于司法解释工作的规定》第六条第一款规定，"司法解释的形式分为'解释'、'规定'、'规则'、'批复'和'决定'五种。"例如，在民间借贷纠纷案件中依据司法解释作为"共同债务"说理的依据，即 2003 年《最高人民法院关于适用〈中华人民共和国婚姻法〉若干问题的解释（二）》（已废止）第二十四条的规定，"婚姻关系存续期间夫妻一方以个人名义所负

---

① 赵士英、洪晓楠：《显性知识与隐性知识的辩证关系》，《自然辩证法研究》2001 年第 10 期。

② 王某与杭州鼎致贸易有限公司买卖合同纠纷案，北京市朝阳区人民法院（2015）朝民（商）初字第 37142 号民事判决书。

债务应当按夫妻共同债务处理。"因此,"涉案债务应当认定为潘燕珍与欧苏洪的夫妻共同债务"。①

（3）复函。复函是最高人民法院对司法实践中出现的某一个（不是某一类）特定事例进行解释说明的文件，具有一定的解释力，下级法院可以援引复函作为说理依据。例如，在继承纠纷案中援引复函作为"郭某阳是否为郭某顺和李某的婚生子女"的说理依据：1991年《最高人民法院关于夫妻离婚后人工授精所生子女的法律地位如何确定的复函》（已废止）中指出，"在夫妻关系存续期间，双方一致同意进行人工授精，所生子女应视为夫妻双方的婚生子女，父母子女之间权利义务关系适用《中华人民共和国婚姻法》的有关规定。"郭某顺因无生育能力，签字同意医院为其妻子即原告李某施行人工授精手术，该行为表明郭某顺具有通过人工授精方法获得其与李某共同子女的意思表示。只要在夫妻关系存续期间，夫妻双方同意通过人工授精生育子女，所生子女均应视为夫妻双方的婚生子女。②

（4）国际条约。国际条约是我国法律渊源之一，对于已经加入并批准的国际条约与我国国内法有一样的约束力。适用国际条约作为说理依据，一般都是有涉外因素的案件。根据2021年《中华人民共和国民用航空法》第一百八十四条第一款规定，"中华人民共和国缔结或者参加的国际条约同本法有不同规定的，适用国际条约的规定；但是，中华人民共和国声明保留的条款除外。"例如，在著作财产权纠纷案中，关于斯平玛斯特公司的飞仙女造型玩偶是否属于我国著作权法所保护的作品的问题的说理依据：斯平玛斯特公司系在加拿大注册成立的公司，而根据该公司雇员所作的声明，涉案飞仙女造型玩偶为该雇员受该公司委托所创作，故涉案飞仙女造型玩偶起源国为加拿大，而加拿大和我国均为《保护文学和艺术作品伯尔尼公约》的成员国，2010年《中华人民共和国著作权法》第二条第二款规定，"外国人、无国籍人的作品根据其作者所属国或者经常居住地国同中国签订的协议或者共同参加的国际条约

---

① 欧苏洪与黎淑兰、潘燕珍其他执行执行复议案，广东省佛山市中级人民法院（2014）佛中法民一执复字第41号执行裁定书。

② 中华人民共和国最高人民法院网：《指导案例50号：李某、郭某阳诉郭某和、童某某继承纠纷案》，https://www.court.gov.cn/shenpan-xiangqing-14248.html。

享有的著作权,受本法保护。"据此,涉案飞仙女造型玩偶若能定性为作品,则应受我国著作权法的保护。①

(5)指导案例。以 2010 年最高人民法院印发《关于案例指导工作的规定》的通知为标志,意味着我国建立案例指导制度,按照公安指导案例系列、检察指导案例系列和审判指导案例系列,分别指导公检法三机关的司法工作,与其他国家的案例或判例一般仅指法院的判例有很大区别。审判指导案例是由最高人民法院确定并统一发布的对全国法院有指导作用的案例,各级人民法院在审判类似案件时应当参照,2018 年最高人民法院印发《关于加强和规范裁判文书释法说理的指导意见》的通知第十三条规定,法官可以运用最高人民法院发布的指导性案例论证裁判理由。此外,2016 年最高人民法院关于印发《人民法院民事裁判文书制作规范》的通知第三章第六节第七条规定,"正在审理的案件在基本案情和法律适用方面与最高人民法院颁布的指导性案例相类似的,应当将指导性案例作为裁判理由引述,并写明指导性案例的编号和裁判要点",第八条规定,"司法指导性文件体现的原则和精神,可在理由部分予以阐述或者援引"。例如,借款合同纠纷中援引指导性案例作为债务承担连带责任的说理依据:根据最高法院发布的第 15 号指导性案例,本案各被告公司法人人格混同,并对本案债务承担连带责任。最高法院发布的第 15 号指导性案例中关于认定公司人格混同部分和本案相符,判决中判决构成人格混同的各公司均出现财务、人员、业务、管理混同的情况,同时认定一家公司虽然承担独立债务却无力偿还,已严重侵害了债权人的合法权益,其行为违背了法人制度设立的宗旨,违背了诚实信用原则,其行为本质和危害结果与 2018 年《中华人民共和国公司法》第二十条第三款规定的情形相当,基于上述理由判决各公司承担连带清偿责任。

总而言之,显性说理依据是已为社会公知,尤其为某一专业领域所知——除了个体已经习得以外,通过穷尽既有手段可以找到。对于此类说理依据,都有特定的名词加以指代,易于在个体之间进行传递:法官

---

① 汕头市澄海区华彩科艺工贸有限公司与斯平玛斯特有限公司(SPINMASTERLTD.)侵害其他著作财产权纠纷案,广东省高级人民法院(2015)粤高法民三终字第 504 号民事判决书。

可以通过口头、书面或视听等方式获取，并通过在裁判文书中的文字传播，被其他法官在研判裁判文书中学习。

二 说理依据的隐性知识来源

"说理依据"最终来源于知识，除了显性知识以外，在调研的过程中得以发现另一种知识在说理过程中起作用：

"除了你讲的法理、事理、情理等等，这些都可以通过不同的途径查找到，例如学术著作、政策文件等等，这些是我在说理过程中寻找依据的来源。但是，还有一种影响我说理的因素，说不太清，它就存在脑海里。有些时候我感知到它存在，只是没有写在说理部分，作为'依据'表达。有些时候，或许我不知道，但是我作出结论时又受到了影响"。——H省C市某法官

从法官的言谈中，捕捉到了这种"说不清"的因素，联系到"隐性知识"和"显性知识"的概念，随即将这一"说不清"的因素假设为"隐性知识"，继而在交流中问所访谈的对象"是不是你隐性知识的作用"。访谈法官表示"并不清楚这一概念"。事后通过追溯隐性知识的概念，可以初步将这一因素归结为隐性知识，因为它在这个问题上确实具有相当的解释力。

"隐性知识是指高度个体化的、难以形式化或沟通的、难以与他人共享的知识，通常以个人经验、印象、感悟、团队的默契、技术诀窍、组织文化、风俗等形式存在，而难以用文字、语言、图像等形式表达清楚。"[①] 这种知识似乎是不能够被表达出来的，因此存在一种误解——隐性知识不仅是不可以表达，而且不可被觉察到。实际上，隐性知识是可以被觉察到，只不过很难被个体以别人能够理解的方式或术语描述出来，毕竟这种自我察觉或他人察觉存在的"因素"具有很强的个体性。来源于隐性知识的说理依据是没有在裁判文书中载明的——如果能够载明就不是隐性知识了，但是为何要那样说理，而不是这样说理，确实令人疑惑。于是，就该话题进一步与法官交流，得知：

[①] 赵士英、洪晓楠：《显性知识与隐性知识的辩证关系》，《自然辩证法研究》2001年第10期。

第二章 民事裁判文书说理依据的基本原理

"为什么要那样说理呢，有些时候就是一个念头。其实，有些时候，我们也研读一些类案，类争议焦点案件，而不是大众所理解的相似案子，也会分析那个法官为什么那样判，而这个法官又为什么这样判，其中一定存在一些影响因素，包括自己手头上的案子与这些类案几乎一致，但是否选择按他们那样说理，或者自己考虑一些因素说理。这都有一个依据，有些时候有意没有写下来，有些时候确实没法写下来"。——H 省 C 市某法官

通过交谈突然意识到，以往我们研究裁判文书说理时忽略了"隐性知识"的影响要素，而这一次聚焦到"说理依据"研究主题上，才会把这一问题发现出来。那么，是否这种来源于隐性知识的说理依据在事实上可能比来源于显性知识的说理依据更多，如果强制要求所有的说理都必须载明其"依据"就会大概率出现一种结果：法官在说理时就会选择显性说理依据，因为这种隐性的说理依据难以描述，进而隐性说理依据就逐渐消失。正如访谈中一位法官所说的，"如果可以的话，我倒是希望存在一种说理依据的清单，就相当于字典一样可以去查。"同时，还可能出现另一种结果：就是法官选择某种显性说理依据时，其起作用的仍是背后的隐性知识。

三 说理依据的隐性知识显性化来源

按照哈罗德·格里门的解释，[①] 存在四种不同类型的默会知识（隐性知识）（如表 2-1），其中解释 I 是最弱的隐性知识，解释 IV 是最强的隐性知识。结合访谈中"这都有一个依据，有些时候有意没有写下来，有些时候确实没法写下来"的描述，分别对应的是解释 I 和解释 IV。如果最强的隐性知识和最弱的隐性知识都给法官作出裁判结论提供了依据，那么介于"最强"和"最弱"之间的解释 II 和解释 III 也是存在的。如果在法官进行说理时面临的是解释 I 情境，那么这种隐性知识是完全可以表达出来的，是否表达取决于法官面临的激励程度（自我激励和外部激励、正向激励和反向激励），这种情况很大程度上可以概括为"不

---

① 哈罗德·格里门、刘立萍：《默会知识与社会科学理论》，《思想与文化》2005 年第 0 期。

敢说理",就像参与访谈的法官所说的"在裁判文书上网的环境中,因为担心没说好而引发社会舆论,对自己和法院都不利,所以不敢说理";如果在法官进行说理时面临的是解释 IV 的情境,那么即便有激励措施,法官无论如何也无能为力,这种情况很大程度上可以概括为"不能说理",确实是因为事实上的不能,而不是能力上的不能;如果法官在进行说理时面临的是解释 II 和解释 III 的情境,这种情况可以很大程度上概括为"不愿说理",因为法官自身的某些特殊原因(例如时间不够、自身惰性)。无论如何,在前三种类型中,存在将这种隐性知识外化的可能性。在哈罗德·格里门的观念中,隐性知识并不是不可被感知——没有那么玄乎——而是可以被显示、习得、传递、积累和批评,而非一定要通过语言的形式。① 相应地,在法官进行裁判文书说理时,那种内隐于个体的隐性知识,应该也是可以通过一些特定术语进行描述并加以传递,例如"经验法则"这个可以被视为对隐性知识的整体指代,但是仍然无法说明到底具体指代何种经验,只不过在同行中可以传递,存在一种影响说理的"经验"。

表 2-1　　　　　　哈罗德·格里门的解释隐性知识类型

解释 I 我们有意识地选择隐瞒,避免表达或欠表达的知识。	解释 II 对不被表达的知识在我们的思想和行动中所起的作用提出了自己见解。
解释 III 强调我们行动的背景——或视界——包含了大量我们事实上没有用语言表达的知识领域。	解释 IV 可能存在特定类型的知识,它们原则上就是无法表达的,要么根本就无法表达,要么这种表达对特定目标完全是不充分的。

野中郁次郎为了阐明隐性知识显性化的可能性,提出了一个案例:松下公司于 1985 年遇到了一个改进面包机的难题,为了让面包机揉好面、多风味,穷尽了各种技术方案,甚至比较了机器揉面和手工揉面的 X 射线,但是都没有找到解决方案,工程师田中郁子采取了另一种方

---

① 闻曙明:《隐性知识显性化问题研究》,博士学位论文,苏州大学,2006 年。

法——遍访大阪面包大师如何做面包，详细记录面包师制作面包的过程、诀窍和新的技艺，终于发现了面包师们也说不出的过程和要点，并将其编成不同的程序配置在不同面包机上，终于能够让面包机作出风味不同的面包。①

　　隐性知识可能来自两方面：其一，行为经验，例如亲身经历、直觉、洞察力、预感或灵感等；其二，心理感受，例如价值观、信仰、理想和心智模型等。需要注意的是，当我们用举例中的概念来描述隐性知识时，实际上已经是将"隐性知识显性化"的结果。田中郁子将原先暗中不可言说的隐性知识用文字描述并固定在程序中，就是"隐性知识显性化"的很好例证。随着隐性知识理论的发展，已经出现了隐性知识显性化的策略或方法。同样，如果要求制作裁判文书的法官将其说理的整个过程和细节都描述出来，再进行归纳分析、类型化、图谱化，也可以形成用语言表达的显性知识。这实际上就是科若赫提出隐性知识显性化的五步策略："分享隐性知识""创造新的概念""验证提出的概念""建立基本模型"和"显现和传播知识"。② 尽管有来源于隐性知识的说理依据，但是需要将其显性化成为显性知识去传播和分享，则需要像田中郁子那样去观察和记录，后续事宜暂不纳入本研究的考察范围，但需要说明这种情形的客观存在。

---

① 闻曙明：《隐性知识显性化问题研究》，博士学位论文，苏州大学，2006年。
② 闻曙明：《隐性知识显性化问题研究》，博士学位论文，苏州大学，2006年。

第三章

民事裁判文书说理依据的现状实证

有学者建议"为法官充分说理留足必要的空间,这个空间既是展示说理个性的重要区域,也是以充分而富有个性的说理促进司法公开、展示司法公正的重要阵地。"[①] 但是,在访谈中了解到,法官面临的并不是说理空间不够,而是苦于说理依据难找,找到了也不知道如何选择,因此说理依据适用面临着不少问题。

第一节 民事裁判文书说理依据发现的现状:基于访谈样本

关于"民事裁判文书说理依据发现"的研究,一开始并未在研究的主题规划之内,但是在实证调查的访谈过程中,从被访谈的法官那里得知,原来"如何发现说理依据"是裁量者群体面临的一个重难点问题——尽管对掌握了基本检索技能的研究生而言并非什么难题——因为法官大多时候在撰写裁判文书时都知道要安排哪些理由,但是去找这些理由的支撑却并非容易的事情。这种"并非容易"的感觉在我们写论文过程中同样会出现,明明知道论证某内容时需要安排某些论据来支撑,甚至连大致内容都知道,但就是很难轻而易举地找到具体的文献。通过访谈才了解到,法官的这种"并非容易"确实比我们找文献更不容易,

---

[①] 周庆华:《"裁判文书说理的技巧与规则"研讨会发言摘登》,《人民司法(应用)》2016年第25期。

第三章　民事裁判文书说理依据的现状实证

因为他们没有类似的"中国知网""读秀"等数据库，况且大多数法官尚不具备这种检索的意识，也没有掌握检索的方法，而是循着从书本中找、从裁判文书网的案例找、从百度中搜索的思路，能够想到利用百度等搜索引擎进行检索已经是相对"先进"的方法了。鉴于此，将"发现说理依据"列入了研究提纲，在后续访谈中作为一个专题对待，以下内容根据访谈笔记和录音整理，选辑有代表性的样本进行分析，进而呈现"民事裁判文书说理依据发现"的现状。需要说明的是，除了从访谈样本中归纳出书面化的内容外，为了不使篇幅显得累赘，这一部分并未将所有的访谈样本抄录过来，而是每一个部分选择一段具有代表性的访谈笔录加以佐证；本部分实证样本来源于 H 省区域的法院，故实证现状也仅适用于样本区域，而不代表全国范围内非样本区域的实际情况。

一　依靠个人经验发现依据

不同的法官发现说理依据的方法不太相同，整合访谈样本总结起来就是，根据个人在撰写裁判文书过程中积累起来的经验去找，而且与年龄段有很大关系。老年法官（主要是指离退休年龄不足 5 年的法官），由于其长期是通过书、报、刊等工具了解最新的司法咨询、法条和案例等，因此在这一轮"释法说理"依据改革过程中，他们无法很快适应，他们在裁判文书中说理的依据基本来自于法条，以及从案例汇编中找到一些相似的观点，按照自己的理解，消化后再进行说理。青年法官（主要指进入法院不足 10 年的法官，现在大多数是法官助理），基本上都经过专业的法学本科、硕士训练，对于基本的网络搜索技能掌握程度相对较高，也储备了一定学术知识（例如，指导基本的学术理论），但是在撰写裁判文书方面的经验不足，他们找说理依据就像当年在学校写论文找参考文献一样，能够利用各种数据库（案例库、法规库、期刊库）去找相关的依据。中年法官（主要是进入法院满 10 年而距离退休不止 5 年的法官），他们撰写裁判文书的经验丰富，而且接受了基本的信息化办公技能，知道网络搜索是怎么回事（例如百度），而且能够进行最简单的检索，最常用的就是使用中国裁判文书网去找案例，通过案例来找说理的方法和依据。

归纳而言，当前法官发现说理依据的方法主要是依靠个人经验，而非来自于他人的经验，因为他人的经验并不一定能够在自己身上实现。个人经验的习得来自于撰写裁判文书的实践，即便是青年法官刚刚入职，需要在有经验（至少能够独立撰写裁判文书）的法官指导下，经过长期的训练才能独立撰写好裁判文书，尽管在这个过程中，有经验的法官在指导过程中无形中就会用自己的经验去"规训"青年法官。但是，这种"规训"只是载于裁判文书上的文字，表现为逻辑、内容和格式等内容，而青年法官发现说理依据的过程依然会按照自己掌握的最快速方法。例如，需要某一个具体法律条文作为说理依据，老法官可能会告诫青年法官去翻法律汇编，但是青年法官在实际操作过程中会通过上网检索法条，然后复制粘贴到裁判文书电子文档中，因为既然是运用电脑写裁判文书，青年法官会使用更快捷方式，就不会对照法律汇编去把条文一个字一个字敲上去。所以说，发现说理依据主要是依靠法官个人既已习得的经验。此外，不同年龄段的法官心目中的说理依据也是不一样的：对于老法官而言，说理依据主要就是法条、司法解释和经验常识、公理等；对于中年法官而言，说理依据就主要来源于案例（指导性案例）、法条、司法解释和经验常识、公理等；对于青年法官而言，除了案例（指导性案例）、法条、司法解释和经验常识、公理以外，法律原则、立法精神、宪法（所体现的原则和精神）、法学理论等凡是能够想到用来作为说理依据的，都可以尝试去网络上检索。

以下选取引起笔者关注"说理依据发现"的一段访谈作为样本。

访谈对象：N市某法官，女，43岁左右

问：在说理过程中，您在撰写裁判文书说理部分还遇到哪些困难？

答：困难很多，有些时候根本不知道怎么说理，因为道理很简单，但是硬要去说理，很难。有时候想好了理由，但是又要到处去找依据，其实理由还好想，就是依据难找，不能写错。

问：也就是说，在说理过程中，遇到如何去发现说理依据的问题？

答：你是说，找依据？

问：是的，就是如何找到说理所需要的依据，我把它称为"说理依据发现"。

答：我们没有那么专业的称呼，实际上就是在说理过程找到说理依据。就我了解的情况来看，年龄大一点的法官主要是翻书，而我们年轻

第三章　民事裁判文书说理依据的现状实证

一点主要是上中国裁判文书网去找案例，但是也不好用，有些时候打不开，而且很难找到自己想要的案例，因为还要从案例中去找别人的说理依据，能不能用得上还要看情况。对比自己判的案子和裁判文书网上公布的案子是不是相似，尤其是争议焦点相似，也就是说理依据对应的点相不相同，这需要很多时间。我从案例里得到的更多是启发，直接找到依据的情况少，但是也有的。

问：您会不会用搜索引擎，也就是百度之类的检索工具？

答：我会用一点，不过也是用来找案例，但是找到了案例，我也有些担心权威性，怕出错。这个我们还算会用，那些年纪大的法官不会去用，也认为没有必要去学，快要退休了。年轻的法官，尤其是近几年硕士毕业的新进法官，用得多一些，他们会上网找法条、找案例、找资料。听说最高院在试推一个系统，叫做类案推送系统，我们没有试用的机会，主要是高院有些试用账号在用，听说也不是蛮好用，找不到想要的。

问：请问是哪个单位开发的类案推送系统，您知道不？

答：华宇公司，具体不是很清楚，可以去高院调研。

二　法官缺乏检索依据技能

2018年最高人民法院印发《关于进一步全面落实司法责任制的实施意见》的通知在"健全完善法律统一适用机制"中规定，"各级人民法院应当在完善类案参考、裁判指引等工作机制基础上，建立类案及关联案件强制检索机制，确保类案裁判标准统一、法律适用统一。存在法律适用争议或者'类案不同判'可能的案件，承办法官应当制作关联案件和类案检索报告，并在合议庭评议或者专业法官会议讨论时说明"。[①] 尽管该实施意见要求法院建立"检索机制"，要求法官制作"检索报告"，但是大多数法官尚不具备规范的（或者说专业的）法律检索意识和检索技能。青年法官和大部分中年法官会网上搜索，但是仅停留在搜索引擎或数据库（中国裁判文书网）中输入关键词进行简单的模糊搜索，或者

[①] 法律图书馆：《最高人民法院关于进一步全面落实司法责任制的实施意见》，http://www.law-lib.com/law/law_view.asp?id=636978.

会在高级搜索栏进行组合搜索，主要是查找基本案例。尽管有的法官认为不存在"同案"或"类案"，但是更多的法官是从这些同案、类案中去借鉴说理，这是他们运用说理依据的基本思路。由于法官的检索意识和检索技能的缺乏，所以尚不能够运用检索技能去查找"心目中"的说理依据，只能退而求其次，在裁判文书中去找寻。

　　随着网络技术的发展，检索技能的语境也发生了变化。在纸媒时代，检索技能就是指能够从书面材料中找到目标信息的技能，这也就是老一辈法官热衷于从纸质的书、报、刊、文件等中去找案例、法条等的原因，因为这是他们观念中的检索；在网络时代，检索技能是指从（网络）电子化数据库中去找到有用信息的技能，也就是我们常说的"搜索"。在我国，"搜商"① 概念已于2005年在商业领域提出，说明商业人士已经意识到运用互联网快速获取有效信息和资源的重要性，但是搜商的概念和技能并未在法律实务和法学教育中得到应有的重视，所以大部分的法律人士不善检索技能。直到2018年最高人民法院印发《关于进一步全面落实司法责任制的实施意见》的通知提出了"检索报告"，才引起了法学领域的重视，有的法学院在本科开设了"法律检索"相关课程，而响应最迅速的还是律师，目前有不少年轻律师在办案过程中都有制作案例检索报告并提交给法院的习惯。"搜商是指人在一定搜索时间和社会平均搜商指数的条件下，反映搜索意识、搜索能力、搜索过程和搜索结果的综合搜索智力商数。"② 根据调研情况来看，对照表3-1搜商评估指数量表来看：在搜索意识方面，大部分的法官在撰写裁判文书说理过程中，遇到需要说理依据的问题时，经过一段较短时间的思考或尝试后，都能够想到利用搜索相关案例解决问题；在搜索能力方面，可以使用中国裁判文书网、最高人民法院公报网等极少量搜索工具，以及简单的关键词搜索方法进行搜索；在搜索过程方面，只能完成部分搜索线索，获得大量待筛选的搜索结果；在搜索结果方面，通过搜索可以获得所需要

---

① 2005年，黄泰山率先提出了搜商的概念，并提出了搜商＝搜索意识×情商×智商；2006年，陈沛提出了搜商＝知识/时间（搜商指数）；2016年，于新国、熊易提出搜商＝搜索意识＋搜索能力＋搜索过程＋搜索结果/搜索时间×搜商指数。参见于新国、熊易：《新搜商公式及其构成因素研究》，《新世纪图书馆》2016年第1期。

② 于新国、熊易：《新搜商公式及其构成因素研究》，《新世纪图书馆》2016年第1期。

第三章 民事裁判文书说理依据的现状实证

表3-1　搜商评估指数量表①

程度\指标	搜索意识	搜索能力	搜索过程	搜索结果	搜索时间	搜索指数
1级	遇到问题经过一段长时间慌乱和无助的过程后才能想到利用搜索解决问题	可以使用极少量搜索工具和应用极少量搜索方法进行搜索	仅完成了少数搜索线索，没有获取任何搜索结果	通过搜索可以获取到所需要的极少部分搜索结果	需要花费相当长搜索时间才可以达到所需要的搜索结果	一般指信息社会诞生之初级阶段整个社会所具有的平均搜索水平
2级	遇到问题经过一段较长时间解决无望的过程后，能够想到利用搜索解决问题	可以使用少部分搜索工具和应用少部分搜索方法和技巧进行搜索	仅完成了部分搜索线索，没有获取到搜索结果	通过搜索可以获取到所需要的少部分搜索结果	需要花费较长搜索时间方可达到所需要的搜索结果	信息社会发展初级阶段整个社会所有的平均搜索水平
3级	遇到问题经过一段时间解决无望的过程后，能够想到利用搜索解决问题	可以使用部分搜索工具和应用部分搜索方法和技巧进行搜索	完成了搜索线索，获取到部分搜索结果	通过搜索可以获取到所需要的一部分搜索结果	需要花费搜索时间一般长可以达到所需要的搜索结果	信息社会发展中期整个社会所具有的平均搜索水平
4级	遇到问题经过一段较短时间的思考过程后，能够想到利用搜索解决问题	具备使用各类搜索工具和应用各种搜索方法和技巧进行搜索	完成了全部搜索线索，获取到大多数搜索结果	通过搜索可以获取到所需要的大部分搜索结果	需要花费较短的搜索时间即可达到所需要的搜索结果	信息社会发展较高级阶段整个社会所具有的平均搜索水平
5级	遇到问题后能够第一时间想到利用搜索解决问题	指具备熟练使用各类搜索工具和应用各种搜索方法和技巧进行搜索	完成了全部搜索线索，获取到全部搜索结果	通过搜索完全可以获取到所需要的搜索结果	指可以在相当短的时间内完成搜索结果	信息社会发展的高级阶段整个社会所具有的平均搜索水平

① 本表根据于新国、熊易提出搜商=（搜索意识+搜索能力+搜索过程+搜索结果）/（搜索时间×搜商指数）整理而成。参见于新国、熊易：《新搜商公式及其构成因素研究》，《新世纪图书馆》2016年第1期。

的少部分搜索结果；在搜索时间方面，需要花费较长的时间，方可达到所需要的搜索结果。然而，结合"就目前我国社会公众的平均搜索水平而言，搜商指数一般取值为2级为宜",① 可以比较直观地感受到样本区域法官检索说理依据的现状。

以下选取引起笔者关于"说理依据检索"的一段访谈作为样本。

访谈对象：X市某法官，男，28岁左右

问：你在说理过程中，如何去发现说理依据？

答：一般都是在网上检索，还比较快，复制粘贴也比较方便。

问：那您是怎么检索，有具体的方法吗？

答：在中国裁判文书网找案例，有些时候用无讼，更多的是用关键词组找案例，但是这样也不太好用，找出来的案例很多，还需要一个个去筛选比对。像法信的"类案检索系统"还可以限定在案件标题、本院查明、本院认为、裁判结果等范围内搜索，但是也不常用，主要还是习惯的问题。比如，我们在读书的时候会用中国知网，那么有些时候大概知道某位学者对某个问题分析得很透彻，也会用中国知网，但是中国知网要收费才能下载，也不是很方便。但是，比我们年龄大一点的法官，不见得就会用知网了。

问：您知道检索指令吗？比如 site、intitle、inurl、filetype 之类，比如布尔逻辑符之类的。

答：太复杂了，没听说过，这些是检索技能吗？其实，作为法官而言，基本上没有什么专业的检索技能，我们也不需要，尽管要求制作"类案检索或报告"，但这些都只是案例查找。其实在网上搜索也不方便，担心找到的东西不正确、不权威，如果有一个类似于"裁判文书网"那样的数据库就好了，专门用来找说理依据，这样会更好，就像有就是法律法规数据库，专门用来找法条还是比较方便的。对法官来讲，主要强调方便好用。要求法官重新去学习一些技能，没有那个时间，像我们年轻一点的接受能力还可以，学得快，老法官就不见得能适应。

问：您什么时候会想到开始进行检索，当您在撰写裁判文书说理部分时？

答：我们已经习惯在网上找东西了，一般都会在网上找，即便自己

---

① 于新国、熊易：《新搜商公式及其构成因素研究》，《新世纪图书馆》2016年第1期。

大概知道，也会把具体的找出来。虽然不知道具体指令之类，就是往百度一搜，也能够找到大部分，就是多花点时间去区分和浏览，这是个甄别的过程。好像，还没有什么更好的办法。现在人工智能很火，但是对我们还没有实质性的帮助。

问：您检索一个说理依据大概要多久时间？

答：这个没具体统计过，如果说检索出来的结果，还需要比较，到中国裁判文书网中输入关键词，如果网速好、网页不崩溃，还是容易出来结果，但是问题在于出来的结果根本不精确，有时候出来几千个结果，那这种结果没什么意义，至少在限定地区，能不能找到理想的那个案例，非常随机。

三 存在说理依据库的需求

当前的法律检索能够使用的数据库产品有不少，大致可以分为：其一，案例数据库，免费的、权威的有中国裁判文书网、中华人民共和国最高人民法院公报，商用的有无讼、北大法宝等；其二，法律法规数据库，免费的、权威的有中国法律法规信息库，商用的有法律图书馆、法律之星等；其三，法律论文数据库，例如中国知网的法学类期刊库；其四，综合类法律数据库，例如法信，包括法律、案例、裁判、观点、图书、期刊论文、法律文书、公报、标准、类案检索（测试版）等功能。但是，即便法官运用这些数据库，也无法满足发现说理依据的需求，因为这些数据库没有一个是针对说理依据而设计的。说理依据的种类有很多，目前却没有任何数据库能够提供简便的查询，在法官看来，目前试行的"类案推送系统"实用性并不强。随着司法改革要求法官在说理过程中有充分的"说理依据"，法院系统的这一需求逐渐被落实到实践中，诸如广州中院"逐步建立快审案件裁判文书说理库",[①] 深圳中院"制订标准化的说理库，形成了不少裁判文书的标准化说理，对70%—80%不等的案件建立比较完整的说理库，让法官熟练地掌握说理库工作"。[②]

[①] 广州审判网：《广州中院打造"五大平台"力推民事案件简案快审》，https://www.gzcourt.gov.cn/sfgg/sgyw/2017/07/5002303915312629.html.

[②] 深圳市中级人民法院：《深圳中院开了一个研讨会，一起听听他们都说了啥！》，https://mp.weixin.qq.com/s/vv9QkSHUHlWiB2VSGHBKGw.

"说理库"需求折射了一个现实问题,就是法官在撰写裁判文书理由部分,面临着说理思路、说理标准、说理依据等问题,而且法官希望能够有更方便的途径去发现说理依据,这样可以节省大部分耗费在"苦思"和"查找"中的时间,如果能够有说理依据供选择参考,那么法官就会有更多的时间去判断怎么用好说理依据,更好地实现说理效果。在调研中发现,法官的一个朴素愿景——希望寻找说理依据就像查字典那样方便、权威。法官并不希望在说理上能够有很大的自由裁量,有参照标准能够减少他们的失误,也会减轻自己承担责任的风险。法官对说理依据库需求有多大呢,通过设计的问卷调查来看,参与调查的人认为有必要制作说理依据清单、规范说理依据选取的达到79.5%(见图3-1),其中法官的支持率高达64.79%(见图3-2),最高人民法院、高级人民法院、中级人民法院、基层人民法院的支持率分别为66.67%、85.71%、65%、62.92%(见图3-3)。从实证数据来看,法院对于说理依据数据库的需求还是很大的,毕竟从类案中发现说理依据过于耗费时间,而通过其他方式去发现说理依据比找类案的时间更多;诉讼代理人和其他从业人员会认为需要说理依据清单,可能更多地考虑规范/量化说理依据能够帮助自己预测案子会得到怎样的结果。"案多人少"的现实决定了法官并不会耗费很多时间去发现说理依据,反过来,如果要求法官把理说好、运用好说理依据,不应该强制法官花大量的时间去发现说理依据,而是让法官在原本规划的时间内能够容易获取心目中想要的说理依据,这样才是解决问题的思路——我们无法给予法官更多的时间,就让法官在有限的时间内更容易做到想做的事情。

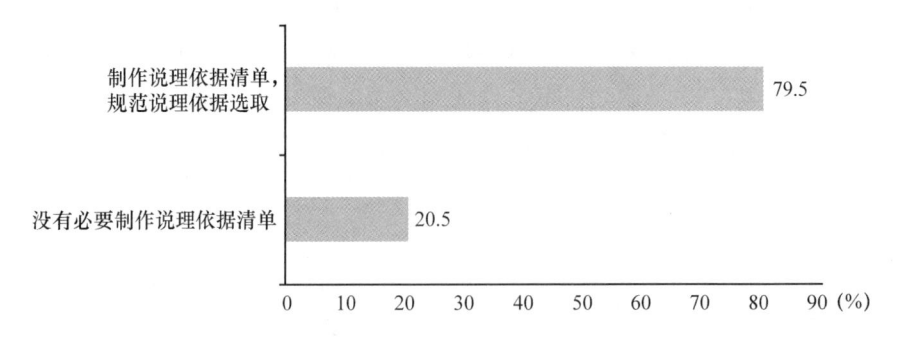

图3-1 法官对制定民事裁判文书说理依据清单所持态度

第三章 民事裁判文书说理依据的现状实证

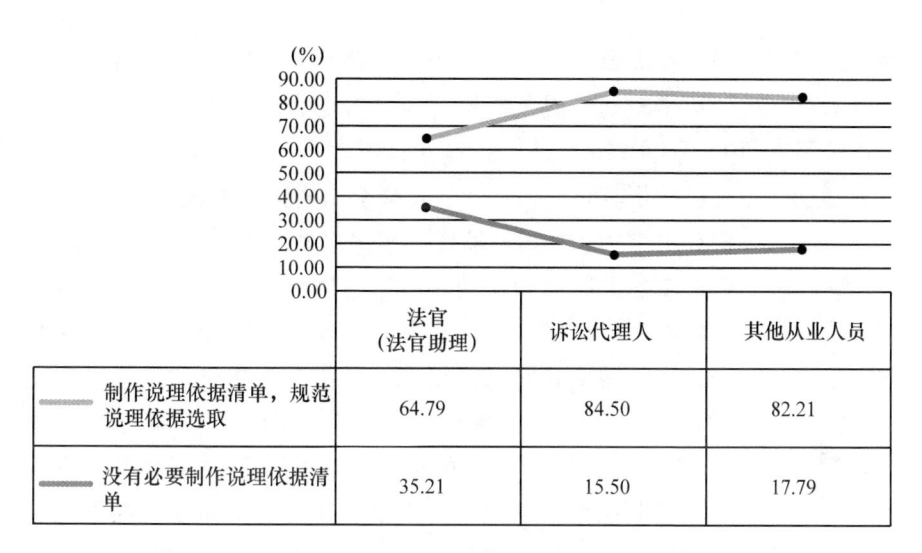

	法官 (法官助理)	诉讼代理人	其他从业人员
制作说理依据清单，规范说理依据选取	64.79	84.50	82.21
没有必要制作说理依据清单	35.21	15.50	17.79

图 3-2 各主体对制定民事裁判文书说理依据清单所持态度

	最高人民法院	高级人民法院	中级人民法院	基层人民法院
制作说理依据清单，规范说理依据选取	66.67	85.71	65.00	62.92
没有必要制作说理依据清单	33.33	14.29	35.00	37.08

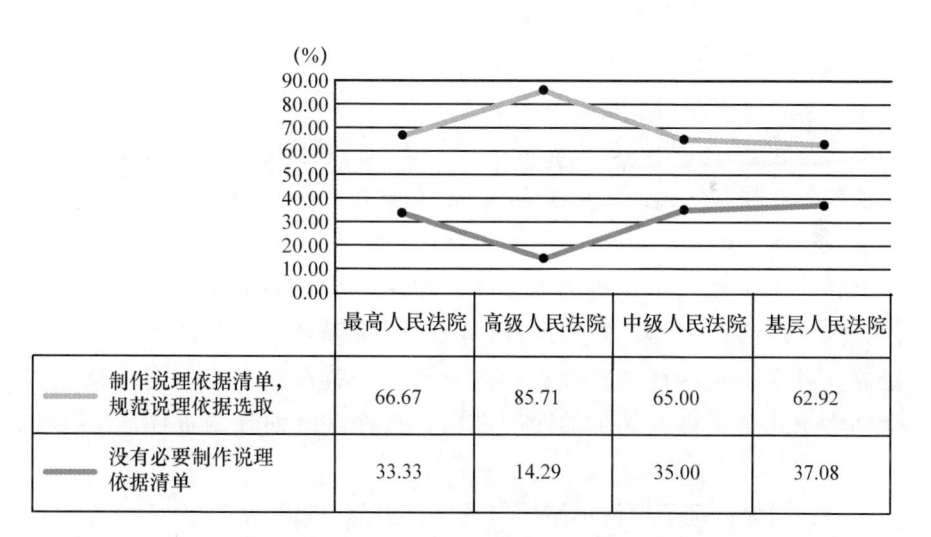

图 3-3 各级法院对制定民事裁判文书说理依据清单所持态度

以下选取引起笔者关于"说理依据检索"的一段访谈作为样本。

访谈对象：S院某法官，男，36岁左右

问：您一般如何去发现说理依据，或者说帮助自己找说理的思路？

答：在案例中去找，用得比较多，因为通过其他方式耗费的时间更多。尽管，我想到这个点怎么说理，应该如何安排逻辑，应该找什么样的说理依据，但是我需要组织语言去表达，还要花时间去验证自己的依据对不对，耗费更多时间。但是参照已经公开的裁判文书就好一些，你大致按照书写并不会出什么问题，因为那是公开的，已经经过检查的，顶多就是按照自己的语言再组织一次，这样会节省不少时间。

问：您有没有用过华宇公司开发的类案推送系统。

答：这个系统实际上起到的作用有限，听用过的同志讲，主要也是输入关键词，找到类似的案例，但是这个"类似"并不是很准，往往会出来很多个案子，还是需要花时间去研究。有给我配置试用账号，但是没怎么用，我已经习惯用中国裁判文书网。在我看来，并不存在"同案"或"类案"，就像没有两片一样的树叶子，要说类似那就是"争议焦点"类似，但是要判断争议焦点类不类似，还要比对事实。如果现在的系统能够实现到检索类似的争议焦点，就已经能够给我们节省很多时间。不再需要一个案子，一个案子去找，有些时候嫌麻烦，也不会穷尽所有的案件，看起来差不多就行了，或者说自己在筛选过程中读到这个案子，对自己有所启发就差不多了。

问：如果有一个说理依据清单功能查阅，就像查字典那样方便，这个清单不会强制您用，只是作为参考，您觉得有必要吗？

答：那肯定是有必要的啦，为我们节省很多时间。不过，这个清单制作出来很难，毕竟种类太多了。但是，真的能够落地，意义还是很大的。还有个问题，好多人都以为法官希望自己的自由裁量权越大越好，其实不是这样的，我觉得越小越好，就像这个说理吧，我希望上面多下几个文件，规定的明明白白，这样自己面临的责任压力就小多了。

问：如果说理依据清单制作出系统，您会用吗？

答：要看它是否方便，是否能节省时间，之前的类案推送系统就不是很好用。还有，就是要实现句子检索，比如我想到一个说理依据，把大意输入系统，它就能够出来相似的，至少要保证一定的准确性和全面性。我们现在都是关键词检索，找出来的东西太多。你们这个研究还是有意义的，希望能够做出一些实用的东西来，不要增加法官的负担，要减负才好。

第三章　民事裁判文书说理依据的现状实证

第二节　民事裁判文书说理依据选取的现状：基于问卷样本

为了深入了解法官为什么选择或不选择某一依据作为民事裁判文书说理依据，也就是考察民事裁判文书说理依据选取的主要类型、整体思路和考量因素，特地将拟考察要点设置成 20 个问题的问卷。通过在线问卷和线下发放问卷的方式，共收回有效问卷 805 份。问卷来源以湖南地区为主（占比 56.4%），其中还包括广东、海南、湖北、上海、江苏、四川、浙江、新疆、北京和河南等共计 28 个省（见图 3-4），比较具有代表性。为了服务于主题分析，以下并不是按照问卷的每一个问题进行罗列式分析，而是围绕分析主题——选取民事裁判文书说理依据的整体思路、可选民事裁判文书说理依据的主要类型、影响民事裁判文书说理依据选取的因素进行分析，[①] 进而呈现出民事裁判文书说理依据选取的现状。

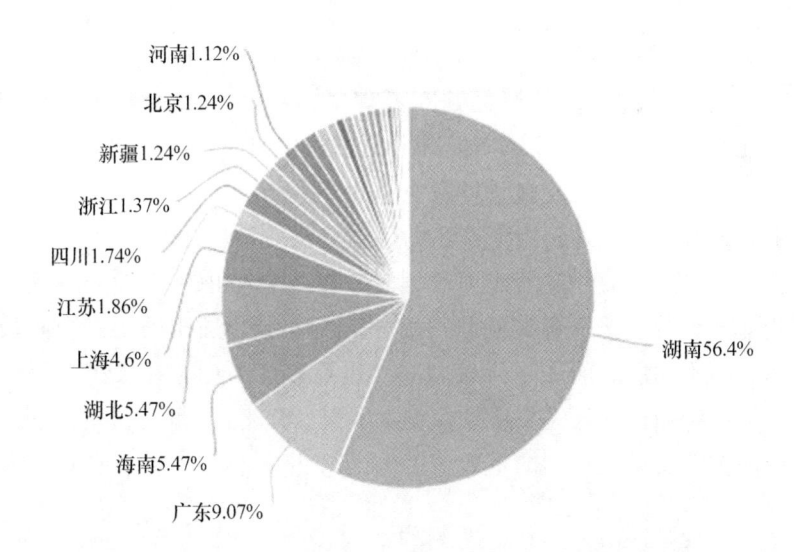

图 3-4　民事裁判文书说理依据实证研究有效问卷地理分布

[①] 需要说明的是，多选题选项百分比 = 该选项被选择次数 ÷ 有效答卷份数，含义为选择该选项的人次在所有填写人数中所占的比例，所以对于多选题百分比相加可能超过百分之一百。举例说明：有 10 个填写了一道多选题，其中 6 个人选择了 A，5 个人选择了 B，3 个人选择了 C。则选择 A 的比例为 60%，选择 B 的是 50%，选择 C 的是 30%，3 个百分比相加为 140%。

一　民事裁判文书说理需要说理依据的情形

从司法资源配置和司法成本节约的角度考虑，并不是要对裁判文书的各个部分都进行说理并呈现说理依据，大部分人对于此都是可以接受的。尤其是法官，在撰写裁判文书时会有整体判断，即哪些部分需要说理依据，哪些部分不需要说理依据。换而言之，在民事裁判文书中"说理"包括哪些部分？按照2016年最高人民法院印发《人民法院民事裁判文书制作规范》的通知第三章第六节第二条规定，"理由部分以'本院认为'作为开头，其后直接写明具体意见"，然而从2018年最高人民法院印发《关于加强和规范裁判文书释法说理的指导意见》的通知的内容来看，需要说理的部分至少包括证据审查、事实认定、法律适用和自由裁量。[①] 那么，在人们的观念中，民事裁判文书说理应该包括哪些部分呢？

参与实证调查的对象认为，民事裁判文书的"说理"包括证据判断说理（80.37%）、事实认定说理（79.01%）、法律适用说理（77.27%）和其他部分（15.4%）（见图3-5），其中法官认为民事裁判文书"说理"至少包括证据判断说理（占比90.14%）、事实认定说理（占比90.14%）、法律适用说理（占比91.55%）（见图3-6）。由此可见，法官在释法说理过程中，会区分证据判断、事实认定和法律适用等不同部分展开说理，因而选取的说理依据应该也会不同。

法官选取民事裁判文书说理依据时，首先会考虑民事裁判说理需要在哪些部分进行，至少要在证据判断、事实认定和法律适用三个阶段展开说理，而不同层级的法院所考虑的侧重点有所不同。在最高人民法院看来，证据判断说理最需要说理依据（占比100%），事实认定说理和法律适用说理需要说理依据的重要程度相同（占比33.33%）；在高级人民

[①] 法信网：《最高人民法院关于印发人民法院民事裁判文书制作规范》的通知，https://www.faxin.cn/lib/Zyfl/ZyflContent.aspx?gid=A239452&userinput=%e4%ba%ba%e6%b0%91%e6%b3%95%e9%99%a2%e6%b0%91%e4%ba%8b%e8%a3%81%e5%88%a4%e6%96%87%e4%b9%a6%e5%88%b6%e4%bd%9c%e8%a7%84%e8%8c%83.；中华人民共和国最高人民法院公报网：《最高人民法院印发〈关于加强和规范裁判文书释法说理的指导意见〉》，http://gongbao.court.gov.cn/Details/25a9b4684d384ea16f78e276f14f13.html.

第三章 民事裁判文书说理依据的现状实证

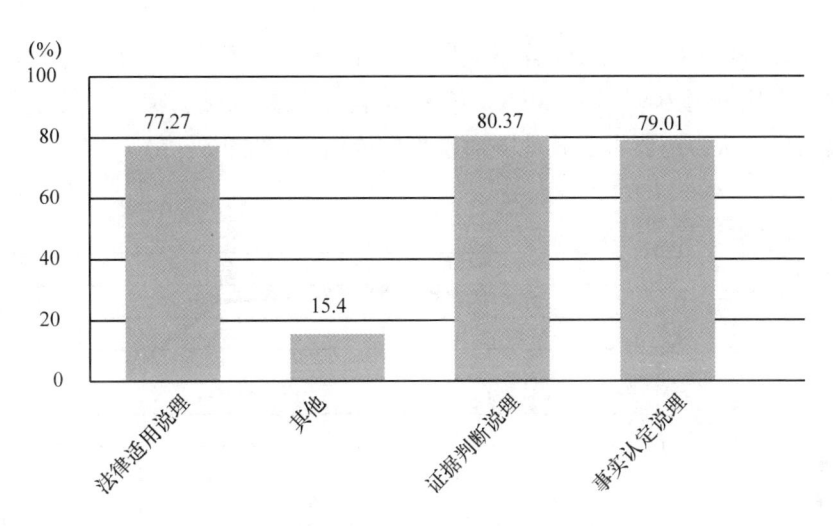

```
(%)
100
 80   77.27              80.37   79.01
 60
 40
 20          15.4
  0
     法律适用说理  其他  证据判断说理  事实认定说理
```

图 3-5 民事裁判文书"说理"的组成部分

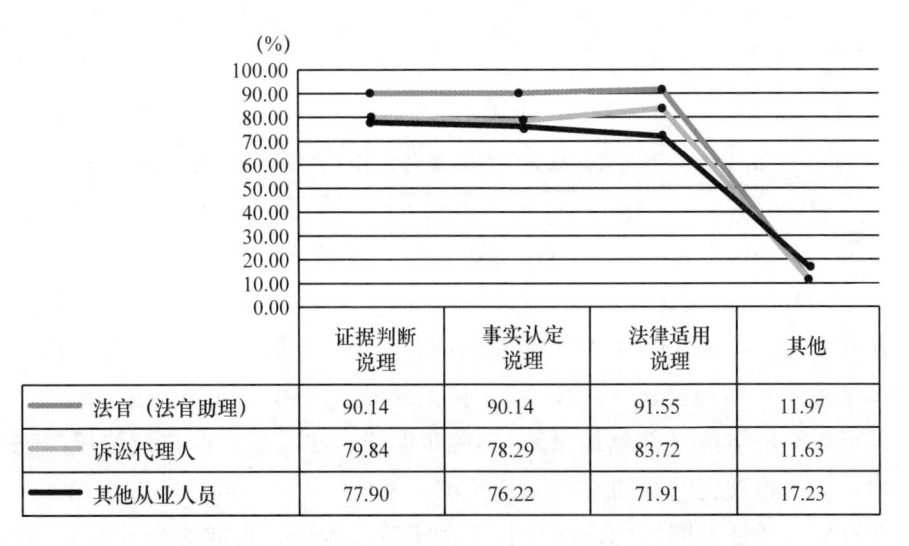

	证据判断说理	事实认定说理	法律适用说理	其他
法官（法官助理）	90.14	90.14	91.55	11.97
诉讼代理人	79.84	78.29	83.72	11.63
其他从业人员	77.90	76.22	71.91	17.23

图 3-6 不同主体认为的民事裁判文书"说理"的组成部分

法院看来，证据判断说理最需要说理依据（占比 85.71%），其次是法律适用说理和事实认定说理需要说理依据的重要程度相同（占比 71.43%）；在中级人民法院看来，事实认定说理最需要说理依据（占比 97.5%），其次是证据判断说理和法律适用说理需要说理依据（占比分别为 92.5%、90%）；在基层人民法院看来，法律适用说理最需要说理依据（占比97.75%），其次是事实认定说理和证据判断说理需要说理依据（占比分别为92.13%和88.76%）。除了最高人民法院外，其他各级人民法院认为还要考虑其他方面说理的依据。（见图3-7）

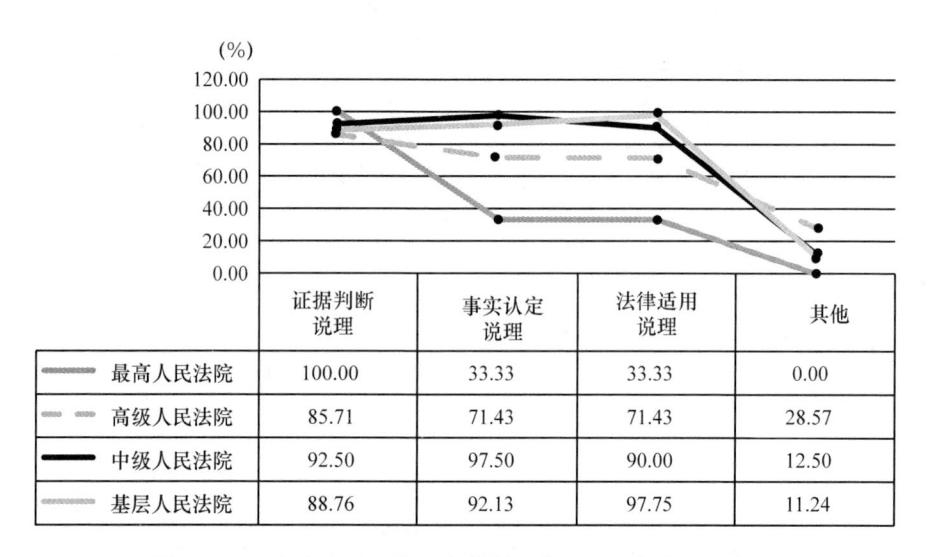

	证据判断说理	事实认定说理	法律适用说理	其他
最高人民法院	100.00	33.33	33.33	0.00
高级人民法院	85.71	71.43	71.43	28.57
中级人民法院	92.50	97.50	90.00	12.50
基层人民法院	88.76	92.13	97.75	11.24

图3-7　不同法院认为的民事裁判文书"说理"的组成部分

二　选取民事裁判文书说理依据的整体思路

"判决是从假设性结论进行回溯推理（backward reasoning）的结果。法官实际上是从具体判决中罗织法律依据，而不是从一般规范推导出具体结果。"[①] 按照经典"三段论"，从大前提（法律）到小前提（事实），就可以得出结论（裁判结果）。但是现实中，法官是否严格地按照"三段论"来推理呢？有如C市某法院的法官所言，"三段论是方法论，按照这样推理是没问题的，但是我们在实践过程中，可能是先接触事实，再分析法律关系，然后心目中就已经有了初步判断，然后去翻法条，有时也去找相关案例，看自己的判断是否能够得到支持，然后在庭审过程中进一步了解事实，佐证或修正自己的判断，真的到写裁判文书那一步了，都是已经确定结论，再进行书面语言表达，展开组织论证"。法官

[①] 陈林林:《裁判的进路与方法——司法论证理论导论》，中国政法大学出版社2007年版，第19页。

第三章　民事裁判文书说理依据的现状实证

并不是"自动售货机"——"投进去"起诉书和诉讼费用，就能"吐出"判决及其理由。就裁判文书的理由部分而言，法官面对裁判文书说理依据的选择，其整体思路到底是怎样的呢？到底是先有"预设结论，再找相应的依据支持说理"，还是"先找依据，再得出结论"，亦或是"预设和找依据交叉进行"。

那么，在不同部分进行说理时，法官选取说理依据的思路又是怎样呢，在"预设结论"和"说理依据"之间到底遵循何种行为逻辑。在法官心目中：根据说理需要选择说理依据再推导结论的比例最高（占比54.23%），预设结论在审理程序中不断调整说理依据的比例居中（占比32.39%），按照预设结论选择说理依据最低（占比13.38%）。这符合作法官的行动逻辑，说明法官很少会直接根据"结论"去找"依据"，而是会根据说理的需要选择说理依据，在此基础之上得出结论，即便预设结论也会根据实际情况调整说理依据，法官作为具有法律素养和法律思维的主体，所表现出来的行为逻辑符合社会的期待。这一点也可以在诉讼代理人和其他从业人员的调查结论中得到印证：认为法官基本上都是根据说理需要选择说理依据，再推导结论分别为71.32%和63.11%，比法官支持该观点的比例都要高。不过，在诉讼代理人的心目中，认为法官直接按照预设结论选择说理依据的情况的比例也有18.6%，但是其他从业人员认为法官直接按照预设结论选择说理依据的情况也有16.67%。（见图3-8）综上分析，在法官和其他从业人员看来，法官在具体选择说理依据时，会优先根据说理的需要选择说理依据，再推导出裁判结论，同时也会在审理程序中不断调整说理依据，当然也存在直接按照预设结论选择说理依据的情况；在诉讼代理人看来，法官大部分情况下会优先根据说理的需要选择说理依据再推导出裁判结论，然后是直接根据预设结论选择说理依据，根据预设结论在审理程序中不断调整说理依据的情况最少发生。

在最高人民法院看来，根据说理需要选择说理再推导结论是最为常见的，存在着按照预设结论选择说理依据的情况；在高级人民法院看来，首先应该根据说理需要选择说理依据再推导结论，也存在按照预设结论选择说理依据的情况，当然预设结论也会在审理程序中不断调整说理依据；在中级人民法院看来，预设结论后根据审理程序不断调整说理依据

(%)	按照预设结论选择说理依据	根据说理需要选择说理依据，再推导结论	预设结论，审理程序中不断调整说理
法官（法官助理）	13.38	54.23	32.39
诉讼代理人	18.60	71.32	10.08
其他从业人员	16.67	63.11	20.22

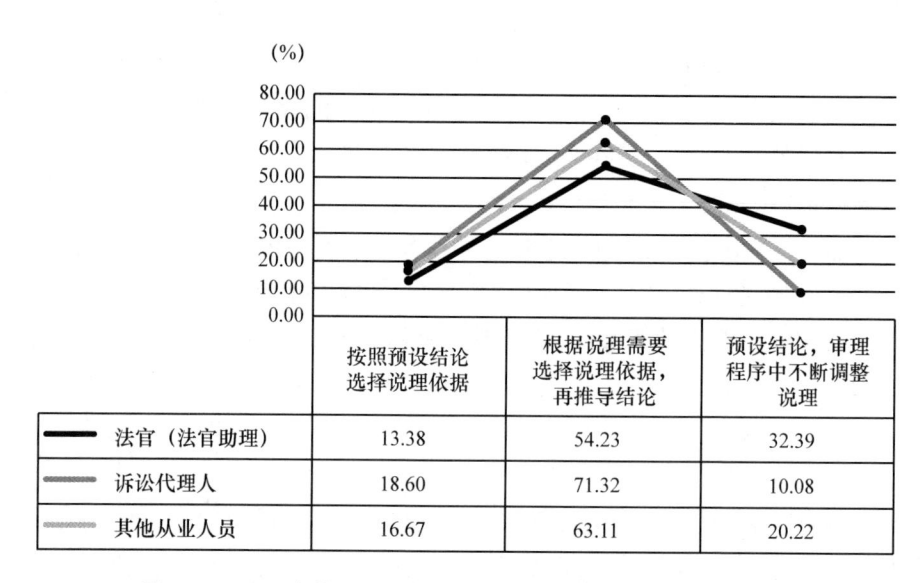

图 3-8 不同主体认为选取民事裁判文书说理依据的整体思路

是首选思路，其次是根据需要选择说理依据再推导结论，直接按照预设结论选择说理依据的情况较少见（仅占比 7.5%）；在基层人民法院看来，根据说理需要选择说理依据再推导结论比较务实，即便预设结论也需要根据审理程序不断调整说理依据，纯粹按照预设结论选择说理依据的情况比较少见。从司法实践情况来看，到达最高人民法院或高级人民法院的案件，一般都进行"法律审"，一般不会去推翻下级各法院认定的"事实审"，而从基层法院到中级法院更多地需要侧重"事实审"，所以这一实证所得出的结论与司法实践情况相符合。（见图 3-9）

三 可选民事裁判文书说理依据的主要类型

2016 年最高人民法院印发《人民法院民事裁判文书制作规范》的通知规定，说理理由的依据可以来源于法律、法规、司法解释、指导性案例、司法指导性文件，以及宪法和各级人民法院关于审判工作的指导性文件、会议纪要、各审判业务庭的答复意见以及人民法院与有关部门联合下发的文件。（见表 3-2）按照 2018 年最高人民法院印发《关于加强和规范裁判文书释法说理的指导意见》的通知规定，裁判文书说理至少有

第三章 民事裁判文书说理依据的现状实证

	最高人民法院	高级人民法院	中级人民法院	基层人民法院
按照预设结论选择说理依据	33.33	28.57	7.50	13.48
根据说理需要选择说理依据，再推导结论	66.67	57.14	42.50	58.43
预设结论，审理程序中不断调整说理依据	0.00	14.29	50.00	28.09

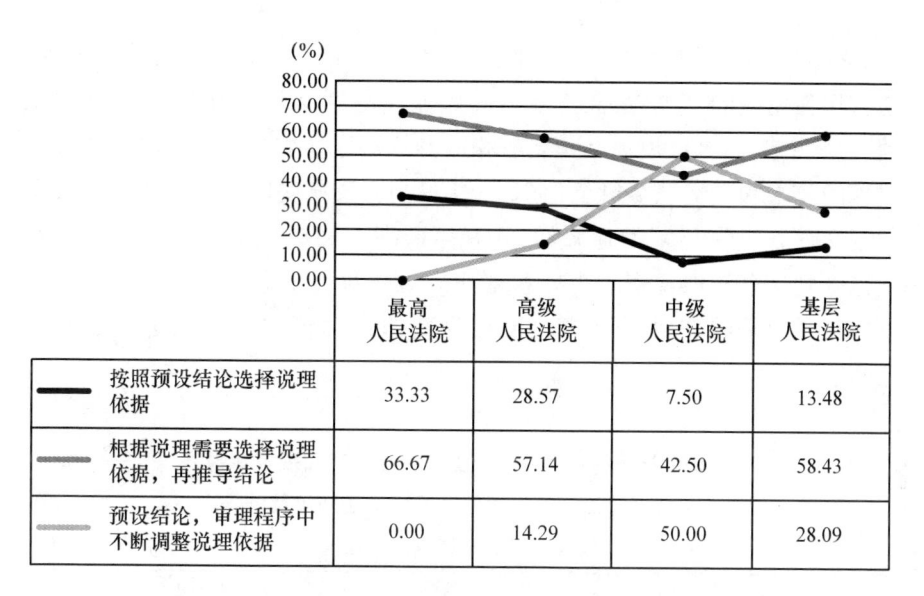

图 3-9 不同法院选取民事裁判文书说理依据的整体思路

表 3-2 2016 年最高人民法院印发《人民法院民事裁判文书制作规范》的通知涉及的裁判文书说理依据类型

原文内容	类型化
理由部分需要援引法律、法规、司法解释时，应当准确、完整地写明规范性法律文件的名称、条款项序号和条文内容，不得只引用法律条款项序号，在裁判文书后附相关条文。引用法律条款中的项的，一律使用汉字不加括号，例如："第一项"。	法律 法规 司法解释
正在审理的案件在基本案情和法律适用方面与最高人民法院颁布的指导性案例相类似的，应当将指导性案例作为裁判理由引述，并写明指导性案例的编号和裁判要点。	指导性案例
司法指导性文件体现的原则和精神，可在理由部分予以阐述或者援引。	指导性文件
裁判文书不得引用宪法和各级人民法院关于审判工作的指导性文件、会议纪要、各审判业务庭的答复意见以及人民法院与有关部门联合下发的文件作为裁判依据，但其体现的原则和精神可以在说理部分予以阐述。	宪法和关于审判工作的指导性文件、会议纪要、答复意见、人民法院与有关部门联合下发的文件所体现的原则和精神

"事理""法理""情理""学理""公理""伦理"等不同的依据来源，还有作为兜底的"与法律、司法解释等规范性文件不相冲突的其他论据"。（见表3-3）说理必须要有相应的依据已经成为裁判文书释法说理改革的要求和趋势，尽管当前2016年最高人民法院印发《人民法院民事裁判文书制作规范》的通知和2018年最高人民法院印发《关于加强和规范裁判文书释法说理的指导意见》的通知对"依据"类型化列举上不够完全，但是"兜底性"规定已经为新的说理依据类型化适用预留了空间。

表3-3 2018年最高人民法院印发《关于加强和规范裁判文书释法说理的指导意见》的通知涉及的裁判文书说理依据类型

原文内容	来源类型化
法律法规、司法解释	法律法规、司法解释
最高人民法院发布的指导性案例	指导性案例
最高人民法院发布的非司法解释类审判业务规范性文件	审判业务规范性文件
公理、情理、经验法则、交易惯例、民间规约、职业伦理	公理、情理、伦理、经验、惯例、规约
立法说明等立法材料	立法材料
采取历史、体系比较等法律解释方法时使用的材料	法律解释方法材料
法理及通行学术观点	法理、学理
与法律、司法解释等规范性文件不相冲突的其他论据	其他合法的论据

此外，通过对900份民事裁判文书的分析，可以归纳出在民间借贷、建设工程合同纠纷、劳动争议案件、农村土地承包经营权纠纷、道路交通事故人身损害赔偿、婚姻家庭、股东权纠纷、知识产权类型案件中出现的说理依据类型有"成文法""法律原则""商业惯例""国家政策""公序良俗"和"经验法则"，显然"成文法"是最常见的说理依据，"法律原则""经验法则"也是各类型裁判文书中经常出现的说理依据，

第三章　民事裁判文书说理依据的现状实证

尽管其出现的数量相较于"成文法"的数量成几何倍递减,而"商业惯例"作为说理依据只会出现在经济领域的裁判文书中,"国家政策"作为说理依据则出现在涉及劳动、土地和家庭的裁判文书中,"公序良俗"作为说理依据则出现在涉及劳动、家庭和知识产权的裁判文书中。尤为值得注意的是涉及家庭纠纷或知识产权裁判文书出现的说理依据类型最多,其次是涉及劳动纠纷或建设合同纠纷的裁判文书出现的说理依据类型第二多,而道路交通事故人身损害赔偿案件出现的说理依据只有"成文法"一种。(见表3-4)

表3-4　　　基于900份民事裁判文书的民事裁判文书说理依据类型实证调查①

说理依据\案由	民间借贷	建设工程合同纠纷	劳动争议案件	农村土地承包经营权纠纷	道路交通事故人身损害赔偿	婚姻家庭	股东纠纷	知识产权
样本数	100	100	100	100	100	98	79	96
成文法	100	100	94	97	100	98	79	96
法律原则		2	3	3		2	8	3
商业惯例	2	1						1
国家政策			2	2		1		
公序良俗			1			7		1
经验法则	8	8				4	6	2

主体认识到有何种说理依据存在,影响到其选择何种说理依据。假设法官都不知道有学理类说理依据,那么其不可能在释法说理时想到要选择这种依据,这是个体的认知决定其行为。那么,法官、诉讼代理等其他主体是如何看待说理依据的类型呢?法律法规、司法解释、司法指导性文件、指导性案例、国际条约都被视为"释法类"说理依据,(见图3-10)法律原则、立法精神、国家政策、法律学说、法律术语、法

---

① 根据《民事裁判文书说理实证调查——基于900篇民事裁判文书的分析》实证样本的分析,参见夏克勤《民事裁判文书说理实证调查——基于900篇民事裁判文书的分析》,《中国应用法学》2018年第2期。

学方法被视为"法理类和政策类";(见图3-11)社会利益或公序良俗、经验常识、公平或利益平衡、事理、行业规则被视为"情理类"说理依据。(见图3-12)。从法官的角度来看,常用释法类说理依据主要是法律法规、司法解释和司法指导性文件;政策类说理依据是国家政策(例如社会主义核心价值观),常用的法理类说理依据是法律原则、立法精神和法律学说;常用的情理类说理依据是社会利益或公序良俗、经验常识、公平或利益平衡。(见表3-5)

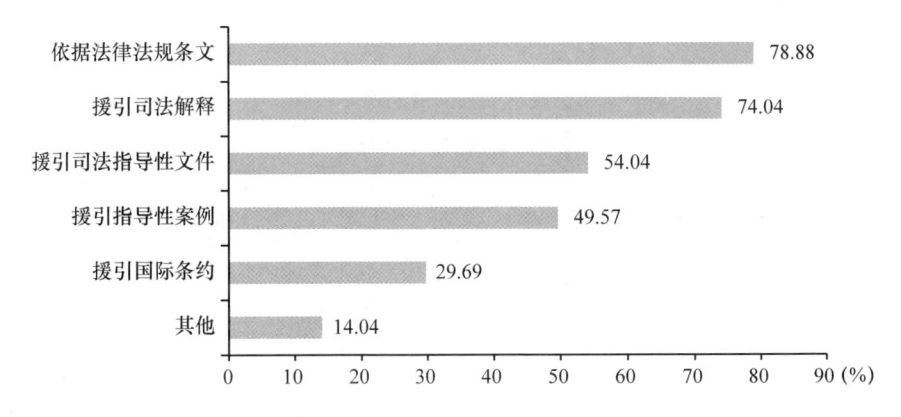

类型	百分比
依据法律法规条文	78.88
援引司法解释	74.04
援引司法指导性文件	54.04
援引指导性案例	49.57
援引国际条约	29.69
其他	14.04

图3-10 民事裁判文书中适用的"释法类"说理依据类型

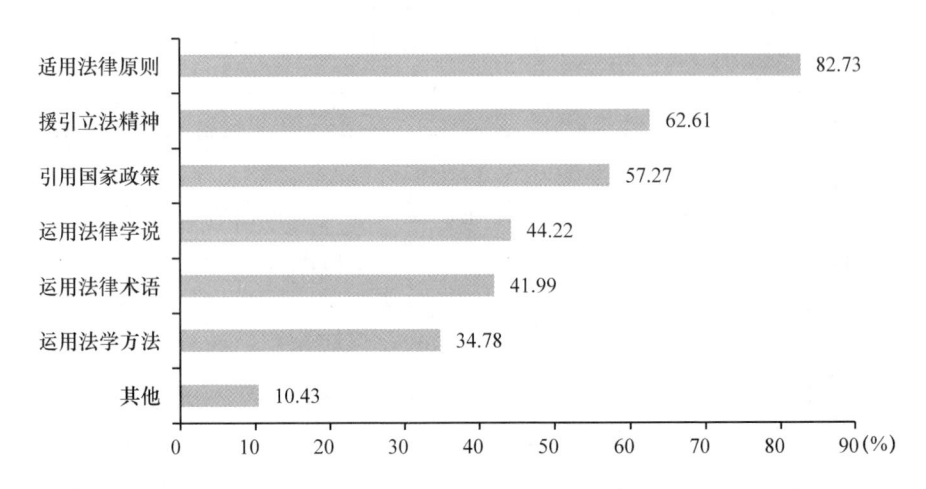

类型	百分比
适用法律原则	82.73
援引立法精神	62.61
引用国家政策	57.27
运用法律学说	44.22
运用法律术语	41.99
运用法学方法	34.78
其他	10.43

图3-11 民事裁判文书中适用的"法理类和政策类"说理依据类型

第三章 民事裁判文书说理依据的现状实证

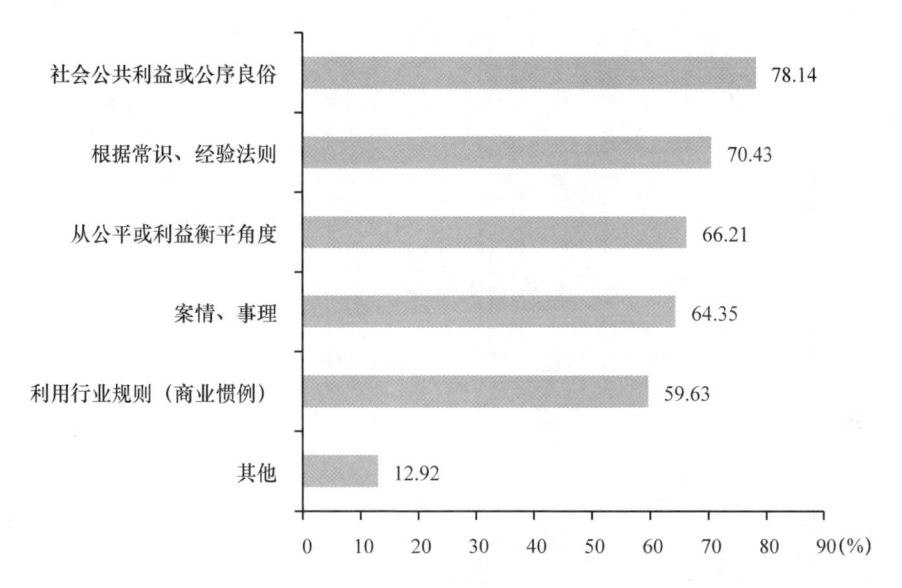

类型	百分比
社会公共利益或公序良俗	78.14
根据常识、经验法则	70.43
从公平或利益衡平角度	66.21
案情、事理	64.35
利用行业规则（商业惯例）	59.63
其他	12.92

图 3-12 民事裁判文书中适用的"情理类"说理依据类型

当前可供选择的民事裁判文书说理依据类型较多，法律法规、司法解释、指导性案例、审判业务规范性文件、公理、情理、伦理、经验、惯例、规约、立法材料、法律解释方法材料、法理、学理，以及宪法和关于审判工作的指导性文件、会议纪要、答复意见、人民法院与有关部门联合下发的文件所体现的原则和精神，除此之外其他不违背法律规范的论据都可以作为说理依据。除此之外，从实证调研分析来看，还有不得与法律、司法解释等规范性文件相冲突的国际条约、法律原则、立法精神、国家政策、法律术语、社会公共利益等也可以成为说理依据。尽管将释法类、法理类、政策类、情理类加以类型化，但是依然很难把所有的种类都概括进去，显得有些"杂乱无章"，这也是发现民事裁判文书说理依据存在困境的原因之一。

不同法院对于不同类型的说理依据选用偏好存在差异：最高人民法院常用的"释法类"说理依据优序为法律法规、国际条约，司法解释和指导性案例，常用的"法理类和政策类"说理依据优序为法律原则、国家政策和法律学说、法律术语、法学方法，常用的"情理类"说理依据优序为经验常识、社会公共利益或公序良俗和案情事理、公平或利益衡

表3-5　民事裁判文书中法官常用的说理依据类型

释法类	依据法律法规条文 83.10%	援引司法解释 82.39%	援引司法指导性文件 57.04%	援引指导性案例 44.37%	援引国际条约 30.28%	其他 7.75%
法理类	适用法律原则 90.14%	援引立法精神 70.42%	引用国家政策 53.52%	运用法律学说 45.07%	运用法律术语 31.69%	运用法学方法 32.39%
和政策类						
情理类	社会公共利益或公序良俗 88.03%	根据常识、经验法则 85.21%	从公平或利益衡平角度 81.69%	案情、事理 70.42%	利用行业规则（商业惯例） 67.61%	其他 11.27%

第三章　民事裁判文书说理依据的现状实证

平；高级人民法院常用的"释法类"说理依据优序为司法解释、法律法规、指导性案例和国际条约以及司法指导性文件，常用的"法理类和政策类"说理依据优序为法律原则、法学方法、国家政策和法律学说、立法精神和法律术语，常用的"情理类"说理依据优序为社会共利益或公序良俗以及经验常识、案情事理、行业惯例、公平或利益衡平；中级人民法院常用的"释法类"说理依据优序为法律法规、司法解释、司法指导性文件、指导性案例和国际条约，常用的"法理类和政策类"说理依据优序为法律原则、立法精神、法律学说、国家政策、法律术语和法学方法，常用的"情理类"说理依据优序为社会公共利益或公序良俗、经验常识和公平或利益平衡、行业惯例、案情事理；基层人民法院常用的释法类说理依据优序为司法解释、法律法规、司法指导性文件、指导性案例和国际条约，常用的"法理类和政策类"说理依据优序为法律原则、立法精神、国家政策、法律学说、法律术语、法学方法；常用的"情理类"说理依据优序为社会共利益或公序良俗、经验常识、公平或利益衡平、案情事理、行业惯例。（见图3-13、图3-14和图3-15）

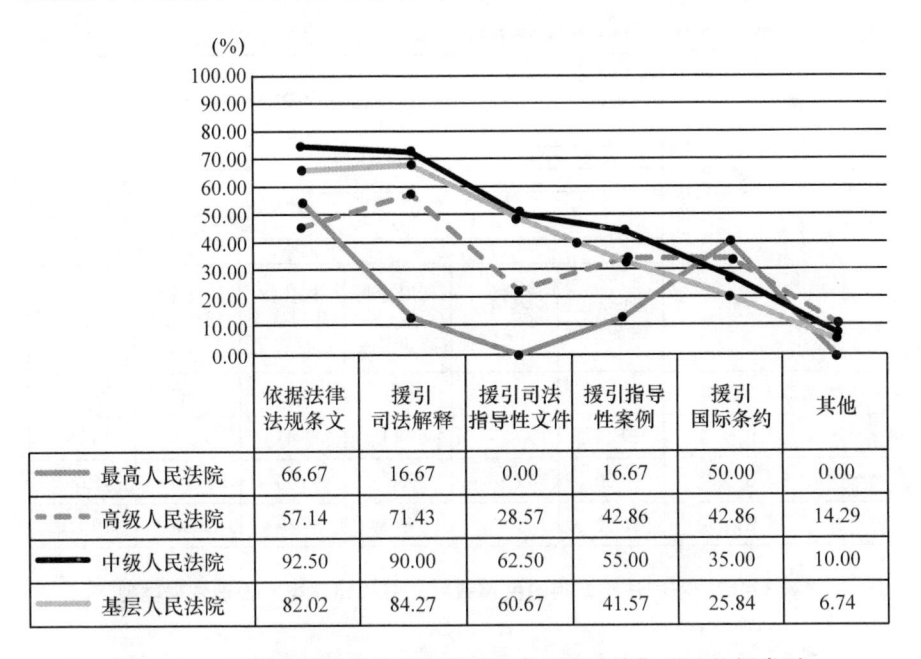

	依据法律法规条文	援引司法解释	援引司法指导性文件	援引指导性案例	援引国际条约	其他
最高人民法院	66.67	16.67	0.00	16.67	50.00	0.00
高级人民法院	57.14	71.43	28.57	42.86	42.86	14.29
中级人民法院	92.50	90.00	62.50	55.00	35.00	10.00
基层人民法院	82.02	84.27	60.67	41.57	25.84	6.74

图3-13　不同法院常用的民事裁判文书"释法类"说理依据类型

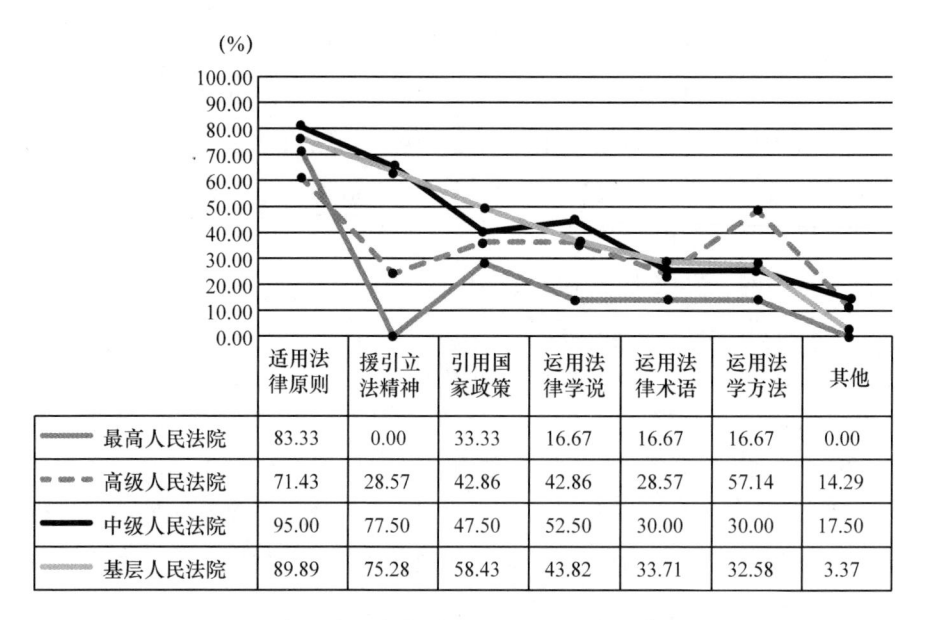

	适用法律原则	援引立法精神	引用国家政策	运用法律学说	运用法律术语	运用法学方法	其他
最高人民法院	83.33	0.00	33.33	16.67	16.67	16.67	0.00
高级人民法院	71.43	28.57	42.86	42.86	28.57	57.14	14.29
中级人民法院	95.00	77.50	47.50	52.50	30.00	30.00	17.50
基层人民法院	89.89	75.28	58.43	43.82	33.71	32.58	3.37

图 3-14 不同法院常用的民事裁判文书"法理类和政策类"说理依据类型

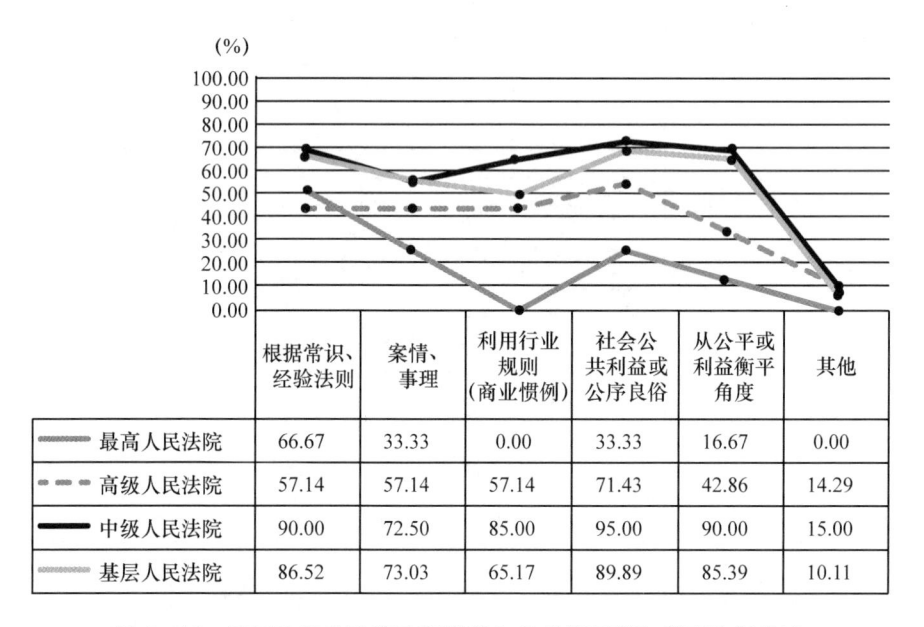

	根据常识、经验法则	案情、事理	利用行业规则（商业惯例）	社会公共利益或公序良俗	从公平或利益衡平角度	其他
最高人民法院	66.67	33.33	0.00	33.33	16.67	0.00
高级人民法院	57.14	57.14	57.14	71.43	42.86	14.29
中级人民法院	90.00	72.50	85.00	95.00	90.00	15.00
基层人民法院	86.52	73.03	65.17	89.89	85.39	10.11

图 3-15 不同法院常用的民事裁判文书"情理类"说理依据类型

第三章　民事裁判文书说理依据的现状实证

四　影响民事裁判文书说理依据选取的因素

说理依据直接影响说理，而说理直接影响判决依据，判决依据直接影响判决结果，因而说理依据具有很重要的作用。影响民事裁判文书说理依据选取的因素可能有很多种，通过将其类型化再进行实证调研后发现四类主要因素：首要因素是裁判结果的公正性（占比71.8%），说明公正性始终是人们对司法裁判的期待和关注焦点；其次是裁判结果的可接受性（占比67.33%），说明可接受性作为裁判文书释法说理改革的目标具有民意基础；排第三位是裁判文书的社会效果（即社会影响，占比61.99%），可见民事裁判文书不仅是当事人的"权利义务书"，而且是社会大众了解司法活动的窗口；最后是裁判结果的经济性（息讼性，占比49.69%），在一定程度上说明为了"事了"而"结案"并不是大多数人所追求的目标。（见图3-16）

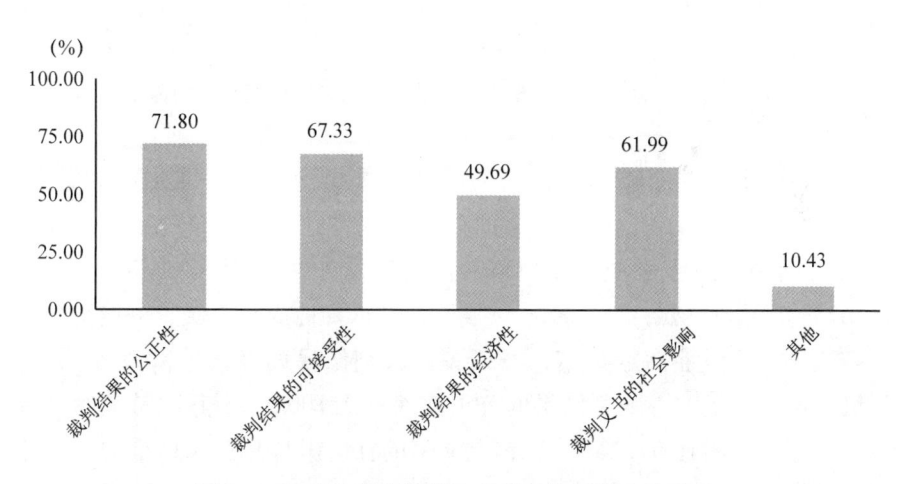

图3-16　影响民事裁判文书说理依据选取的因素

不过，这四类因素在不同主体心目中重要程度是不一样的：在法官和诉讼代理人看来，裁判结果的可接受性比裁判结果的公正性更为重要，其次才是裁判文书的社会影响，最后才是裁判结果的经济性，这两类主体心目中的各要素重要程度排序一致，尽管不完全符合各要素整体排序规律；在其他从业人员看来，最重要的是裁判结果的公正性，裁判结果的可接受性和裁判文书的社会影响同等重要，裁判结果的经济性倒显得不那么重要，这符合一般的认知规律，例如当事人并不追求息讼，在认为裁判结果对其不公正时，会通过上诉或上访来寻求救济。（见图3-17）

	裁判结果的公正性	裁判结果的可接受性	裁判结果的经济性（息讼性）	裁判文书的社会影响	其他
法官（法官助理）	76.76	80.28	61.27	71.83	9.86
诉讼代理人	60.47	75.97	49.61	57.36	4.65
其他从业人员	73.22	61.80	46.63	60.49	11.99

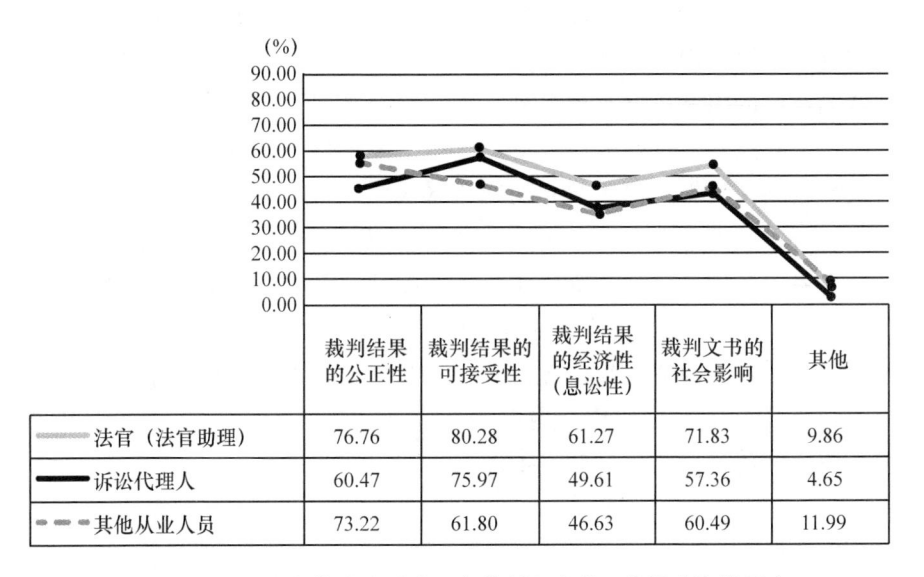

图3-17　不同主体认为影响民事裁判文书说理依据选取的因素

在不同层级的法院中，这四类因素的重要程度排序也会发生变化：在最高人民法院看来，裁判结果的公正性（占比66.67%）远远比裁判结果的可接受性（占比33.33%）、裁判文书的社会影响（占比16.67%）更为重要，公正性比可接受性、重要性高约2倍、可接受性比社会效果、重要性高近2倍，并不关心裁判结果的经济性和其他因素；高级人民法院最关心裁判结果的公正性（占比100%），其次是裁判结果的可接受性（占比57.14%），裁判文书的社会影响和裁判结果的经济性同等重要（占比42.86%），并不关心其他因素；中级人民法院最关心的是裁判文书的社会影响（占比85%），裁判结果公正性和裁判结果的可接受性几乎同等重要（占比77.5%），尽管裁判结果的经济性排第四位，但是也备受关注（占比62.5%），比任何一级法院都格外考虑其他因素；基层人民法院最关心的是裁判结果的可接受性（占比86.52%），其次分别是裁判结果的公正性（占比76.4%）、裁判文书的社会影响（占比71.9%）和裁判结果的经济性（占比66.29%），也会考虑其他因素

（占比8.99%）。（见图3-18）总的看来，最高人民法院和高级人民法院都最关心裁判结果的公正性，裁判文书的社会影响都排到最末尾；但是中级人民法院最关心的是裁判文书的社会影响，基层人民法院最关心的是裁判结果的可接受性。不同层级法院对各因素的考虑，与不同法院所处的社会地位和被监督地位有关，基层人民法院最关心是"事了案结"，而中级人民法院最关心对当地所造成的社会影响，高级人民法院和最高人民法院以维护司法公正为己任。

	裁判结果的公正性	裁判结果的可接受性	裁判结果的经济性（息讼性）	裁判文书的社会影响	其他
最高人民法院	66.67	33.33	0.00	16.67	0.00
高级人民法院	100.00	57.14	42.86	42.86	0.00
中级人民法院	75.00	77.50	62.50	85.00	15.00
基层人民法院	76.40	86.52	66.29	71.91	8.99

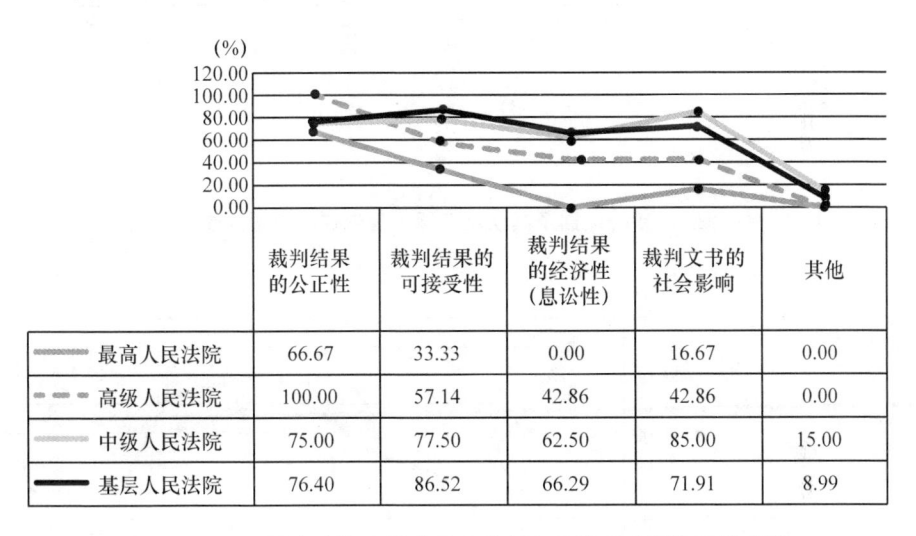

图3-18 不同法院认为影响民事裁判文书说理依据选取的因素

（1）例证一：证据及其认定选取说理依据的考量因素

不同主体在证据及其认定选取说理依据的考量因素中，举证责任分配（占比78.01%）、证据证明力（占比73.66%）、证据综合采信（占比61.74%）、证明标准（占比59.5%）、单一证据采信（36.27%）是主要考量因素。（见图3-19）在法官看来，最重要的因素是举证责任分配，其次是证据证明力、证据综合采信、证明标准、单一证据采信；在诉讼代理人看来，举证责任分配和证据证明力同等重要，其次是证明标准、证据综合采信、单一证据采信；在其他人看来，最重要的是举证责任分配，其次是证据证明力，证明标准和证据综合采信同等重要，最后才是单一证据采信。需要注意的是，各主体都认为单一证据采信是最不重要的考量因素。（见图3-20）

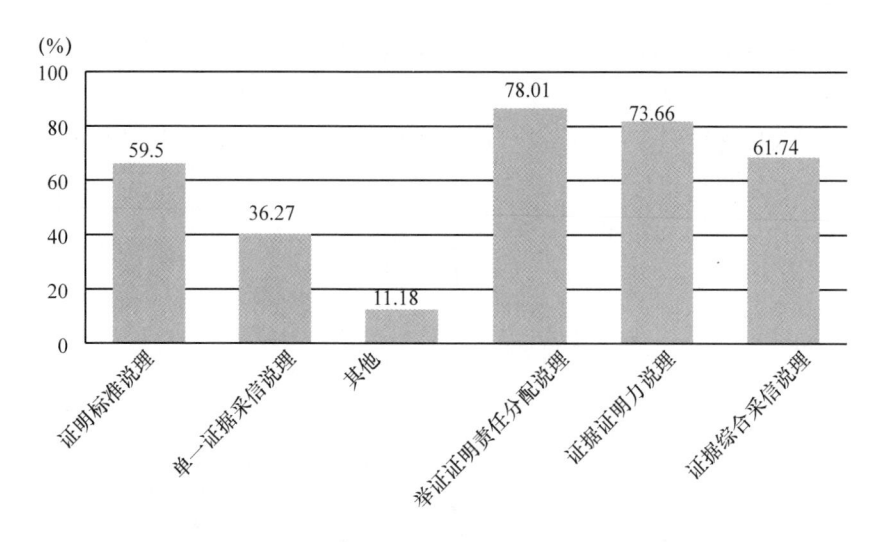

图 3-19 证据及其认定选取说理依据的考量因素

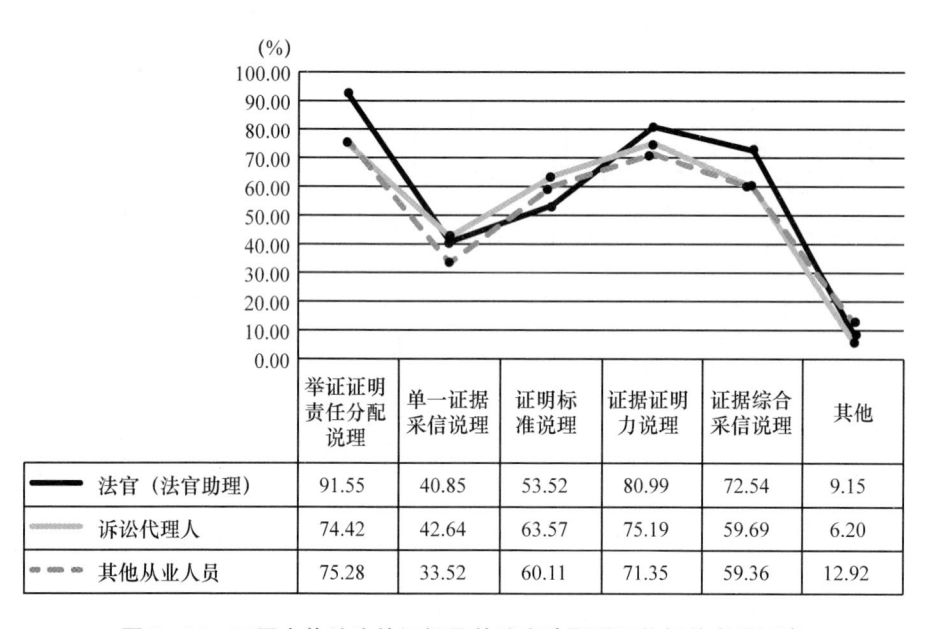

	举证证明责任分配说理	单一证据采信说理	证明标准说理	证据证明力说理	证据综合采信说理	其他
法官（法官助理）	91.55	40.85	53.52	80.99	72.54	9.15
诉讼代理人	74.42	42.64	63.57	75.19	59.69	6.20
其他从业人员	75.28	33.52	60.11	71.35	59.36	12.92

图 3-20 不同主体认为的证据及其认定选取说理依据的考量因素

不同层级的法院，都将举证责任分配作为证据及其认定选取说理依据的第一考量因素。最高人民法院认定证据及其认定选取说理依据的因素优序为：证据证明力和单一证据采信同等重要，证明标准和证据综合

第三章 民事裁判文书说理依据的现状实证

采信同等重要；高级人民法院认定证据及其认定选取说理依据的因素优序为：证据证明力和单一证据采信同等重要，其次是证据综合采信，最后才是证明标准；中级人民法院认为证据及其认定选取说理依据的因素优序为：将证据综合采信因素放在第二位，其次分别是证据证明力、单一证据采信、证明标准；基层人民法院认定证据及其认定选取说理依据的因素优序为：将证据证明力因素排在第二位，其次分别是证据综合采信、证明标准、单一证据采信。（见图3-21）

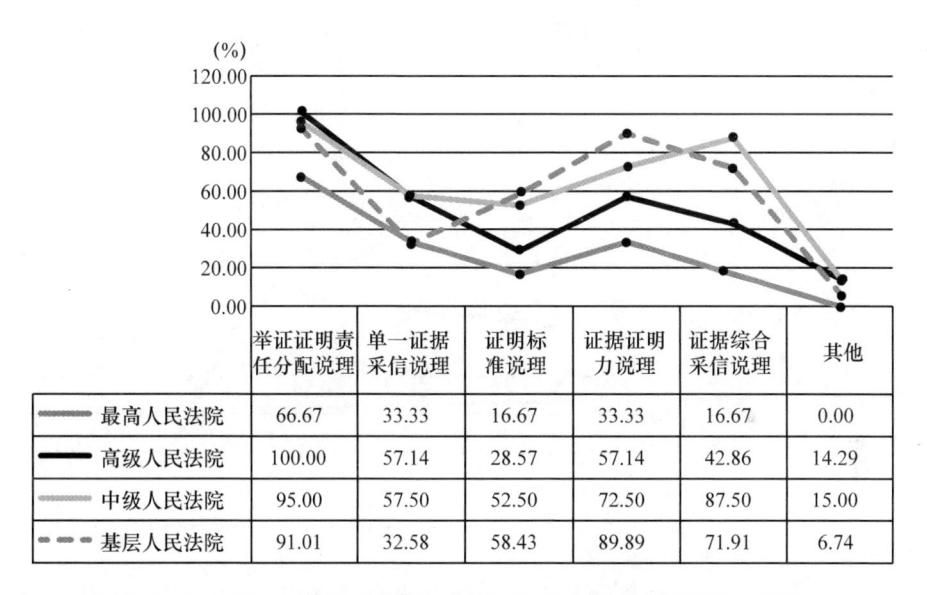

	举证证明责任分配说理	单一证据采信说理	证明标准说理	证据证明力说理	证据综合采信说理	其他
最高人民法院	66.67	33.33	16.67	33.33	16.67	0.00
高级人民法院	100.00	57.14	28.57	57.14	42.86	14.29
中级人民法院	95.00	57.50	52.50	72.50	87.50	15.00
基层人民法院	91.01	32.58	58.43	89.89	71.91	6.74

图3-21 不同法院认为的证据及其认定选取说理依据的考量因素

（2）例证二：法律适用阶段选取说理依据的考量因素

在法律适用阶段选取说理依据的考量因素中，公平或利益平衡（占比69.19%）、法律法规文本位阶效力（68.7%）和个案裁量的针对性（66.71%）这三个因素成为主要考量因素。（见图3-22）在法官看来，公平或利益衡平是最重要的因素，其次才是个案裁量的针对性和法律法规文本位阶效力；在诉讼代理人看来，个人裁量的针对性最为重要，其次是公平或利益衡平和法律法规文本位阶效力；其他从业人员却认为，法律法规文本效力位阶最为重要，其次是公平或利益衡平，最后才是个案裁量的针对性。（见图3-23）

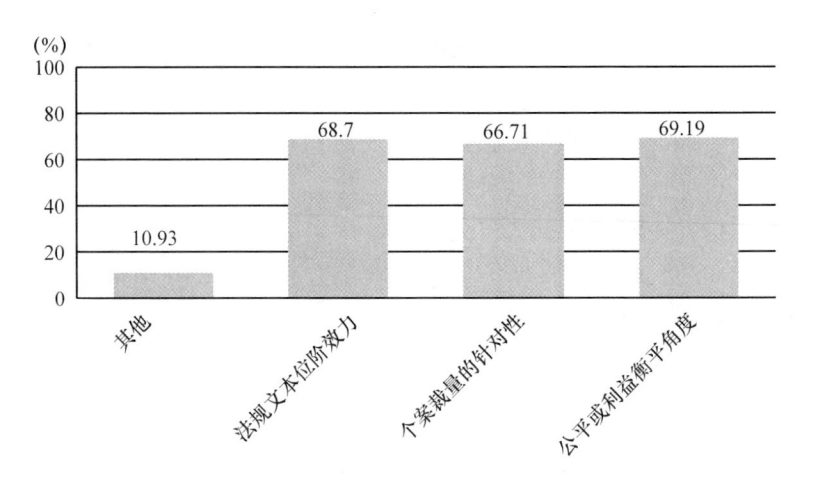

图 3-22 法律适用阶段选取说理依据的考量因素

	法规文本 位阶效力	个案裁量的 针对性	公平或利益 衡平角度	其他
法官（法官助理）	73.24	78.17	83.80	7.75
诉讼代理人	58.91	74.42	61.24	8.53
其他从业人员	69.85	61.80	67.23	12.36

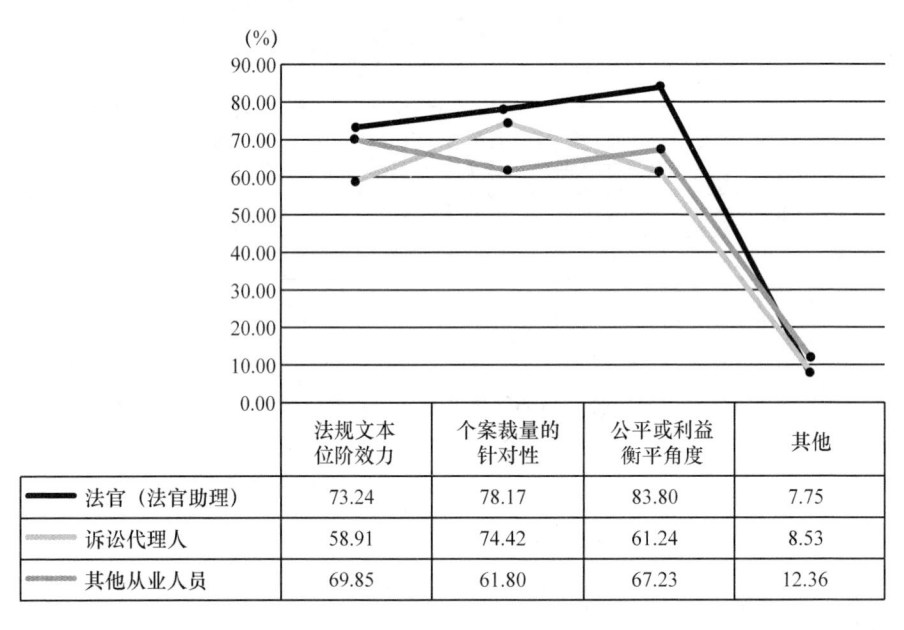

图 3-23 不同主体认为的法律适用阶段选取说理依据的考量因素

最高人民法院考虑法律适用阶段选取说理依据的考量因素时，将法律法规文本位阶效力和个案裁量的针对性视为同等重要，公平或利益衡平是次要考虑因素；高级人民法院考虑法律适用阶段选取说理依据的考量因素时，将法律法规文本位阶效力排在第一位，其次是公平或利益衡平角

第三章 民事裁判文书说理依据的现状实证

度，再次才是个案裁量的针对性；中级人民法院考虑法律适用阶段选取说理依据的考量因素时，将个案裁量的针对性置于第一位，其次是公平或利益衡平，再次是法律法规文本位阶效力；基层人民法院考虑法律适用阶段选取说理依据的考量因素时，将公平或以衡平作为第一考量因素，其次是个案裁量的针对性，最后才是法律法规文本位阶效力。（见图3-24）

	法规文本位阶效力	个案裁量的针对性	公平或利益衡平角度	其他
最高人民法院	66.67	66.67	33.33	16.67
高级人民法院	85.71	14.29	71.43	28.57
中级人民法院	70.00	87.50	75.00	10.00
基层人民法院	74.16	79.78	92.71	4.49

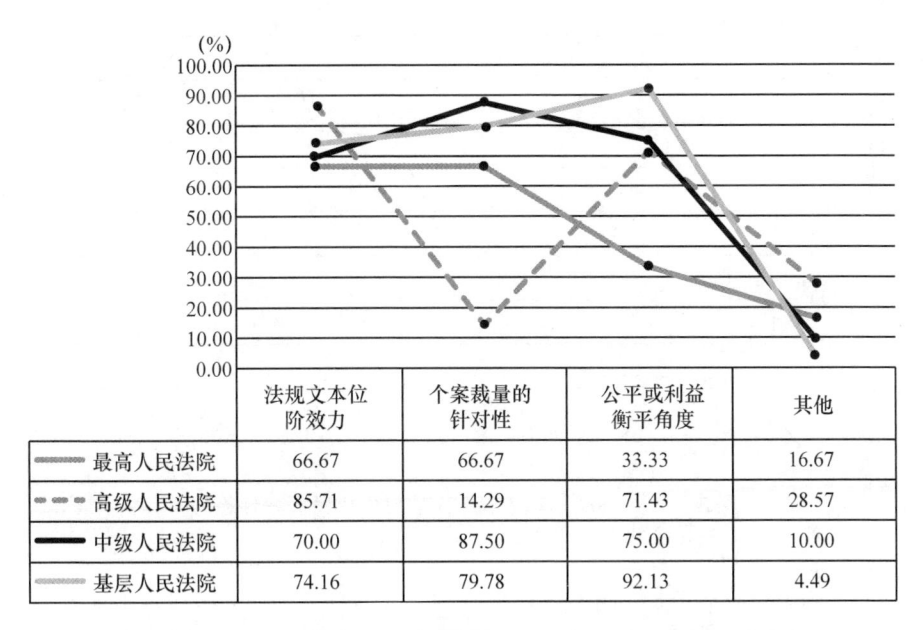

图3-24 不同法院认为的法律适用阶段选取说理依据的考量因素

第三节 民事裁判文书说理依据适用的现状：基于案例样本

如果要选择案例样本来分析裁判文书说理的研究现状，首选当属新类型案件，因为不同于以往传统的民商事案件有固定的思维模式和说理"套路"，新类型案件往往是不经常发生过的案件类型，需要发挥法官的主观能动性才能言之有据。鉴于此，将样本案由类型限定在因"个人信息"发生民事侵权的范围，是考虑到该类型属于新类型案件。截至2023年6月1日，在中国裁判文书网以"个人信息"、"侵权"、"民事案由"为关键词组合检索，共获取了11044篇裁判文书，时间跨度为2009年至2023年，其中 2023 年 301 篇、2022 年 980 篇、2021 年 1443 篇、2020 年 1746 篇、2019 年 1768 篇、2018 年 1180 篇、2017 年 1152 篇、2016 年 1006 篇、2015 年 563 篇、2014 年 653 篇、2013 年 151 篇、2012 年 37 篇、2011 年 46 篇、2010 年 17 篇、2009 年 1 篇，[①] 其大致呈现递增趋势。（见图 3 – 25）

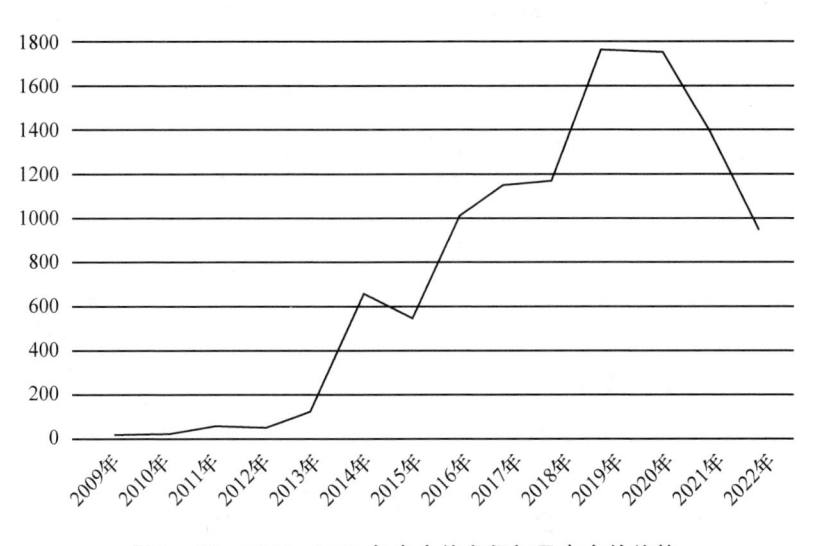

图 3 – 25　2009—2022 年个人信息侵权民事案件趋势

考虑到，2016 年最高人民法院印发《人民法院民事裁判文书制作规范》的通知于 2016 年 8 月 1 日开始实施，研究民事裁判文书"说理依据"现状问题最早只能从这个时间节点开始，同样是因为裁判文书上网时间所导致的滞后性，按理来说要将采集样本的时间往后推一段合理期限，但是由于无法确定到底需要推后多少时间才相对合理，毕竟全国范围内的法院实际上传裁判文书的时间也存在差异，因此以 2016 年 8 月 1 日为时间节点确定样本采集范围，共获取 8967 个案例。[②] 其中，剔除仅

---

① 中国裁判文书网：《列表页》，http://wenshu.court.gov.cn/list/list/? sorttype = 1&conditions = searchWord + QWJS + + 全文检索：个人信息%20 侵权 &conditions = searchWord + 民事案由 + + 一级案由：民事案由.

② 中国裁判文书网：《列表页》，http://wenshu.court.gov.cn/list/list/? sorttype = 1&number = 0.5761440123897046&guid = 6001941e – 783d – b1499433 – e093db5e54a3&conditions = searchWord + QWJS + + 全文检索：个人信息%20 侵权 &conditions = searchWord + 民事案由 + + 一级案由：民事案由 &conditions = searchWord + + CPRQ + + 裁判日期：2016 – 08 – 01%20TO%202019 – 03 – 07.

第三章 民事裁判文书说理依据的现状实证

涉及到"个人信息"表述的样本，例如交通事故责任、物权保护纠纷、侵权责任纠纷、医疗损害纠纷、提供劳务者受害责任纠纷，知识产权权属、侵权纠纷，婚姻家庭纠纷、系列合同纠纷、不正当竞争纠纷。此外，剔除诸如传统的具体人格权中只针对损害特定人格的姓名权侵权案例、生命权健康权纠纷、物权侵权案例等侵权行为中涉及个人信息内容的样本，以及仅将"个人信息"作为证明材料的样本。初步得到中国裁判文书网"个人信息"类的侵权类民事案件数量 2023 年为 110 篇、2022 年为 311 篇、2021 年为 398 篇、2020 年为 423 篇、2019 年为 458 篇、2018 年为 327 篇、2017 年为 413 篇、2016 年 8 月 1 日至 2016 年 12 月 31 日为 107 篇，最终确定 2547 篇相关案例作为样本。

按照表 3-6 的标签设置民事裁判文书说理依据适用情况量化统计表，分为"有说理依据"和"无说理依据"两大类，而"有说理依据"又分为"说理理由均有说理依据"和"部分说理理由没有说理依据"。为了统计简便，不再区分"部分"和"全部"未回应当事人诉求的说理依据，只要有一条法院的说理理由没有说理依据就归入"部分说理理由没有说理依据"这一类型。之所以不区分说理依据是否"充分"的原因在于：一方面，裁判文书说理的实际情况符合"应该提出法律论证，只是不应使之充分"；[①] 另一方面，说理应该达到何种程度才算"充分"，说理依据达到何种程度才算"充分"，目前还没有达成最小共识。

表 3-6　　2016.8.1—2023.6.1 中国裁判文书网
民事裁判文书说理依据适用数量统计　　　　　单位/个

审级案件量	说理依据		无说理依据
	有说理依据		
	说理理由均有说理依据	部分说理理由没有说理依据	
一审 1659	943	562	154
二审 830	513	288	29
再审 58	31	15	12
小计 2547	1487	865	195

[①] 刘星：《司法中的法律论证资源辨析：在"充分"上追问——基于一份终审裁定书》，《法制与社会发展》2005 年第 1 期。

一 说理没有说理依据

在现有裁判文书说理实证研究中，已经得出了包含"裁判理由"在内的"裁判说理"实证结论，例如：李喜莲（2015 年）以 Y 法院 510 份裁判文书样本为例，发现裁判理由部分存在瑕疵占 32.5%，裁判理由不充分占比 11.9%；① 夏勤国（2018）以 900 份裁判文书样本为例，归纳了九大类型不当的裁判文书说理样态——千篇一律型、简单粗暴型、判非所诉型、过犹不及型、"两张皮"型、理断脱节型、貌合神离型、逻辑混乱型、引据不当型。② 尽管还没有直接针对"说理依据"的体系化实证研究成果，但是从针对"说理"的实证研究成果中也能洞见"说理依据适用"的潜在问题，例如"一审法院一定程度上存在向模糊性法律规范逃逸的倾向"。③ 除此之外，这种"逃逸"还体现在"没有适用说理依据"。

没有适用说理依据，是指裁判文书在说理部分仅载明了理由，而并未呈现该理由的依据。例如裁判文书（2018）豫 01 民申 252 号中：

［法院说理对象］：二审判决认定事实清楚，适用法律正确，处理结果并无不当。董生亮的再审申请理由不能成立，对其再审申请本院不予支持。

［法院说理理由］：本院经审查认为，一、二审法院根据当事人提交的证据，认定董生亮与陈丹在各自拥有家庭的情况下产生婚外情并长期保持同居关系，有违社会公序良俗，陈丹将涉及董生亮的部分照片、微信、短信及个人信息等内容在网上发布并传播网络文章虽有不妥，但董生亮自身亦存在过错，陈丹的上述行为尚不足以对董生亮构成名誉侵权，并无不当。

诸如该裁判文书中仅仅载明了说理理由，而没有适用说理依据的案件数量和占比统计如下：一审裁判文书样本总计 154 个，其占一审案件

---

① 李喜莲：《网上公开之民事裁判文书的现状、问题及对策》，《法律科学》（西北政法大学学报）2015 年第 4 期。

② 夏克勤：《民事裁判文书说理实证调查——基于 900 篇民事裁判文书的分析》，《中国应用法学》2018 年第 2 期。

③ 夏克勤：《民事裁判文书说理实证调查——基于 900 篇民事裁判文书的分析》，《中国应用法学》2018 年第 2 期。

第三章　民事裁判文书说理依据的现状实证　93

总数的 9.28%；二审裁判文书样本总计 29 个，其占二审案件总数的 3.49%；再审裁判文书样本总计 12 个，其占再审案件总数的 20.70%；各审级裁判文书样本总计 195 个，其占总样本数的 7.72%。

二　说理均有说理依据

全部说理理由均有说理依据，主要是指裁判文书中只要涉及说理理由就必须呈现说理依据。这种情况并不要求法院说理对当事人的说理对象、说理理由和援引的说理依据均进行了回应，只要在法院的说理理由部分相应出现说理依据即可。但是，如果法院细致到对当事人的说理依据都进行了回应而且呈现相应的说理依据，则足以认为法院的说理非常到位。例如，裁判文书（2018）内民申 552 号中：

［当事人说理对象］：这足以说明一审、二审法院在认定事实和适用法律上是缺乏自信的，是害怕驳辩的。（为表述方便，简写为 Lo）

［当事人说理理由］：二审法院驳回了李守芳的诉讼请求，认定一审判决事实清楚，适用法律正确，应予维持依照的是《中华人民共和国民事诉讼法》第一百七十条第一款第一项规定。而一审法院依据《中华人民共和国侵权责任法》第二条、《中华人民共和国民事诉讼法》第六十四条之规定。（为表述方便，简写为 Lr）

［当事人说理依据］：一个案子一审、二审在适用法律上依据不同（为表述方便，简写为 Lb_1），而且相关法律条文没有写出来。（为表述方便，简写为 Lb_2）

法院对当事人的说理对象、说理理由和援引的说理依据均进行了回应，如下：

［法院说理对象］：李守芳关于原审法院未引述具体条文内容在认定事实和适用法律上是缺乏自信的，是害怕驳辩的理由不能成立。（为表述方便，简写为 Co）

［法院说理理由］：原一审、二审按照《中华人民共和国民事诉讼法》对一审、二审程序的不同规定分别引用相关法律条文，以及一审判决引用《中华人民共和国侵权责任法》的相关条文均符合法律规定，并不存在适用法律不当。（为表述方便，简写为 Cr）

［法院说理依据］：根据最高人民法院发布的民事诉讼文书样式，在

民事裁判文书中引用相关法律条文,并不需要引述具体条文内容。(为表述方便,简写为 Cb)

在该案例中:当事人为了论证自己的说理理由(Lr),提供了两个事实作为依据 Lb_1 和 Lb_2,核对一审、二审裁判文书就可以知道"适用法律上依据"是否相同,"相关法律条文"有没有说出来;法院为了论证自己的说理理由(Cr),提供另一条指导性文件作为依据 Cb,即查阅民事诉讼文书样式,就知道引用相关法律条文,并不需要引述具体条文内容。法院回应当事人的主张而说理,此二者的说理对象指向一致,即 Lo→Co;法院的说理理由针对当事人援引的说理理由展开,即 Cr→Lr;法院援引的说理依据针对法院的说理理由没有说理依据,即 Cb→Lb_1 + Lb_2。

诸如此类全部说理理由均有说理依据的案件数量和占比统计如下:一审裁判文书样本总计 943 个,其占一审案件总数的 56.85%;二审裁判文书样本总计 513 个,其占二审案件总数的 61.82%;再审裁判文书样本总计 31 个,其占再审案件总数的 53.44%;各审级裁判文书样本总计 1487 个,其占总样本数的 58.32%。

三 部分说理没有说理依据

部分说理理由没有说理依据,主要是指裁判理由出现了没有依据的情况。为了便于统计,即便裁判文书在说理过程中仅出现一处说理理由没有说理依据支持,也归入到这种情形中进行统计。这种情况并不要求法院说理对当事人的说理对象、说理理由和援引的说理依据均进行了回应。例如,民事裁判文书(2016)吉 01 民终 3150 号中:

[法院说理对象]:故应依法承担举证不充分的法律后果,原审判决对其主张网络服务提供者即微梦创科公司承担侵权责任的诉讼请求不予支持并无不当(为表述方便,简写为 Co)

[法院说理理由]:张馨予主张新浪微博用户"无敌饼干姐"利用网络发布关于张馨予的隐私及不实信息,并对张馨予进行诽谤、侮辱,但其一审、二审所提交的证据均不足以证实上述主张。(为表述方便,简写为 Cr)

[法院说理依据]:《最高人民法院关于民事诉讼证据的若干规定》第二条规定:"当事人对自己提出的诉讼请求所依据的事实或者反驳对

方诉讼请求所依据的事实有责任提供证据加以证明。没有证据或者证据不足以证明当事人的事实主张的，由负有举证责任的当事人承担不利后果。"（为表述方便，简写为 Cb）

该案中，法院援引司法解释作为说理依据，既能够和其说理理由组合，支持说理对象，符合"三段论"演绎推理——大前提为 Cb，小前提为 Cr，得出结论 Co。但是，法院并未对 Cr 中的"一审、二审所提交的证据均不足以证实上述主张"提供说理依据论证为什么"不足以证实"，无法让人信服。法院出现这种情况，就是裁判文书部分说理理由没有说理依据的情形，说理不符合适用说理依据的最低要求。

诸如此类部分说理理由没有说理依据的案件数量和占比统计如下：一审裁判文书样本总计 562 个，其占一审案件总数的 33.87%；二审裁判文书样本总计 288 个，其占二审案件总数的 34.69%；再审裁判文书样本总计 15 个，其占再审案件总数的 25.86%；各审级裁判文书样本总计 865 个，其占总样本数的 33.96%。

第四节　小结：说理依据发现难、选择难、适用不当

基于访谈样本、问卷样本和案例样本，对说理依据的"发现""选择"和"适用"展开了实证分析，可以发现民事裁判文书说理依据在这三个方面存在的问题。

当前法官发现说理依据的方法主要是依靠个人经验，而非来自于他人的经验，因为他人的经验并不一定适合自己。不同的法官发现说理依据的方法不太相同，根据访谈样本总结起来就是，根据个人在撰写裁判文书过程中积累起来的经验去寻找，而且与年龄段有很大关系。老年法官（主要是指离退休年龄不足 5 年的法官），在裁判文书中说理的依据基本来自于法条，以及从案例汇编中找到一些相似的点，按照自己的理解，消化后再进行说理。青年法官（主要指进入法院不足 10 年的法官，现在大多数是法官助理），找说理依据就像当年在学校写论文找参考文献一样，能够利用各种数据库（案例库、法规库、期刊库）去找相关的依据。中年法官（主要是进入法院满 10 年而距离退休不止 5 年的法

官），明白网络搜索是怎么回事（例如百度），而且能够进行最简单的检索，最常用的就是使用中国裁判文书网去找案例，通过案例来找说理的方法和依据。

尽管法院信息化建设已经进入到3.0时代，但是大部分法官依然未掌握专业的检索技能。在搜索意识方面，大部分的法官在撰写裁判文书说理过程中，遇到需要说理依据的问题时，经过一段较短时间的思考或尝试过程后，都能够想到利用搜索相关案例解决问题；在搜索能力方面，可以使用中国裁判文书网、最高人民法院公报网等极少量搜索工具，以及简单的关键词搜索方法进行搜索；在搜索过程方面，只能完成部分搜索线索，获得大量待筛选的搜索结果；在搜索结果方面，通过搜索可以获得所需要的少部分搜索结果；在搜索时间方面，需要花费较长的时间，方可得到所需要的搜索结果。

从实证数据来看，法院对于说理依据数据库的需求还是很大的，毕竟从类案中发现说理依据过于耗费时间，而通过其他方式去发现说理依据比查找类案耗费的时间更多。"案多人少"的现实决定了法官并不会耗费很多时间去发现说理依据，反过来，如果要求法官把理说好、运用好说理依据，不应该强制法官花大量的时间去发现说理依据，而是让法官在原本规划的时间内能够容易获取心目中想要的说理依据，这样才是解决问题的思路——人们无法给予法官更多的时间，就让法官在有限的时间内更容易做到想要的事情。

影响民事裁判文书说理依据选取的因素可能有很多种，通过将其类型化进行实证调研发现四类主要因素：首要因素是裁判结果的公正性，说明公正性始终是人们对司法裁判的期待和关注焦点；其次是裁判结果的可接受性，说明可接受性作为裁判文书释法说理改革的目标具有民意基础；排第三位的是裁判文书的社会效果（即社会影响），可见民事裁判文书不仅是当事人的"权利义务书"，而且是社会大众了解司法活动的窗口；最后是裁判结果的经济性（息讼性），在一定程度上说明为了"事了"而"结案"并不是大多数人所追求的目标。法官主体认识到有何种说理依据存在，影响到其选择说理依据。一方面，说理依据种类繁多，且分散在各个不同的"角落"，而目前又不存在一份"说理依据清单"可供法官像点菜谱一样方便；另一方面，不是所有的"说理依据"

第三章　民事裁判文书说理依据的现状实证

都能成为裁判文书中的说理依据，而且法官主要依靠从"类案"中去寻找说理依据，依靠当前掌握的"关键词"检索出来的"类案"结果又很多，法官面临选择何种说理依据的"纠结"。

法官适用说理依据的现状大致如下，完全没有说理依据的情况并不多见，"部分说理理由没有说理依据"的情况相对较多，但是"说理理由均有说理依据"占比超过半数。（见表3－7）因为样本的选择是在2016年最高人民法院印发《人民法院民事裁判文书制作规范》的通知实施之后，说明大多数法官在该规范生效之后都贯彻实施了"说理依据"的要求，即裁判文书释法说理改革取得了较好的成效。但是，也不可忽视现在存在的说理依据适用问题，从"无说理依据"和"部分说理理由没有说理依据"两项占比之和来看已经接近50%，说明当前要求法院和法官更好地适用说理依据还存有较大的进步空间。

表3－7　　　　2016.8.1—2023.6.1 中国裁判文书网
民事裁判文书说理依据适用情况占比　　　　单位/%

审级案件量	说理依据		无说理依据
	有说理依据		
	说理理由均有说理依据	部分说理理由没有说理依据	
一审	56.85	33.87	9.28
二审	61.82	34.69	3.49
再审	53.44	25.86	20.70
小计	58.32	33.96	7.72

总而言之，从民事裁判文书说理依据的现状实证来看，说理依据"发现难"直接导致了"选择难"，因而法官需要的是一种能够辅助其发现说理依据的方法、选择说理依据的准则。但是，"发现难"和"选择难"仅仅是法官适用说理依据不当的因素之一，而不是唯一因素，因而需要构建激励法官适用说理依据的能动机制。

第四章

民事裁判文书须要说理依据的适用情形

　　法官在民事裁判文书说理的过程中，并不是每个部分都需要呈现相应的依据，而是根据不同的说理情形呈现不同的依据，这些均有相应明确规定。2018 年最高人民法院印发《关于加强和规范裁判文书释法说理的指导意见》的通知规定：一方面，要围绕证据审查判断、事实认定、法律适用进行说理，反映推理过程，做到层次分明；另一方面，法官行使自由裁量权处理案件时，应当坚持合法、合理、公正和审慎的原则，充分论证运用自由裁量权的依据，并阐明自由裁量所考虑的相关因素。[①]说理依据是说理过程所依赖的"依据"，根据说理的阶段可以抽象归纳出不同阶段须要说理依据的情形。（见表 4-1）

表 4-1　　民事裁判文书中四阶段须要说理依据量化指标

须要适用说理依据的阶段（一级指标）	各阶段须要说理依据的情形（二级指标）
证据审查阶段	举证证明责任分配
	证明标准
	证据三性
	证据能力和证明力
事实认定阶段	诉称事实进入法律事实
	认定事实及确定事实争点
	根据间接证据认定案件事实
	采用推定方法认定案件事实

　　[①] 中华人民共和国最高人民法院网：《最高人民法院关于加强和规范裁判文书释法说理的指导意见》，http://www.court.gov.cn/fabu-xiangqing-101552.html.

第四章　民事裁判文书须要说理依据的适用情形

续表

须要适用说理依据的阶段（一级指标）	各阶段须要说理依据的情形（二级指标）
法律适用阶段	法律漏洞出现时
	法律适用争议时
	法律规范竞合时
自由裁量阶段	运用自由裁量权时
	自由裁量所考虑的因素

第一节　证据审查说理阶段须要适用说理依据

证据是裁判的起点，因为证据承载着客观真实，而法律事实需要依据证据还原，法律适用又必须与法律事实相统一，可以说证据审查阶段的说理是裁判文书说理的起点。为何采信或不采信该证据，举证责任为何要如此分配，证明标准应该达到何种程度，其依据分别是什么，这往往是双方当事人能否接受裁判结果的关键所在。2018年最高人民法院印发《关于加强和规范裁判文书释法说理的指导意见》的通知对于没有明确法律规定的案件，法官运用自由裁量权时的方法也有规定，"裁判文书中对证据的认定，应当结合诉讼各方举证质证以及法庭调查核实证据等情况，根据证据规则，运用逻辑推理和经验法则，必要时使用推定和司法认知等方法，围绕证据的关联性、合法性和真实性进行全面、客观、公正的审查判断，阐明证据采纳和采信的理由"；"民事、行政案件涉及举证责任分配或者证明标准争议的，裁判文书应当说明理由"。[①] 下文主要从举证证明责任、证明标准、证据三性以及证据能力和证明力等方面来论证法官在证据审查阶段须要适用说理依据的情形。

一　举证证明责任分配须要说理依据

"证明责任规范的本质和价值就在于，在重要的事实主张的真实性不能被认定的情况下，它告诉法官应当作出判决的内容。也就是说对不确

[①] 中华人民共和国最高人民法院：《最高人民法院关于加强和规范裁判文书释法说理的指导意见》，http://www.court.gov.cn/fabu-xiangqing-101552.html。

定的事实主张承担证明责任的当事人将承受对其不利的判决"。①

我国对于证明责任分配也存在不断演进的过程。逐渐形成使用证明责任的相关条件：其一，只能由一方当事人对要件事实的存在或不存在承担证明责任，也即是证明责任不可能同时存在于双方当事人；其二，证明责任适用的前提是当事人积极履行举证责任，并且此时的举证责任指的是行为意义上的举证责任，②对于在举证期限内没有较好履行提交对己方有力的证据材料的当事人，应视为放弃自己行使提交证据的权利；其三，证明责任的作用是在案件事实不能查清的情形下，法官所作出的事实认定结果的指引和规范。并且在司法实例中，引导法官分配承担证明责任的依据来源中，即使有（诉讼法）程序法上的规定，也需要依据案件所属实体法分类中的相应内容来共同确定。

我国现行举证证明责任分配沿袭和借鉴了罗森贝克的法律规范要件说，③ 分配理论建立在实体法规范结构之上，从法律规范条文之间的逻辑关系找寻分配原则，并且将法律规范中的补足支援与相互对立关系挖掘出来，通过法规中关于产生某种权利的基本规范和权利妨碍的两类规范，运用演绎推理方法在具体个案中引出证明责任分配法则，且此处的举证责任均指向的是"法律关系的基本事实（要件事实）"。④ 法律要件规范说的缺陷在其适用之后逐渐显现，日本学者集中对其展开了论战，法律要件说过于注重法律规定的形式构成，完全不考虑举证难易程度，

---

① ［德］莱奥·罗森贝克：《证明责任论》，庄敬华译，中国法制出版社2002年版，第3页。
② 毕玉谦：《民事证据原理与实务研究》，人民法院出版社2003年版，第7页。
③ 2022年《最高人民法院关于适用〈中华人民共和国民事诉讼法〉的解释》第九十条规定，"当事人对自己提出的诉讼请求所依据的事实或者反驳对方诉讼请求所依据的事实，应当提供证据加以证明，但法律另有规定的除外。在作出判决前，当事人未能提供证据或者证据不足以证明其事实主张的，由负有举证证明责任的当事人承担不利的后果。"第九十一条规定，"人民法院应当依照下列原则确定举证证明责任的承担，但法律另有规定的除外：（一）主张法律关系存在的当事人，应当对产生该法律关系的基本事实承担举证证明责任；（二）主张法律关系变更、消灭或者权利受到妨害的当事人，应当对该法律关系变更、消灭或者权利受到妨害的基本事实承担举证证明责任。"上述法条表明我国证明责任的理论基础均建立在法律要件规范说的基础上，也是同我国实践层面2021年《中华人民共和国民事诉讼法》第六十七条和2019年的《最高人民法院关于民事诉讼证据的若干规定》第二条的内容相符，其提出了举证证明责任的概念。
④ 张卫平：《诉讼构架与程式》，清华大学出版社2000年版，第278—288页；［德］莱奥·罗森贝克：《证明责任论》，庄敬华译，中国法制出版社2002年版，第5—8页。

第四章　民事裁判文书须要说理依据的适用情形

对于权利救济的社会保护使证明责任制度的适用走入教条，① 从而影响证明责任分配的实质公平与公正。② 也因为适用法律规范要件说的"前提条件是存在解决案件的民事实体法"，然而司法实践中，罗森贝克规范说尽管存在法条适用僵化的困境，但其不足与民事诉讼实际中证明责任分配的混乱无序情况之轻重相比，③ 其仍然被视为法官释法说理的主流选择。一旦当事人的主张超出民事实体法，则难以获得民事程序法的救济。④ 同时还因为"证明责任制度适用走入教条"⑤之中致使其无法兼顾个案中当事人地位悬殊的实质公平，导致诉讼证据能力明显失衡情况下，当事人须要承担诉讼败诉的风险。

例如在新型的数据权利民事权益被侵害的案件中，其审理过程存在证据的特殊性：一方面是与行为意义上的举证证明责任分配一般规则"谁主张，谁举证"相悖而存的证据偏在性。数据侵权案件中便隐含着庞某存在难以提供趣拿公司、东航掌握并泄漏其隐私信息的实质性举证不能，单个主体与数据寡头间的强大非对称性力量⑥使然，个人的技术能力不足和企业的技术保护措施，致使数据主体根本接触不到证明其主张事实的证据，此情形也同样存在于技术实力差异巨大的网络运营者与个人之

---

① 张卫平：《证明责任分配的基本法理》，《证据学论坛》2000 年第 0 期。

② 在消费者保护诉讼和环境污染侵权诉讼程序中，如果按照规范说分配证明责任则受害人难以有效地维护自己合法权益。参见［德］莱奥·罗森贝克《证明责任论》，庄敬华译，中国法制出版社 2002 年版，第 12—13 页。

③ 王国征：《民事证明责任中的罗森贝克规范说述评》，《山东社会科学》2008 年第 5 期。

④ 从在中国被遗忘权第一案中，从任甲玉的诉求中可知其目的在于"在百度搜索引擎中屏蔽'任甲玉'相关的特定关键词"，即实现特定关键词的"被遗忘"效果。然而当时"被遗忘权"并不在我国民事实体法的权利框架内。同时根据 2020 年最高人民法院印发《关于修改〈民事案件案由规定〉的决定》的通知（法〔2020〕346 号）的规定，任甲玉只能以姓名权纠纷、名誉权纠纷以及一般人格权纠纷为由进入诉讼程序。前两类民事实体权利在现行法律法规中都有具体条文所明确规定，无需当事人证明其权利请求的正当性和必要性，法院可以直接依据相关法律条文进行审理并作出裁判，符合诉讼标的旧说的要义。而作为具体人格权本源的一般人格权，具有创设、解释、补充和利益平衡具体人格权的功能，却在诉讼程序中难以真正实现。参见任甲玉与北京百度网讯科技有限公司名誉权纠纷案，北京市第一中级人民法院（2015）一中民终字第 09558 号民事判决书；任甲玉与北京百度网讯科技有限公司名誉权纠纷案，北京市海淀区人民法院（2015）海民初字第 17417 号民事判决书。

⑤ ［德］莱奥·罗森贝克：《证明责任论》，庄敬华译，中国法制出版社 2002 年版，第 12—13 页。

⑥ 肖冬梅、文禹衡：《数据权谱系论纲》，《湘潭大学学报》（哲学社会科学版）2015 年第 6 期。

间；另一方面，经验法则在数据技术的场域中也有了新的演变，网络运营者尤其是如同BAT（百度、阿里巴巴和腾讯）般的数据寡头因为积聚技术能力、经济实力和人脉资源的强大实力，日渐成为被感知且接纳的日常生活经验，在历经普罗大众和理论界的认知后正延伸到司法审判领域。

在诸如此类的案件中，个人数据在网络运营者的系统内留存，普通个体很难真正接触和了解其个人数据的真实状态。在适用"谁主张，谁举证"规则时往往会导致证据能力实质性失衡。如果均如同"庞某与北京趣拿信息技术有限公司等隐私权纠纷"案件的一审审理[①]中举证证明责任的分配类似（实践中的此类案件大多如此适用举证规则），如果不根据此类案件的特殊性而予以相应的调整（诸如本案二审的证明责任分配），则有可能导致数据侵权诉讼证明责任严重失衡，对于被侵害的个体而言就是合法的"不正义"。因而需要通过法官在司法实践中的能动性将前述法律规范说的缺点予以弥补，如庞某与北京趣拿信息技术有限公司等隐私权纠纷案二审[②]中，综合权衡案件证据后，将掌握大量用户数据的趣拿公司和东航具有保护好消费者个人信息免受泄漏视为其社会义务和法律义务。同时采纳媒体曝光信息泄漏事件作为东航和趣拿公司存在信息泄漏风险的依据，并且在被予以警示后仍未采取相应措施来防范可能出现的不利影响，最终认定两公司具有过错应负有侵权责任。二审法院依据数据主体的自身行为和网络运营者的数据处理过程是否存在过错行为的可能性，可以从中归纳出存在证据偏在性情形的案件中，法官寻求举证证明责任分配依据的能动性作用。

二 证明标准须要说理依据

"法官的最高职能之一就是要在行为和职业之间建立真正的关系。说起来有点自相矛盾的是，甚至会有这样一些时候，只有采用一个主观性的尺度才能满足某些客观标准的要求。"[③] 大陆法系国家主流的自由心证

---

① 庞某与北京趣拿信息技术有限公司等隐私权纠纷案，北京市海淀区人民法院（2015）海民初字第10634号民事判决书。

② 庞某与北京趣拿信息技术有限公司等隐私权纠纷案，北京市第一中级人民法院（2017）京01民终509号民事判决书。

③ ［美］本杰明·N·卡多佐：《司法过程的性质》，苏力译，商务印书馆2000年版，第67页。

第四章 民事裁判文书须要说理依据的适用情形

原则,"自由心证既是一种诉讼证明制度,也是一项法官判断证据的原则"。① 并且经由强调法官绝对化隐秘性的早期自由心证发展为现代自由心证原则,现代自由心证原则既是现代大陆法系国家证据审查方式的主流,也运用在我国的民事诉讼程序中。2022 年《最高人民法院关于适用〈中华人民共和国民事诉讼法〉的解释》第一百零八条中对于证明标准的规定,其中证据证明力需达到法官确信待证事实存在具有高度可能性时,才能认定该事实存在。汉斯·普维庭对于盖然性作出形象的比喻,以超过刻度 75% 为应当认定待证事实存在。②

从当事人角度,我国现行法律体系中有关证明标准的规范配置具有差异化的特征。从 2001 年《最高人民法院关于民事诉讼证据的若干规定》第七十三条第一款到 2022 年《最高人民法院关于适用〈中华人民共和国民事诉讼法〉的解释》第一百零八条,从当事人无差别的证明标准,到依据举证证明责任主体的不同来安排不同尺度的证明标准。③ 从本证与反证的情形出发,认定反证只需要将本证使法官形成的内心确信降低为真伪不明即可,则法官认定反证成立时的客观依据应该是认定案件事实真伪不明的证据。反之,本证的当事人则需要将证据的证明力上升到法官相信事实具有高度盖然性程度,才能达到其所主张待证事实成

---

① 回顾证据审核认定中的演进内容,从最初的以司法决斗为代表性的神示证据制度到法定证据制度中证据的证明的采纳与否和证据效力大小均需要有预先设定好的法律来决定,相比较于神明裁断的随机性,法定证据审查规则采用法定方法来衡量各类证据间的证明力更为稳定和公正。在机械地审查和判断证据排除了法官在认定证据时的能动作用,因而在难以适应工业化大生产化,产业逐渐精细化发展,法定证据内容的难以完全涵盖所有的证据材料中所对应的法定证据种类及相应证据能力的预先确定,改进至授予法官的绝对自由裁量权的早期自由心证制度,到现在通行的相对自由心证制度。参见黄松有主编:《民事诉讼证据司法解释的理解与适用》,中国法制出版社 2002 年版,第 302—304 页。

② [德]汉斯·普维庭:《现代证明责任问题》,吴越译,法律出版社 2000 年版,第 108—109 页。

③ 从 2001 年《最高人民法院关于民事诉讼证据的若干规定》第七十三条第一款规定,"双方当事人对同一事实分别结合案件情况,判断一方提供证据的证明力是否明显大于另一方提供的证据的证明力,并对证明力较大的证据予以确认",到 2022 年《最高人民法院关于适用〈中华人民共和国民事诉讼法〉的解释》第一百零八条规定,"对负有举证证明责任的当事人提供的证据,人民法院经审查并结合相关事实,确信待证事实的存在具有高度可能性的,应当认定该事实存在。对一方当事人为反驳负有举证证明责任的当事人所主张事实而提供的证据,人民法院经审查并结合相关事实,认为待证事实真伪不明的,应当认定该事实不存在。法律对于待证事实所应达到的证明标准另有规定的,从其规定"。

立的目的，此时证明案件具有高度盖然性的证据是决定本证成立的说理依据。

法官在对当事人主张的纠纷进行实体法上的界定之后，依据当事人所提交的证据材料开启审查案件事实真伪确定的程序。此过程中，法官内心存在对案件分派、固定到具体民事实体法中的隐形推理环节，这一环节在裁判文书中的显性化过程则需要具体的依据来支撑。法官需要将案件配置到所属的具体民事案由之中时，其对应至每一类案件时的依据——即是支撑当事人主张事实映射到特定的实体法构成要件和程序法规则（当然也包含证据规则）的证据。在大概确定了案件所归属的实体法规定和程序法规则后，法官对于所需要指证本案事实成立或者不成立的证据有了预设的方向，此时的预设方向还不能作为案件事实认定的依据，仍需经过后续对证据材料的考察才可成为裁判文书说理依据。

三 证据三性须要说理依据

证据当中的两个主要模块，证明评价和证明责任分管着证据审查的两个领域，虽然这两个领域有着密切的联系，但其中的界限依旧十分分明。① 当中作为基石的是针对证据的审核。2021年《中华人民共和国民事诉讼法》第六十七条第三款规定，"人民法院应当按照法定程序，全面地、客观地审查核实证据"，但实际操作过程中法官很难依据如此原则性的规定来判断证据。

同英美国家探讨证据时会考虑证据的相关性和可采性所不同，大陆法系国家关注于证据作为证明方法的属性。② 具体到我国法官在审理案件时，对于证据的真实性、关联性以及合法性的注重，已然成为我国证据法理论之于实践的特色现象。关于证据的真实性，是关乎法官在查明案件事实时能够最大限度接近客观真实的基础，其审查依据主要来源于证据来源、证据内容两方面，证据形成、取得过程途中以及收集主体、收集过程的程序

---

① 自由的证明评价教导法官，依据自己生活经验，对在诉讼中提出争议主张的真实与否，从整个诉讼过程中获取到自由心证，证明责任则教导法官在自由的证明评价难以获得时，又必须作出判决时就是证明责任的统治开始之时。参见［德］莱奥·罗森贝克《证明责任论》，庄敬华译，中国法制出版社2002年版，第66页。

② ［日］中村英郎：《新民事诉讼法讲义》，陈刚等译，转引自韩象乾主编《民事证据理论新探》，中国人民公安大学出版社2006年版，第35页。

合法性都是检验证据材料是否具有真实性的重要依据。证据内容的检验中，则重点在法官对于经验法则的运用，以及案情前后关系，以及证据材料相互间逻辑推理，经验法则和逻辑推理是判别证据内容真实性的主要依据。

关联性之于证据，是关系到由证据材料升格为证据的首要条件。正是因为"证据必须同案件事实存在某种联系，并因此对证明案情具有实际意义"。① 审核证据材料是否对待证事实的存在与不存在具有影响，应考察证据材料和待证事实间的实质关系，如果证据材料主要围绕证据的证明目的，而该目的正面指向于证明争议事实，则表明证据材料与待证事实之间具有某些联系。证据关联性的审核依据还包括证据的证明价值，其实质是考察证据证明待证事实存在，或者不存在的可能性。若是证据材料对于待证事实的认定更有可能亦或更无可能，那么该证据材料具有证明价值，也即此时的证据材料具备了成为说理依据的资格。

证据审核认定的三性特征中，最后一种合法性的地位存有争议，但是观察司法实践中，法官不自觉地会从证据三性来审核判定，以及学理上我国主体仍然是法定证据模式，对于证据的形式和实质内容都有约束的规定，因而主张合法性是审核证据的三种属性之一。我国证据合法性主要从正反两层依据来论述，审核的正面依据为：其一，证据需要符合法律规定的形式，2021年《中华人民共和国民事诉讼法》第六十六条第一款证据种类载明了民事证据的八种形式，之前与电子证据相关联的证据没有被纳入法定证据种类中，因此关于电子证据的证明效力的争论一直不息，在修订后的民事诉讼法将其列入证据种类后，电子数据的合法性得到认可；其二，证据材料的取得、收集和提交都是在符合法律规定的程序下进行，2022年《最高人民法院关于适用〈中华人民共和国民事诉讼法〉的解释》第九十四条、第一百零二条等内容即是对证据收集、提供的法律规范；其三，证据必须经由法定程序查证属实后才能认定，其在2021年《中华人民共和国民事诉讼法》第七十一条、2022年《最高人民法院关于适用〈中华人民共和国民事诉讼法〉的解释》第一百零三条、第一百零四条的质证程序规定中均有体现。

---

① 樊崇义主编：《证据法学》，法律出版社2001年版，第47页。

合法性审核的反面依据则是对非法证据予以排除，虽然没有直接的法律规定言明非法证据排除，但还是可以从相关条文中发现非法证据排除的踪迹，例如2022年《最高人民法院关于适用〈中华人民共和国民事诉讼法〉的解释》第一百零六条规定，"对以严重侵害他人合法权益、违反法律禁止性规定或者严重违背公序良俗的方法形成或者获取的证据，不得作为认定案件事实的根据"，则说明了违反合法性规定取得的证据应该被排除在认定案件事实之外。当中的陷阱取证问题、悬赏取证问题以及偷拍偷录取证问题，虽然已经被最高院认定的只要是在当事人不知情的情况下偷拍偷录所得音频视频资料均不能作为证据使用的情形，也还存在有争议的部分，此种情形下需要法官运用自由裁量权进行判定，从正向肯定、反向排除两方面依据来审查判断证据的合法性问题。

四　证据能力和证明力须要说理依据

证据能力亦称为证据资格，是当事人提交的证据材料能否被法官所认可的首要关卡，并且证据能力并非通俗意义上能力有高低、大小的程度区别，其在诉讼程序只存在有或无两种状态。证据材料被认定为没有证据能力，则丧失了进入接下来证据效力大、小衡量的准入门槛，在本案中不再具有认定事实的资格。

"证明能力是大陆法系证据理论中的基本概念，相当于英美法系证据理论的'可采性（admissibility）'，即凡属可受容许、可被法院接受的证据皆属于适格的证据"。① 从2019年《最高人民法院关于民事诉讼证据的若干规定》第八十五条到2022年《最高人民法院关于适用〈中华人民共和国民事诉讼法〉若干问题的解释》第一百零四条②的规定，到学者通常将证据的真实性、关联性和合法性作为证据三种属性或特征，

---

① 刘显鹏：《电子证据的证明能力与证明力之关系探析——以两大诉讼法修改为背景》，《北京交通大学学报》（社会科学版）2013年第2期。

② 2019年《最高人民法院关于民事诉讼证据的若干规定》第八十五条规定，"审判人员应当依照法定程序，全面、客观地审核证据，依据法律的规定，遵循法官职业道德，运用逻辑推理和日常生活经验，对证据有无证明力和证明力大小独立进行判断，并公开判断的理由和结果。"2022年《最高人民法院关于适用〈中华人民共和国民事诉讼法〉的解释》第一百零四条规定，"人民法院应当组织当事人围绕证据的真实性、合法性以及与待证事实的关联性进行质证，并针对证据有无证明力和证明力大小进行说明和辩论。"

第四章　民事裁判文书须要说理依据的适用情形

"可以说，对证据的真实性、关联性和合法性的关注，是我国证据法理论与实践中很有特色的现象"。① 对于案件证据材料真实性、关联性和合法性的认定，必须经过法庭的质证程序。真实性主要从证据来源、证据的内容来审查，对证据来源及证据收集取得的程序是否合法或合理的形成过程进行检验，证据的内容是证据真实性的实质性要素，对其真实性进行检验，需要运用经验法则并结合证据之间的逻辑关系综合评价；② 关联性是指"证据必须同案件事实存在某种联系，并因此对证明案情具有实际意义"，③ 对关联性的检验，应从证据和待证事实间实质关系（证据的证明目的是否有助于证明争议事实存在）和证据证明价值来展开，也即证据可能对法官判断待证事实存在与否的可能性产生影响；证据的合法性包含形式上的合法，也即法定证据内容，而证据形成和获得途径的合法性，主要结合民事实体法规范，并考虑价值衡量的因素来综合判断。④

承接上述的证明能力部分，在经过对当事人主张的证据材料进行证据能力的肯定之后，将对可能作为案件事实认定的证据进行证明效力的衡量。因此将证明力定义为法官针对证据的可信性和关联性加以判断所产生的对案件事实的证明效力。⑤ 证明效力在此分为两个方面来论述，一是评估证据所指向的实体法之于本案事实认定的重要程度；二是度量证据本身之于证据证明价值的可能程度。前者侧重对证据所指向实体法所规定的案件要件事实中关联性的评定，后者则关注于证据影响法官对待证事实认可度的大小。

证据关联性的大小同案件事实分类密切相连，证据的关联性即证据与待证事实间的指示关系。此处以证据指向的案件事实划分为要件事实、

---

① 沈德咏主编：《最高人民法院民事诉讼法司法解释理解与适用（上）》，人民法院出版社2015年版，第348页。
② 沈德咏主编：《最高人民法院民事诉讼法司法解释理解与适用（上）》，人民法院出版社2015年版，第348页。
③ 樊崇义主编：《证据法学》，法律出版社2001年版，第47页。
④ 沈德咏主编：《最高人民法院民事诉讼法司法解释理解与适用（上）》，人民法院出版社2015年版，第349页。
⑤ 毕玉谦：《民事证据法判例实务研究》，转引自沈德咏主编《最高人民法院民事诉讼法司法解释理解与适用（上）》，人民法院出版社2015年版，第349页。

间接事实和辅助事实三类为例。① 此时主要事实（也称之为要件事实或直接事实）为直接作为符合法律规定的法律效果发生要件的事实，也即是权利发生、变更和消灭的法律效果基础的事实；间接事实被定义为，当通过主要事实对案件事实予以直接认定较为困难或者难以实现时，需要通过适用经验法则推出主要事实的事实。质言之，间接事实是能够推导出主要事实存在与否的事实，是证据证明所指向的重要组成部分；辅助事实则为能够对证据的证据能力与证明效力产生影响的事实，也有认为辅助事实只有在诉讼中当事人对证明对象的证据能力及证明效力存在争议时，才能成为证据证明的对象。证据所指向的案件事实种类不同，其证明效力也天然有别。正如举证期限制度②虽然具有督促当事人在规定时限内如实履行行为意义上举证责任的作用，但对于当事人提交的证据也伴随着指向案件事实的重要程度，而在某种意义上享有举证期限制度上的不同待遇。③

证据的证明价值，从一方面而言，是证据对待证事实的存在更有可能或不存在更有可能的判断，如果证据对待证事实的存在更有可能或更无可能具有证明作用，则该证据具备证明价值；④ 从另一方面而言，也是实体法规范的相连程度在证明效力上的一种体现。证据同案件要件事实的基本事实直接关联越大，证据的关联性越强，对于待证事实的重要

---

① 要件事实也被称为案件基本事实，即权利及法律关系的构成要件所依赖的事实。参见沈德咏主编：《最高人民法院民事诉讼法司法解释理解与适用（上）》，人民法院出版社2015年版，第316—317页。在此也说明"日本一般对于诉讼中的事实，按照其本身的重要性，划分为主要事实、间接事实和辅助事实三种。参见张卫平主编《外国民事证据制度研究》，清华大学出版社2003年版，第321—322页。

② 逾期举证是违反证明责任的内在要求，对于待证事实负有举证责任的当事人未能按照举证期限的要求有效完成任务，"如果要证事实最终仍然处于真伪不明时，当然由该当事人承担不利的诉讼后果。"参见张永泉《民事诉讼证据原理研究》，厦门大学出版社2005年版，第304页。

③ 例如2022年《最高人民法院关于适用〈中华人民共和国民事诉讼法〉的解释》第一百零二条规定，"当事人因故意或者重大过失逾期提供的证据，人民法院不予采纳。但该证据与案件基本事实有关的，人民法院应当采纳，并依照民事诉讼法第六十八条、第一百一十八条第一款的规定予以训诫、罚款。"对于与案件基本事实有关的证据（当然当事人提供的初始证明材料只能称之为证据材料，尽管本条司法解释暗含了此证据材料与案件基本事实具有直接关联性，但仍还有合法性和真实性没有审查，依然不能称之为证据），虽然当事人存在故意或重大过失逾期提供等不诚信行为，人民法院也应采纳。

④ 韩象乾主编：《民事诉讼理论新探》，中国人民公安大学出版社2006年版，第44页。

程度越高，直接证明要件事实成立的证据可以达到法官自由心证确信待证事实成立与否的目的；证据若属于佐证证明间接事实的类别，则证明力的程度只能实现帮助法官运用逻辑推理和经验法则推导待证事实的目的；证据证明指向的是辅助事实时，则对待证事实存在与否的影响甚微。鉴于此，证明力程度不同的证据最终被采信为定案证据，进而被认定为案件事实时依据的情形也有所不同：一般而言，伴随着证据材料所承载证据能力的递减，其所能够被适用为说理依据的几率也随之减少，特殊情况下，证据材料相互佐证形成证据链条时，则需要在综合考量其对案件事实认定重要程度的基础上，选择具体证据作为说理依据的适用。

第二节 事实认定说理阶段须要适用说理依据

事实与规范的吻合贯穿于案件审理始终，较为完美的模式是事实认定都存在证据支撑下的客观依据，同时证据论证的事实与法律规范之间严丝合缝。本节中对于事实认定的说理依据分层，向上承接证据审查，往后联系法律规范适用。在我们论述案件事实时，先从案件事实的概念进行界定。事实可以划分为本体论上的事实和认识论上的事实，那么案件事实也依循这两方面分为本体论上的案件事实和认识论上的案件事实，认识论上的事实又包含认识的对象与认识的结果两个层次。因而，谈论司法程序中的案件事实应该区分三层意义。第一层意义上的案件事实，为本体论上的案件事实，作为案件发生客观存在的真实情形，其存在并不以人的意志为转移，也是法官通过诉讼活动试图还原的初始客观事实。第二层意义上的案件事实，是当事人按照实体法内容和程序法规定所提交的案件事实，也是被法院作为认识对象的由证据材料编织的事实。第三层意义上的事实，法官认定的裁判意义上的事实，是经由对当事人证据审查后判定，再结合适用实体法规范之后的认识得出的结果上的法律事实。整体案件事实在诉讼程序中的逻辑便是认识对象上的第二层事实从当事人角度传达给法官后，法官根据证据材料接近本体论上的第一层事实，进而依据实体法和程序法规范形成内心对案件的确信，最终内心确信的事实则是认识结果上的案件事实，也被称之为法律事实。从法官思维逻辑出发，事实认定说理依据说理要从四个方面展开：其一，诉称事实进入法律事实，法官在这一阶段需要论述支撑诉争事实是否符合实体请求权所规定范围内的依据；其二，在现行的实体请求权框架内，当事人所主张事实的客观真实性予以认定的依据；其三，基于已经认定了真实性的主张事实，将主张事实对应至实体请求权中的具体权利当中的依据，此时在认定法律事实时，尤其注意确定事实争点的依据，尤其是根据间接证据认定案件事实，采用推定方法认定事实的依据；其四，在归纳已经认定的法律事实和事实争点基础上，连接认定事实和相应法律后果的依据。

一 审查诉称事实进入法律事实须要说理依据

厘清案件的三层含义后，先重点就当事人认识对象上的事实进入法官审理的范围进行探讨。当事人的诉讼请求进入到法官的审查视野后，法官将当事人诉讼争议所指向的诉讼标的与民事实体法上的规范构成要件进行匹配，检验原告的诉讼请求是否同所主张的诉讼标的相吻合。[①] 如果原告的诉讼请求可以被囊括在诉讼标的内，则属于实体请求权范围内，于是进入下一阶段的寻求接近客观真实的法律事实。

此时主要审查当事人主张的诉争和实体法请求权的映照关系，涉及到诉讼请求和诉讼标的概念上的争论，基于诉讼标的理论本身的繁杂性[②]

[①] 也有学者提出证明裁判思维理论，主张"法官审判案件的程序应该是法官首先分析原告（包括反诉原告）提出的诉讼标的（诉讼请求）。原告的诉讼请求能否得到支持或部分支持，则先要看原被告之间是否存在某种民事法律关系，后要找出调整这种民事法律关系的有关法律法规"。参见程春华《裁判思维与证明方法》，法律出版社2016年版，第40—41页。

[②] 诉讼标的理论源于古罗马诉讼理论，古罗马时期的诉讼即为"通过审判要求获得自己应得之物的权利"。彼时，诉权本身就是实体权利的表现和确立途径。直至 Windscheid 在《从现代法的观点看罗马法的诉权》提出请求权概念，认为在罗马法中，审判保护使其产生权利。而在现代法的意识中，权利被认为是本原（Prins），对权利的审判保护则是结果（Poolerius）。自 Hellwig 首次将诉讼标的与实体请求权衔接的理论称为诉讼标的旧说，即以实体请求权为权利本原，"任何权利，无论是相对权还是绝对权，为发挥其功能，或回复不受侵害的完满状态，均须藉助于请求权的行使"。则"诉讼标的乃原告在诉讼上所为一定具体的实体法上权利主张。原告起诉时，必须在诉状上具体表明其所主张之实体法之权利或法律关系。反之，不存在基础权利上的事实请求权则不能进入审理的程序"。参见［意］彼得罗·彭梵得《罗马法教科书》，黄风译，中国政法大学出版社2018年版，第70页；张卫平《程序公正实现中的冲突与平衡》，成都出版社1993年版，第83—89、107页；王泽鉴《民法总则》，中国政法大学出版社2001年版，第92页；段厚省《请求权竞合要论：兼及对民法方法论的探讨》，中国法制出版社2013年版，第178页。

第四章　民事裁判文书须要说理依据的适用情形

（诉讼标的新说与旧说理论中诉讼请求地位和意义的差异[①]），且司法实践中2022年《最高人民法院关于适用〈中华人民共和国民事诉讼法〉的解释》第二百四十七条对于诉讼标的和诉讼请求并用。[②] 因而此处仍以实体请求权[③]的通说来作为审查判断进入法律事实的标准。

在司法实践中，在法官选取不同的诉讼标的理论作为判定诉讼事实能否进入到法律事实的理论依据时，同一个案件可能会出现不同的结果。在中国被遗忘权第一案中，从任甲玉的诉求中可知其目的在于"在百度搜索引擎中屏蔽'任甲玉'相关的特定关键词"，即实现特定关键词的"被遗忘"效果。然而当时"被遗忘权"并不在我国民事实体法的权利

[①] 权利主张说与审判要求说一直贯穿于诉讼标的的理论发展，并由此引发出与前文诉讼标的的旧说理论相迥异的诉讼标的新说理论。基于实体法旧说在理论上无法说明的困难，Rosenberg提出诉讼标的之内容能由原告陈述之事实理由及诉讼请求加以确认，事实理由与诉讼请求两者均构成诉讼标的之重要要素的二分肢说。此外，Habscheid提出三分肢说和Botticher、Schwab提出诉一分肢说。参见段厚省《请求权竞和与诉讼标的研究》，吉林人民出版社2004年版，第63—64页；陈荣宗《民事程序法与诉讼标的理论》，国立台湾大学出版社1977年版，第336—342页；江伟《市场经济与民事诉讼法学的使命》，《现代法学》1996年第3期；郝伟明《论诉讼标的与请求权规范之竞合——以旧诉讼标的理论的两岸实践为视点》，《法商研究》2016年第3期。

[②] 2022年《最高人民法院关于适用〈中华人民共和国民事诉讼法〉的解释》第二百四十七条规定，"当事人就已经提起诉讼的事项在诉讼过程中或者裁判生效后再次起诉，同时符合下列条件的，构成重复起诉：（一）后诉与前诉的当事人相同；（二）后诉与前诉的诉讼标的相同；（三）后诉与前诉的诉讼请求相同，或者后诉的诉讼请求实质上否定前诉裁判结果。当事人重复起诉的，裁定不予受理；已经受理的，裁定驳回起诉，但法律、司法解释另有规定的除外。"以中国被遗忘权第一案为例，就"被遗忘权"而言，两审法院均认为：我国现行法中并无对"被遗忘权"的法律规定，也没有法定称谓为"被遗忘权"的权利类型，"被遗忘权"只是在国外有关法律及判例中有所涉及，但其不能成为我国此类权利保护的法律渊源。2010年《中华人民共和国侵权责任法》（已废止）第2条规定"侵害民事权益应当依照本法承担侵权责任"。民事权益的侵权责任保护应当以任甲玉对诉讼标的享有合法的民事权利或权益为前提，否则其不存在主张民事权利保护的基础；人格权或一般人格权保护的对象是人格利益，既包括已经类型化的法定权利中所指向的人格利益，也包括未被类型化但应受法律保护的正当权益，后者必须不能涵盖到既有类型化权利之中，且具有利益的正当性及保护的必要性，三者必须同时具备。参见任某与北京百度网讯科技有限公司名誉纠纷案，北京市第一中级人民法院（2015）一中民终字第09558号民事判决书；任甲玉与北京百度网讯科技有限公司名誉权纠纷案，北京市海淀区人民法院（2015）海民初字第17417号民事判决书。

[③] 实体请求权是诉讼标的的旧说理论的基石，Hellwig首次将诉讼标的与实体请求权衔接的理论称为诉讼标的旧说，即以实体请求权为权利本原，"任何权利，无论是相对权还是绝对权，为发挥其功能，或回复不受侵害的完满状态，均须藉助于请求权的行使"旨在通过民事实体法规范中的请求权基础映射在民事程序法中。参见王泽鉴《民法总则》，中国政法大学出版社2001年版，第92页。

框架内。法官在审理任甲玉主张中的所谓的"被遗忘权"时,真正会被其所考虑的诉讼标的是法定请求权。① 在遇到当事人请求救济而没有实体请求权形态的权利(如"被遗忘权")时,则将证明被侵犯权利获取救济的正当性和必要性的举证责任由请求方承担,若证明程度达不到法官的自由心证自信力度则直接否定该权利程序救济的可能。

法官在中国被遗忘权第一案中若适用诉讼标的新说为依据,那么其在审查当事人诉求时的思维方式就有所不同,最终进入法律事实的结果也存在不同情形。② 通过对诉讼请求和事实理由的剖析,综合分析带有"任甲玉"关键词的搜索结果对任甲玉的不良影响,确认权利受到侵害后联系我国保护自然人人格权利中基本权利保障的法律依据,将此权利与百度公司的应诉观点——后台自主运算的搜索结果相对比,并同百度的商业利益进行衡量之后,可确立自然人个人的基本人格权利高于运营商经济利益的案件基调,于此基础上关注原告所主张的法律效果或地位,明确其诉讼请求的正当性和必要性,对原告的个人数据权利采取诉讼途径救济,案件的最终判决文书也会采用不一样的理论依据和法

---

① 即当事人所主张的案由中有与民事实体法规定相吻合的权利形态及内容,例如《中华人民共和国民法典》第一百一十条、《最高人民法院关于确定民事侵权精神损害赔偿责任若干问题的解释》第三条和第四条、《中华人民共和国消费者权益保护法》第五十条法定权利类型及其内容。2021 年《中华人民共和国民法典》第一百一十条规定,"自然人享有生命权、身体权、健康权、姓名权、肖像权、名誉权、荣誉权、隐私权、婚姻自主权等权利。法人、非法人组织享有名称权、名誉权和荣誉权。"2020 年《最高人民法院关于确定民事侵权精神损害赔偿责任若干问题的解释》第三条规定,"死者的姓名、肖像、名誉、荣誉、隐私、遗体、遗骨等受到侵害,其近亲属向人民法院提起诉讼请求精神损害赔偿的,人民法院应当依法予以支持。"第四条规定,"法人或者非法人组织以名誉权、荣誉权、名称权遭受侵害为由,向人民法院起诉请求精神损害赔偿的,人民法院不予支持。"2013 年《中华人民共和国消费者权益保护法》第五十条规定,"经营者侵害消费者的人格尊严、侵犯消费者人身自由或者侵害消费者个人信息依法得到保护的权利的,应当停止侵害、恢复名誉、消除影响、赔礼道歉,并赔偿损失。"

② 诉讼标的二分肢说(新说中一类学说)与诉讼标的旧说的争议焦点在于诉讼标的的识别标准。诉讼标的二分肢说发展了诉讼法上诉讼标的之概念,摆脱了实体请求权桎梏,使法官审理时便不能只关注请求事实所构成的实体请求权,而需要其推测同一目的下其他请求权成立的可能性,而且当法官认为这种可能性存在时,则必须向当事人做出释明。关于诉讼标的新说对于法官释明负担的加重,日本学者间存在争议,一说认为法官可能产生不堪重负的担忧,一说则支持即便扩大了法官的释明义务作为法官职责而言也是理所当然,同时旧说论者反对新说的一个理由便是通过法官行使释明权或进行诉的变更,也能得到与新说一样的结果,也从反面支持法官应当负担这种释明义务。参见[日]新堂幸司《新民事诉讼法》,林剑峰译,法律出版社 2008 年版,第 222—223 页。

律法规依据。综上，当法官依据不同的诉讼标的理论对案件的诉争事实进行判定时，当事人主张的事实能否进入法律事实审查范围的结果也会随之变化。

二 认定事实及确认事实争点须要说理依据

"对于那些争议的中心并非法律规则而只是对事实如何适用法律规则的案件来说……毕竟，是这些案件构成了法院的大部分事务"。[①] 法院对于最终法律事实的认定从主要事实和争议事实两方面把握，主要事实的确认是指当事人对引发案件的事实本身没有争议，而有可能对基于主要事实所产生的法律效果有争议。[②] 争议事实是指当事人对引发案件的事实存在争议，从事实构成要件而言有事实存在与否、事实构成、事实情节、事实程度和事实状态等方面。

上文所述的主要事实，放置在民事诉讼法中有"构成要件说""因果关系说""法律所规范之事实说""法律事实的客观说""实证法规范说""法律关系说"和"法律适用前提说"等观点，但落实到定案依据上还是"构成要件说"是主流，案件的主要事实仍然是证据证明责任中最凸显的"法律关系的基本事实"——要件事实。[③] 解决事实纠纷是处理法律纠纷的基础。[④] 结合司法实践中虚假诉讼频发，当事人利用诉讼程序恶意串通、共同谋划虚构事实来欺瞒法官，致使虚假案件事实得以认定，最终侵害他人或国家集体利益的情况，法官在案件主要事实的认定上还是应从根本上审查当事人提交的证据材料是否足以达到认定要件事实的程度。

争议事实的确定因案件性质不同而有所区别，通常民事诉讼法主要基于案件特征予以确定，例如侵权类案件中罗森贝克主张侵权责任要件（1）损害事实的存在（2）加害人有主观上的过错（3）损害事实与行为

---

① ［美］本杰明·N·卡多佐：《司法过程的性质》，苏力译，商务印书馆2000年版，第102页。

② 最高人民法院司法改革领导小组办公室主编：《最高人民法院关于加强和规范裁判文书释法说理的指导意见理解与适用》，中国法制出版社2018年版，第75—76页。

③ 沈德咏主编：《最高人民法院民事诉讼法司法解释理解与适用（上）》，人民法院出版社2015年版，第316—317页。

④ 何家弘、刘品新：《证据法学》，法律出版社2019年版，第41页。

人的行为有因果关系（4）加害人实施了加害行为。① 2020 年《中华人民共和国民法典》第七编侵权责任也是从四个方面来进行认定侵权事实形成。当然要件事实的认定离不开证据的支撑，而案件类型的不同，又决定了举证证明责任分配的具体差异和证明责任标准的不同。需要注意的是，民事诉讼辩论主义模式下，出于程序安定性考量，且为了防止当事人遭遇裁判突袭，对于事实认定的主张责任（证据的行为意义上提出责任）限定在主要事实上，而不推及其他事实。②

间接事实的提出，同案件认定的要件事实（主要事实）不甚明了，法官难以通过当事人提交的证据材料对要件事实形成内心确信，法官在事实认定的说理依据上，间接事实的认定往往十分重要。因而，"当法律要件事实或主要事实涉及一些不确定的概念（如不可抗力、过错等）时，由于其不具备一般的法律要件事实那样的可直接为人们所感知之要素"③ 时，对于主要事实的证明不容易直接用证据证明之时，当事人出于行为意义上证明责任的行使，往往会先提出若干间接事实并证明其真实性。期望法官依据逻辑推理和经验法则从间接事实中推导所主张的主要事实成立。当事人对于间接事实的存在与否保有争议时，则间接事实也成为争议对象，需要用证据来证明。此处与主要事实不同的是，"由于主张责任的适用对象仅限于主要事实而不及于间接事实，故法院可以当事人所未主张的间接事实作为认定主要事实的基础"。④ 并且，依据间接事实推导出来的主要事实如果没有被当事人所主张，亦或者在法庭辩论阶段没有出现，则该间接事实即使被法官内心确信，也不能作为法院裁判事实认定的基础。

鉴于无论是主要事实，还是间接事实都需要证据来支撑和认证。这些指向主要事实的证据便是认定案件事实的说理依据，同时还包括佐证辅助事实的证据。若是没有同案件争议焦点相连的主要事实，则认定案

---

① 罗森贝克就侵权责任人损害赔偿的诉讼请求所做出需要证明的要件事实，能够对其加以证明，则能够适用关于损害赔偿的法律规范。

② ［日］兼子一：《民事诉讼法体系》，转引自［日］高桥宏志《民事诉讼法制度与理论的深层分析》，林剑锋译，法律出版社 2004 年版，第 340 页；［日］新堂幸司：《新民事诉讼法》，林剑锋译，法律出版社 2008 年版，第 309 页。

③ 占善刚：《民事证据法研究》，武汉大学出版社 2009 年版，第 20 页。

④ 占善刚：《民事证据法研究》，武汉大学出版社 2009 年版，第 20 页。

件的辅助事实更加需要证据来证明其与案件争点的关联度。又因为辅助事实指向的是有关证明主要事实和间接证据本身证据能力或者证明力的事实。这些证据本身的证据能力的有无和证据能力的大小都是直接关乎法官对于案件主要事实认定的重要因素，这其中说理依据的选择便非常考验法官自由心证原则运用的恰当程度。

三 根据间接证据认定案件事实须要说理依据

间接证据概念，形成案件事实的方式、条件，重点在于判断印证关系，形成完整证明体系并说理。间接证据在案件基本事实中认定的前提，是需要达到证据的证据效力和证明力。首先，必须符合证据能力的真实性、合法性，例如以侵害他人合法权益或者违反法律禁止性规定方法取得的证据不能作为认定案件事实的依据。其次，关联性的要求，间接证据因为不是能够直接证明案件基本事实的证据，其作为证据本身的关联性自然弱于直接证据。因而，间接证据的关联性审查重在判断间接证据之间是否存在印证关系。对间接证据之间关系是否联结、佐证的关系进行辨析，排除掉之间存在的相互矛盾、不能逻辑自洽的证据。

针对间接证据的说理依据重在利用间接证据形成完整的证据链条，法官运用逻辑推理和经验法则，将此结合认定间接证据组成的证据链条得出的结论上升到自由心证程度。只有法官的心证程度达到真实性和排他性的高度时，所选用的间接证据认定的事实才有可能被作为定案事实。

四 采用推定方法认定案件事实须要说理依据

2019年《最高人民法院关于民事诉讼证据的若干规定》第十条和2022年《最高人民法院关于适用〈中华人民共和国民事诉讼法〉的解释》第九十三条中根据法律规定或者已知事实和日常生活经验法则，能推定出的另一事实，则当事人无须举证证明，是关于推定的法律规定。作为一种法律术语的推定，根据已知事实得出推定事实的法律机制与规则，被认为是一种有效的事实认定制度。[1] 也即是"在一个已证明的事

---

[1] 龙宗智：《推定的界限及适用》，《法学研究》2008年第1期。

实 A——导致推定的事实,和在另一个推定的事实 B 之间创设一种特定法律关系",[1] 推定方法的适用包涵基础事实、推定事实和从基础事实到推定事实中推论过程的三个要素。[2]

推定方法依据法律规定和经验法则,将其划定为事实推定和法律推定。法律推定是通过法律规范的内容形成的推定,法官在诉讼程序中,根据法律规定审核某项特定事实是否符合法律规定的条件,进而推定出符合法律规定的事实效果或者法律效果。事实推定则是指法律没有明文规定的情况下,法官在诉讼活动中根据已知事实,经由逻辑推理的演绎和经验法则的运用,评定待证事实真伪状态,进而依据推定结果认定案件事实存在与否。[3]

值得注意的是,推定方法作为法律事实认定的方式之一,仅仅是一种司法辅助性证明方法,适用其认定案件事实需要用相应的依据予以支撑。首先是推定属于证据规则例外情形,适用推定方法的前提是没有能够认定法律意义上事实的证据,或者证据的证明能力没有达到认定事实的要求。其次推定反映的是已知事实与未知事实,前提事实和推定事实之间的关系,因此明确的已知事实是推定适用的前提。再次是推定方法并非属于法官的优先序列,在启动时需要讲明适用的原因,说明推定使用的正当性,进而对于逻辑演绎中盖然性程度不高的事件和不符合经验法则的部分不能够适用推定方法。最后推定方法并非具有绝对的免证事由权利,可以通过相反证据材料的指证和反驳意见的分析判断,来求证推定适用的过程以及推定得出结果的真实性。

在事实认定的说理依据适用时,释法说理意见给出了递进式的逻辑方法,首先要将确定作为进入法律事实认定的证据材料,筛选出民事实体法规范内的请求权证据材料,法官在实体法救济诉求成立的前提下开始审核证据、认定事实。进而依据案件类型,在明晰民事实体法规范的内容后依据法规要件说划分出案件的要件事实,在要件事实证据指向不

---

[1] [美] 艾伦、库恩斯、斯威夫特:《证据法:文本、问题和案例》,张保生、王进喜、赵滢译,高等教育出版社 2006 年版,第 852 页。
[2] 易研友:《证据法学:原则·规则·案例》,法律出版社 2017 年版,第 512 页。
[3] 最高人民法院司法改革领导小组办公室主编:《最高人民法院关于加强和规范裁判文书释法说理的指导意见理解与适用》,中国法制出版社 2018 年版,第 80—81 页。

明朗的情况，区分案件的间接事实和辅助事实。然后结合证据的证据能力和证明力规则，对当事人提交的证据材料进行分类，通过举证、质证和认证环节，区分直接证据与间接证据。再次验证直接证据证明案件要件事实的证明力度，在直接证据难以认定要件事实真伪情况时，说明适用间接证据证明案件事实的理由，判断是否能够通过间接的联结推导出完整的证据链条，并印证证据链条存在的真实性。最后再上升直接证据和间接证据的收集和运用都无法形成证明案件事实真伪情形的证明体系时，说明采取推定方法认定案件事实的原因，运用推定方法认定案件事实的演绎过程，阐述法律事实最终认定的形成过程。上述案件分析的每一步骤中都需要有符合证据审查要求的证据来对对应程序进行佐证，与此同时，这些证据也即是相应推理过程中的有力依据。

第三节 法律适用说理阶段须要适用说理依据

释法说理意见中对于法律适用阶段阐述理由时，有进行分层次说理的不同要求，[1]"法条要适用在实际事件，即事实上发生的案件事实上"。[2] 法学方法论中认定事实和适用法律被认为归属于司法三段论的运用，将法律规范设定为大前提，具体案件事实通过涵摄方法，归类于法律构成要件的法律事实作为小前提，利用三段论的演绎推理推理出发生的法律效果作为结论。在事实认定的基础之上正确适用法律，是根据司法裁判活动的特点，将事实这一小前提，涵摄于法律适用的构成要件中，其中需要考虑以下问题。首先，司法三段论以演绎推理的形式逻辑为基础，法律大前提和事实小前提均应该具有确定性。法律推理主要采用归纳推理与演绎推理。而司法三段论采取从一般到个别的方法进行演绎推理，这要求法官在运用时大小前提均为真实，否则得出错误的法律结论。其次，涵摄作为司法三段论的核心环节，利用其建立起事实小前提和法

---

[1] 诉讼各方对案件法律适用无争议且法律含义不需要阐明的，裁判文书应当集中围绕裁判内容和尺度进行释法说理。诉讼各方对案件法律适用存在争议或者法律含义需要阐明的，法官应当逐项回应法律争议焦点并说明理由。法律适用存在法律规范竞合或者冲突的，裁判文书应当说明选择的理由。参见中华人民共和国最高人民法院：《最高人民法院关于加强和规范裁判文书释法说理的指导意见》，http://www.court.gov.cn/fabu-xiangqing-101552.html.

[2] ［德］卡尔·拉伦茨：《法学方法论》，陈爱娥译，商务印书馆2003年版，第160页。

律大前提间的有效联系。"当人们说在这一案件中具体的事实被涵摄到抽象的法定事实构成当中时,即是把一个司法上的思维过程纳入到一个(肯定前件)推理(ein Schluss [des modus ponens])的逻辑结构"。① 而在这三段论中,从法律规范到法律适用,存在着认定、构成、解释和漏洞等等诸多不确定性因素,这其中,无论是在法律解释方面,还是认定事实方面,都存在一定程度上无法消除的模糊性。因此,法官在审判过程中将"目光不断往返流转于"事实和法律之间,反复运用推敲,解释,衡量,审查,判断,对大小前提进行涵摄操作,运用法律思维作出符合逻辑推理和经验法则的司法结论。"在法律适用中,事实与规范相适应,判断可直接通过推论得出,这可称为推论模式;而在法律发现中,由于事实与规范不对称,在通过推论得出判断之前,先要对事实与规范进行等置,使事实一般化,将个案向规范提升,将规范具体化,使规范向个案下延,并在两者之间来回审视,螺旋式向上发展,这就是等置模式"。② 相应地,法律判断形成模式包括推论模式和等置模式两种。齐佩利乌斯的等置模式反映了法律判断形成中事实与规范的相互印照关系,马斯托拉蒂的等置模式则体现出法律判断思维过程中事实和规范不断靠近的过程,两者互为补充,整合一起构成较为完整的等置模式。③

我国学理界对此存在两大主要类型的适用方法依据,结合法律适用"以1981年全国人大常委会关于法律解释的决议为线索,从规范、操作和观念三个层面,对这一体制作出描述和分析,并据此将其基本特点概括为三,即部门领域内的集中行使、部门领域间的分工负责和立法部门主导"④ 的规定。第一种是以请求权为基础的分析方法,根据请求权间的基本模式"谁得向谁,依据何法律规范,主张何种权利",⑤ 围绕诉讼请求和权利基础让当事人提供法律规范并予以审查。第二种是法律关

---

① [德]齐佩利乌斯:《法学方法论》,金振豹译,法律出版社2009年版,第140页。
② 郑永流:《法律判断形成的模式》,《法学研究》2004年第1期。转引自郑永流《法律判断形成的模式》,《法学研究》2004年第1期。
③ Zippelius, Juristische Methodenlehre, 转引自郑永流《法律判断形成的模式》,《法学研究》2004年第1期。
④ 张志铭:《法治视野中的法律解释问题——〈法律解释操作分析〉"导论"》,《南京大学法律评论》1999年第1期。
⑤ 王泽鉴:《法律思维与民法实例》,中国政法大学出版社2001年版,第50页。

第四章　民事裁判文书须要说理依据的适用情形

系分析法，法官将不同性质的法律关系予以厘清，确定其构成要素以及变动情形，从而全面地把握案件的性质和当事人间的权利义务关系，然后以此为基础运用司法三段论准确适用法律并作出正确判决的一种案例分析方法。① 法官正确适用法律完成"人工定位法律依据"时，则接下来直接援引相关法律规定进行裁判。

一　法律漏洞出现时须要说理依据

法律漏洞是"指法律体系上违反计划之不圆满性状态"，并具有违反计划性、不圆满性的特征。② 当存在某些主客观因素致使法律规范在条文内容上出现不周延或者欠缺时，就造成法官在法律法规适用上出现困难。理解法律漏洞的概念可以从两方面入手：一是从外延而言，法律漏洞范畴包含了法律规范体系、立法技术手段等原因导致的法律法规完整性缺失的情形；二是从内在而言，是因为立法者的疏忽或者水平有限而出现的，应该由法律规范予以规定的内容没有被纳入法律的调控范围内的情形；三是从概念辨析的角度，法律漏洞同所俗称的法外空间有所差别，法外空间的意义在于法律并非规范主体行为、社会关系的唯一方式和手段，作为社会行为的最低限度规范，还有诸如道德、习俗、宗教等方式来规范和约束。这些排除在法律规范之外的空间喻之为法外空间，而法律漏洞从始至终强调的就是本应该是法律规范体系下的内容没有被囊括进来的情形。

也正是因为"无论如何审慎从事的法律，其仍然不能对所有——属于该法律规整范围，并且需要规整的——事件提供答案，换言之，法律必然存有'漏洞'"。③ 此种情形下，加之法官须对受理案件进行裁量，则必然需要有逻辑推理方式上，和实质裁量方法上的有力依据支撑案件审理。

逻辑的方法是法官进行司法论证的首要选择，当出现法律漏洞，没有明确的法律规则予以涵摄时，依据类推方法进行案件说理阐述应是最

---

①　王利明：《法学方法论》，中国人民大学出版社 2012 年版，第 265 页。
②　黄建辉著：《法律漏洞・类推适用》，转引自杨解君《法律漏洞略论》，《法律科学．西北政法学院学报》1997 年第 3 期。
③　［德］卡尔・拉伦茨：《法学方法论》，陈爱娥译，商务印书馆 2003 年版，第 246 页。

明智的。① 类推适用方法是指将法律明文之规定适用到该法律规定所未直接加以规定，但其规范上之重要特征与该明文规定者相同之案型。② 首先明确了案件无法通过法律条文予以涵摄审理时，可以通过类推适用的方法，跳出法律规则层面，上升到法律原则层面来创造法律规范。其次考察适用类推方法的法条是否具有可行性，如果法条本身已经是特殊规则，限定了自身的适用范围不具有类推方法中所要求的一般性，因而需要排除。最后，找寻到适宜类推的法律规范后，需要对案件事实的可类推性予以审查，主要关注于规范事实的构成要件同涉案具体事情之间的相似性程度，并且因为类推的适用排除了可供法律规范解释内的文义解释、历史解释、目的解释、体系解释等依据。此时应该着重观察案情的内在主要特征同法律规范之间的一致性，经过对法律规范真实意图的判断，论证两者间的相似性是适用类推方法的主要依据。

如果案件情形法律没有明文规定，甚至不存在可供参考的类推规则时，则需要诉诸价值判断寻求说理依据，运用习惯的方法予以说理，将习惯作为说理依据在此时是可以接受的。这里所依据说理的习惯并非通常意义上的习惯，而是需要满足民事法律渊源地位的习惯，具有相当程度的历史积累所承接的稳定性，以至于为民众熟知、接受进而已经被反复使用过。同时，作为说理依据的习惯，既然承担着法律规范的规制作用，就理应在法官适用时达到内心确信的地步。至少在司法裁量的职业共同体内对于该习惯的规制效力达成共识，毕竟，对于习惯的认可与否，关键在于其是否具备了主流观点所认可的"必要的确信"。最后，此处适用的习惯，在不违背法律禁止性规定的情形下，其所承接的价值观念需要同社会公序良俗相一致才可能被用作填补法律漏洞的说理依据。

---

① "裁判者在某一问题上选择何种论证进路和方法，则取决于相关问题在法律上的'存在'状态：①如果有具体的规则可供涵摄或类推，那么逻辑的方法是首选；②如果连可供类推的规则也没有，那么只能诉诸于实质性的价值评判和利益考量，进行超法律的法律续造；③如果裁判者觉得评价之际有必要引入一个法律论辩程序，或者法律对相关问题已经设置了一个决定商谈程序，那么就应当通过理性的法律论辩来发现个案的判决依据。"参见陈林林《裁判的进路与方法——司法论证理论导论》，中国政法大学出版社2007年版，第257—258页。

② 黄茂荣：《法学方法与现代民法》，法律出版社2007年版，第492页。

二 法律适用争议时须要说理依据

法律条文的表述具有抽象性,在与具体的案件情形对接时,司法过程就是将抽象的法律条文适用到具象的事实当中。① 将抽象的法律条文的意义阐明出来,将法律规范适用于具体案件并将其理由进行说明的过程就是法律解释。"解释的标的是'承载'意义的法律文字,解释就是要探求这项意义"。② 此时的法律适用是在有与案件事实相匹配的法律规范的前提下,诉讼各方出于对自身诉讼利益的维护以及针对法律文本理解有歧义的情况下,法官对存在争议事项的法律适用,以及法律含义本身未有阐述清晰的部分来进行说理,通过裁判文书对法律条文含义的解释来说明适用法律条文的理由。③ 法律条文具有争议的解释均牵扯到法律解释的方法问题。

在对有争议内容的法律进行解释时,选择不同的解释方法即是选择适用其所对应的解释选择依据。例如,从不同的视角对法律文本进行分析、阐述,研判法律条文,词句运用背后所指向的事实规范,价值选择和应然观念。④ 法官在判断法律规范适用有争议时,首选文义解释,针对法律条文的字面含义的解释方法是法律适用的基石,从字词的含义出发探究法条,紧靠文本意义予以阐释是保证法官裁判保有法律原意不可或缺的条件。

文义解释尚未能完全时可以回溯法律规范出台的历史进程,利用历史解释,从制定法律时所作的价值判断及其所欲实现目的出发,用以推知立法者或者准立法者的立法初衷。⑤ 例如 2017 年《中华人民共和国民法总则》(已失效)的出台前后历经一审草案,提交全国人大常委会一

---

① 葛洪义:《法律方法》,中国人民大学出版社 2013 年版,第 81 页。
② [德] 卡尔·拉伦茨:《法学方法论》,陈爱娥译,商务印书馆 2003 年版,第 194 页。
③ 承认解释争议与否,法院是否在判决中公开承认存在法律解释争议或对制定法的可选择解读,各国情况并不相同。美国将制定法需要解释和补缺视为理所当然,解释争议被明确而公开的承认。美国法官常常对制定法提出可选择的不同解读,并基于语义论点和其他解释论点而在不同解读之间做公开的选择。相反,法国法官普遍以只有一种可能的答案的方式行事,事实上是拒绝承认或回避制定法有解释和补缺的必要。参见张志铭《司法判决的结构和风格——对域外实践的比较研究》,《法学》1998 年第 10 期。
④ [德] 齐佩利乌斯:《法学方法论》,金振豹译,法律出版社 2009 年版,第 59 页。
⑤ 梁慧星:《民法解释学》,中国政法大学出版社 1995 年版,第 219 页。

次审议、二次审议稿、三次审议稿、四次审议,到大会审议稿,到民法总则出台,中间逻辑的编排、条文内容的调整,都是了解立法者立法意思的体现,从特定历史环境下来理解法条。

目的解释不再拘泥于条文内容,而是将法律规范所要实现的目的作为适用法条的价值取向。而在探讨法条目的时,需要注意的是法条是静态的呈现,而时代进程在不间断变化,立法初衷在立法之时所要解决的问题,如今社会可能不再是问题,但是社会中又有新问题的出现,在援引法律解决新生问题时"法官必须做的,并不是确定当年立法机关心中对某个问题究竟如何思考,而是要猜测对这个立法机关当年不曾想到的要点(新的问题),如果曾想到,立法机关可能会有什么样的意图"[1] 来处理。[2]

前述的解释方法都未能化解法律适用的争议时,可以尝试采用跳出单个的法规文本,而将其置于整体法律规范的体系中的体系解释方法。将现有的法律体系视为一个密切关联和互为印证的系统,将争议的法规文本解释看作对体系化法律的一种维护作用。[3] 并且争议对象的法规内容当中的逻辑链接和宗旨原则都与其在整体法律体系的逻辑链接和宗旨原则密不可分,二者难以分离"任何一种要把知性科学中的唯理性和知性、个性分离开来的尝试,都是注定要失败的"。[4]

从文义解释方法、历史解释方法、目的解释方法到体系解释方法,实质代表了所对应法律解释的理论来源。基于此,对于前述解释方法选取的顺序位阶,以及适用的触发条件即是适用法律解释方法的说理依据,

---

[1] Pound, Courts and Legislation, 转引自 [美] 本杰明·N·卡多佐《司法过程的性质》,苏力译,商务印书馆2000年版,第5页。

[2] 法国最高院院长M·巴洛—博普雷解释说,"拿破仑时代的立法规定已经通过'从进化论的棱镜'作出的司法解释而顺应了现代的条件。他说:'我们不追问什么是一个世纪前立法者的意愿,而是追问,假如他知道我们目前的状况,他会有什么意愿',柯勒也这样说:'从所有这一切得出的结论就是,一个制定法的解释一定不必永远保持相同。谈论什么某个排他性的正确解释,一个将从这个制定法的一开始到其结束都是正确的含义,这是彻底错误的'"。参见 [美] 本杰明·N·卡多佐《司法过程的性质》,苏力译,商务印书馆2000年版,第51—52页。

[3] [德] 齐佩利乌斯:《法学方法论》,金振豹译,法律出版社2009年版,第61页。

[4] [德] 阿图尔·考夫曼:《后现代法哲学:告别演讲》,米健译,法律出版社2000年版,第33页。

保持从文义解释方法优先，历史解释方法其次，目的解释方法为补充到最后一种体系解释的方法，也就是法律争议时所需要遵循的一般意义上的说理依据。

三 法律规范竞合时须要说理依据

基于民事法律关系的复杂性和民事违法行为性质的多重属性，导致相同的法律事实可能同时被不同的法律规范所调整，这时就会出现法律规范竞合的局面。法官面对同一案件事实时存在适用不同法律规范的选择，并且选择不同的法律规范会导致不同的法律后果时，需要有说理依据来支撑法官作出适用法律的决定。此时，法律规范所竞合的是特定的某一案件事实，前提条件是当事人的诉讼标的指向已经具体化（也即是说，当事人在面临同一行为所产生的多个请求权时，已经选择好作为诉讼标的请求权），具体适用的依据可以从以下方面分析。首先，要比较法律规范间的效力层级问题，分别得出竞合的法律规范的效力层级序列，遵循法律体系间上位法优于下位法的原则规定。如果竞合的法律规范属于同一位阶序列，则需要从法律施行的时间以及法律自身的性质来予以判断适用，通常情况下，实施时间靠后的新法较之于施行时间在前的旧法有优先适用的效力，法官需要选择新法来予以审理判定；法官还需要将竞合的法律规范进行法律类别上的比较，依照特别法优先适用于一般法的理由遵照特别法的规定进行审理。例如，2017年10月1日施行的《中华人民共和国民法总则》（已废止）和2009年8月修正后的《中华人民共和国民法通则》（已废止）中关于诉讼时效问题的规定存在法律竞合情形时，法官首先考量两者的效力层级，发现均为基本法的相同地位之后，再次考虑法律颁布的时间，最终依据新法优先于旧法适用的说理依据，适用《中华人民共和国民法总则》中三年普通诉讼时效的规定。

第四节 自由裁量说理阶段须要适用说理依据

法治作为一个辩证观念，一方面需要维护法律面前人人平等的一般性适用要求，另一方面，法治又需要谨慎地让一般性原则不适用于那些可以或者应该作出合理区别的案件。① 因而客观上，司法裁量中存在法官行使自由裁量权的合理性。自由裁量权也不仅仅是法官审判权的重要组成部分，更是一份考量其审案专业素养和能力的判断权。"自由裁量权存在于案件审理的各个阶段，但并非所有案件的处理都存在自由裁量权"。② 根据所处案情的进展，法官在运用自由裁量权时，选择在适当的时机启动自由裁量程序时须要说理依据，在具体适用自由裁量所考虑因素时也须要说理依据。

一　运用自由裁量权须要说理依据

自由裁量权理应在遵循法律法规框架内予以适用，始终恪守在法律法规范围内适用自由裁量权的这一首要依据。通过维持法律规范与法律原则间的衡平，使法律法规的适用尽可能地具体化、明确化。作用于人的认识能力对待证事实尚未完全明晰的情形下，以法官的内心选择和判断来联结案件事实和法律规范适用的认知空缺部分。在运用自由裁量权时，既要最大限度发挥自由裁量权优势，又需要约束和规范其行使。法官启用自由裁量权时须要说理依据正是为了防止对自由裁量权的滥用。归纳而言，法官启动自由裁量权的说理依据分为四种情形。

首先，法律明确授权需要法官进行自由裁量，此种情形可以表现为法律直接授权根据案件实际情形予以裁量。例如2021年《最高人民法院关于审理国家赔偿案件确定精神损害赔偿责任适用法律若干问题的解释》第四条，"侵权行为致人精神损害，应当为受害人消除影响、恢复名誉或者赔礼道歉；侵权行为致人精神损害并造成严重后果，应当在支付精神损害抚慰金的同时，视案件具体情形，为受害人消除影响、恢复名誉或者赔礼道歉。消除影响、恢复名誉与赔礼道歉，可以单独适用，也可以合并适用，并应当与侵权行为的具体方式和造成的影响范围相当。"判断此条文中的侵权致人精神损害，是否造成严重后果进而出现精神损害抚慰金赔偿后果时，就需要法官对侵权行为后果进行内心评估，来认定构成严重后果的标准。法律明确授权还体现在法官从规定的几种

---

① Geoffrey Q. Walker, The Rule of law: Foundation of Constitutional Democracy, 转引自陈林林《裁判的进路与方法——司法论证理论导论》，中国政法大学出版社2007年版，第4页。

② 宋晓明、雷继平、林海权：《自由裁量权的行使及其规制（下）》，《人民法院报》2012年5月23日第7版。

第四章　民事裁判文书须要说理依据的适用情形

法定情形中进行选择予以判定裁量，或是在法定范围内进行评判。例如2020年《中华人民共和国民法典》第一百七十九条规定，"承担民事责任的方式主要有（一）停止侵害；（二）排除妨碍；（三）消除危险；（四）返还财产；（五）恢复原状；（六）修理、重作、更换；……（十一）赔礼道歉。法律规定惩罚性赔偿的，依照其规定。本条规定的承担民事责任的方式，可以单独适用，也可以合并适用。"自然，上述条文中规定的单独适用，也可以合并适用需要法官结合实际案情进行分析，对应案件具体情节予以判定。

其次，法律虽然没有在条文中明确予以授权法官进行自由裁量，但是基于法律法规文本自身表述不甚明确、具体，单独依靠文本字面意思法官无法审案判定结果时，需要法官在法律条文引导下根据案件具体情形，运用法律原则、法律解释方法或者结合其他法律条文进行阐释。比如，2022年《中华人民共和国反垄断法》第三条规定，"本法规定的垄断行为包括：（一）经营者达成垄断协议；（二）经营者滥用市场支配地位；（三）具有或者可能具有排除、限制竞争效果的经营者集中"，法条规定了垄断行为的三种表现行为，但是从字面意义来理解并不能很好地帮助法官在实际操作中判定行为主体是否构成垄断行为，再结合2020年《最高人民法院关于审理因垄断行为引发的民事纠纷案件应用法律若干问题的规定》中的内容和以往的审理经验、立法宗旨等其他法律解释方法才能进行具体案情的分析。

再次，司法实践中出现没有法律规定的新类型案件时，本着法官不能以法无明文规定而拒绝裁判的宗旨，此时自由裁量权的作用就尤为突出，必须经由法官自由裁量的思维过程才能对案件作出结论。在2018年最高人民法院印发《关于加强和规范裁判文书释法说理的指导意见》的通知中，对于没有明确法律规定的案件，法官运用自由裁量权时的方法也有说明。[①] 从陶莉萍诉吴曦道路交通事故人身损害赔偿纠纷一案中所

---

① 民事案件没有明确的法律规定作为裁判直接依据的，法官应当首先寻找最相类似的法律规定作出裁判；如果没有最相类似的法律规定，法官可以依据习惯、法律原则、立法目的等作出裁判，并合理运用法律方法对裁判依据进行充分论证和说理。法官行使自由裁量权处理案件时，应当坚持合法、合理、公正和审慎的原则，充分论证运用自由裁量权的依据，并阐明自由裁量所考虑的相关因素。参见中华人民共和国最高人民法院：《最高人民法院关于加强和规范裁判文书释法说理的指导意见》，https://www.court.gov.cn/fabu-xiangqing-101552.html。

主张的"亲吻权"到任甲玉与北京百度网讯科技有限公司人格权纠纷一案中提出的"被遗忘权",都属于现有法律规范体系内没有明确规定的内容。审理诸如此类新型案件时,穷尽法律规则层面没有依据时,就需要发挥法官自由裁量权的力量,利用法律原则与精神来进行审查、判断。

最后,法官在案件的事实认定过程中,也存在法官适用自由裁量权的情形,从法官司法裁判的逻辑进路来分析,在事实和规范之间相互往返流转。① 法官于实践中对于事实确定的过程进行事实的判定,其对于证据材料的收集、证据材料审核直至证据过程中证据能力、证明力、证明标准以及举证证明责任(尤其是结果意义上的证明责任)等方面都存有裁量空间。法官在这其中运用自由心证进行取舍判定时也归属于自由裁量范畴。证据审核到事实认定的系列司法过程中,法官需要自主判断的客观需求是运用自由裁量权所必需的说理依据。若是案件审理过程中不存在需要法官自主判断的实际需要,则此种情形下丧失了适用自由裁量的客观依据,反之,法官对于案件自主判断的现实需要是支撑其发挥自由裁量的有力依据,并且自主判断需求范围的大小、程度的高低是直接决定法官自由裁量行使范围、行使程度的内在依据。

二 自由裁量所考虑因素须要说理依据

前述归纳了法官运用自由裁量权四种情形中的说理依据,接着论述在自由裁量权行使过程中需要遵循的说理依据。因为自由裁量权虽然作为法官的主观思维活动,但并非完全不可以受到约束。同时为了自由裁量权更好地发挥其优势,减轻自由裁量权危险性所带来的不利因素,②至少应该从原则上限定其在比例规则的框架内,并操作中遵照相关规定。

自由裁量权行使中须要虑及比例规则,遵循比例规则的内在要求予

---

① 司法裁判过程中对于理由的寻找走的是与立法相逆的路径——以规则为基础,沿着规则—制度—制度事实—原始事实的路线进行分析找到根据,同时进行着综合依据或理由与案件事实之间纵向的适切,从而达到事实与规范间对应或者映照。参见范凯文、钱弘道《论裁判理由的独立价值——中国法治实践学派的一个研究角度》,《浙江社会科学》2014 年第 4 期。

② 自由裁量的危险性源自自由裁量权同分权理论的冲突;会削弱民众对于法律至上的信仰并将法官置于危险之中;会有损新兴法治理念的确立和生长。参见贾敬华《司法自由裁量权的现实分析》,《河北法学》2006 年第 4 期。

第四章　民事裁判文书须要说理依据的适用情形

以施行,① 将符合比例规则作为施行自由裁量权的说理依据。比例规则作为起始于德国的一项约束自由裁量权关键性的规则，逐渐被法治国家吸收、采纳。其旨在对职能机构和法官个人的"手段"和"目的"间的关联性考察，控制在"恰当性原则"（Geeigentheit）、"必要性原则"（Erfordlichkeit）和"均衡性原则"（Aenemessenheit）这三类子原则（Teilgrundsatzen）② 的约束之下。其中，恰当性原则要求为干预行为所采取的手段须要适合于行为目的的达成，如果手段的选择同目的无关，换言之，法官行使依职能调查取证的目的只是为了查询当事人资产的现状，采用的调查手段却是将当事人的资产冻结，则此时的冻结行为已经违反了恰当性原则的要求。必要性原则即是强调要求在数个可供法官选择的实现目的手段上，必须使用对当事人权利侵犯程度最小的手段，即"mit Kanonen auf Spatzen schieβen"翻译过来即是禁止用大炮打麻雀。均衡性原则旨在对行为人基本权利的干预同法官所追求目的之间需要相称，行为和目的之间不能够不成比例，因而也被称为狭义的比例原则。在启动和审核自由裁量的过程中，比例原则作为说理依据首先要考察法官所采取行为是否有助于其原本目的的达成，然后再衡量所采用的手段是否真正属于对当事人权利干预最轻的手段，再次判断所实施的手段同所要达成的目的间在效果上均衡性的程度。

2012年最高人民法院印发《关于在审判执行工作中切实规范自由裁量权行使保障法律统一适用的指导意见》的通知第六条规定，"正确运用法律解释方法。行使自由裁量权，要综合立法宗旨和立法原意、法律原则、国家政策、司法政策等因素，综合运用各种解释方法，对法律条文作出最能实现社会公平正义、最具现实合理性的解释"。③ 关于法律解释方法适用的序列问题，存在着"字义阐释"——"逻辑体系阐释"——"目的阐述"的适用依据位阶。④ 在运用学说理论解释相关条文和事实现象时，应遵照2018年最高人民法院印发《关于加强和规范裁

---

① 江必新：《论司法自由裁量权》，《法律适用》2006年第11期。
② 郑晓剑：《比例原则在民法上的适用及展开》，《中国法学》2016年第2期。
③ 河南省太康县人民法院网：《最高人民法院印发〈关于在审判执行工作中切实规范自由裁量权行使保障法律统一适用的指导意见〉的通知》，http://tkxfy.hncourt.gov.cn/public/detail.php?id=1762.
④ 李可：《法律解释方法位序表的背后》，《法律方法与法律思维》2011年第8期。

判文书释法说理的指导意见》的通知中法理及通行学术观点作为说理依据，最终依据法学理论和学说观点得出案件中结论，这一过程反过来必须经得起基本理念的检验。至于学者一家之言的见解，尚未经历实践和学界批驳而仍然屹立不倒的则应不予采纳。在实现社会公平正义时，既要依循利用司法追求社会最大幸福，实现追求最大多数人的最大幸福的基本职能，同时也应该根据具体情形，维护个案当事人之间实质公平正义。[①] 法官运用自由裁量权追寻个案正义目标时，始终恪守"恰当性原则"（Geeigentheit）、"必要性原则"（Erfordlichkeit）和"均衡性原则"（Aenemessenheit）的内涵要求，以之作为自由裁量行使过程中的坚守依据，不逾越三类原则之外进行自由心证的判断。同时在对待观点时，最大程度上运用学术通说作为支撑自由裁量判定的依据，使自由裁量权的行使保有最大可能的客观性元素。

[①] ［德］约翰·斯图亚特·穆勒：《功利主义》，叶建新译，新华书店2009年版，第18—19页。

第五章

民事裁判文书的说理依据发现方法：以知识图谱为模型

因为法官个体的经验、知识是有限的，但是"说理依据图谱"是对所有法官个体在裁判文书中所表述经验和知识的类型化，同时也是绝大多数法官对同一个说理对象论证理由的最小共识，避免出现因为法官个体认识局限所导致选取使用的说理依据出现大幅度偏差，致使"同案不同判"或"类案不同判"现象的发生，也可以避免类似"彭宇案"中错误的经验类型说理依据的适用，减少法官适用说理依据潜在的风险。以知识图谱为模型，实际上想达到的是将法官体现在裁判文书中的经验，转化为显性知识并使之类型化，并将绝大多数法官的经验法则客观地呈现出来，供更多的法院参考和适用。通过对海量裁判文书的自动化处理，将裁判文书的说理依据部分按照结构要素形成数据，最终形成民事裁判文书的说理依据图谱，这是对实证调研中提出的"民事裁判说理依据清单"的优化。调研中，提出"民事裁判说理依据清单"的初衷是为法官在撰写民事裁判文书的过程中拓展思路或提供参考，参与调查的受访者认为有必要制作说理依据清单、规范说理依据选取的达到79.5%，其中法官的支持率高达64.79%，最高人民法院、高级人民法院、中级人民法院、基层人民法院的支持率分别为66.67%、85.71%、65%、62.92%。

第一节 从法律发现到说理依据发现

民事裁判文书说理依据发现（以下简称"说理依据发现"）作为裁

判文书说理理论的核心概念，应该对其加以描述和阐释，方能在后续研究中保持有效一致性。但是，此处并不尝试对依据发现进行严格定义，因为"定义是种冒险，描述却可以提供帮助"。①

一 发现的内涵

发现的到底是"已经存在的"，还是"并不存在"的，这是一个元问题的追问，不同的立场会导致对事物本质的认识产生误解或者偏差。从《辞海》中"发现"的词义来看，是指找到新事物、新规律，对自然界客观存在的物质、现象的特征、变化过程、运动规律等作出前所未有的阐释；② 从《布莱克法律大辞典》中"发现（discovery）"的基本词义来看，是指"寻找或了解先前未知的东西的行为或过程"。③《辞海》的定义会引起一种误解——作出前所未有的阐释——这实际上隐含了一种创造，而《布莱克法律大辞典》的定义强调"发现"本身——"发现"作为一个"寻找"和"了解"的行为和过程，其隐含了一个关键性认知——"先前未知（previously unknown）"，也就是被发现的"东西"是已经客观存在了的，因此是"前所未知"而不是"前所未有"。本书认为《布莱克法律大辞典》中的"发现"定义更具有可取性，因为理清"发现"的"先前未知"的属性非常重要，有助于理解诸如科学发现、法律发现和说理依据发现的含义，而不至于出现诸如"法律发现"中出现的"从无到有"——实际上是法律创造或续造。因此，要掌握以下两点：

（1）客观存在。不受人类的主观意志控制，无论发现者发现与否，被发现的"东西"都已经存在，也不会因为被发现后而消失。这就需要与"发明"相区分——创制新的事物、方法。④ （2）前所未知。其一，对于全人类而言，"东西"被发现之前，是没有一个人知道的，这种情况经常出现在"科学发现"领域；其二，对于发现者而言，"东西"被

---

① ［美］本杰明·N·卡多佐：《法律的成长 法律科学的悖论》，董炯、彭冰译，中国法制出版社2002年版，第16页。
② 夏征农、陈至立：《辞海（第6版）》，上海辞书出版社2009年版，第0549页。
③ Bryan A. Garner, *Black's law dictionary* (*Ninth Edition*), st. Paul.: Thomson Reuters, 2009, p. 533.
④ 夏征农、陈至立：《辞海（第6版）》，上海辞书出版社2009年版，第549页。

第五章　民事裁判文书的说理依据发现方法：以知识图谱为模型

发现之前，只是自己不确切知道，并不意味着没有一个个体知道，这种情况可以归入到"法律发现"和后文即将提出的"说理依据发现"领域。

二　法律发现的内涵

"法律发现"已经成为法律方法论中的一个专有概念，根据陈金钊的考据，"法律发现是欧美法学家的常用术语，是指在某一特定的制度内用来发现与解决具体问题或在具体问题上确定与案件相关的法律原则、规则的意义而使用的方法，所以法律发现有时也被人们称之为法律方法。"① 这种理解不甚准确，尽管法律发现可以视为法律方法的一种，但是不能将"法律发现"与"法律方法（论）"等同理解或循环印证，此二者是被包含与包含的关系，这一点可以从法律方法的概念中得到解释——法律方法是指可用以发现特定法律制度或法的体系内，与具体问题或争议的解决有关的原则和规则的方法知识的总和。② 理解"法律发现"必须回到"发现"的概念，"发现"一词成为司法领域中的概念后，就形成了"法律发现"概念，它具备"发现"这一概念的基本要素，同时又受限于"法律"的限定——通过对象的限定——将"发现"概念中的"东西"具体化为"法律"。

因此，在法律领域中使用"发现"一词，无论是立法层面，还是司法层面，都限于发现法律。法律发现更强调"寻找或了解"的过程，而不是"从无到有"的创造结果，用通俗的语言表述"法律发现"实际上就是"找法"，去寻找已经存在的"法"，而不是去创造不存在的法，正如恩吉施所言"法律发现是一种不断的交互作用，一种目光往返来回于大前提和事实之间"。③ 这就强调在司法过程中，针对具体个案而言，在事实与规范互动之间，需要找准对应的"法律"来评价已经认定的事实：其一，在确定法律事实过程中需要找法，因为证据责任分配、证据

---

① 陈金钊：《司法过程中的法律发现》，《中国法学》2002年第1期。
② ［英］戴维·M·沃克：《牛津法律大辞典》，李双元等译，法律出版社2003年版，第761页。
③ KEngisch：《适用法律的逻辑研究》，转引自［德］阿图尔·考夫曼《法律哲学（第2版）》，刘幸义译，法律出版社2003年版，第120页。

认定、证据排除规则等都必须按照法律既有的规定展开，法律发现从这里就开始了；其二，在确定了法律事实之后，就需要找到具体的法条作为裁判依据，再大致经历七大部门法——具体法律部门（例如《民法》）——章节条款项，最终找到具体适用在裁判文书中的法律条文。

简单理解，"法律发现"就是在已经颁布的法律中发现所需要的法律。它不同于法律方法、法律适用、法律创造，无需为其盖上自然法学派、历史法学派和分析法学派等等"神秘的外衣"。这一点在当前的法律数据库中表现的比较明显，无论是法官、检察官，还是律师，或者是包括法学教授在内的普通大众，当他们需要找法律条文或者司法案例时，从一开始纸质版的法律或案例汇编，到当前中国法律法规库、法律图书馆和中国裁判文书网、无讼等法规库、案例库，"法律检索"已经逐渐取代了"法律发现"，或者说法律检索才是法律发现的本义，当我们使用"法律检索"一词时绝不会臆想"法律续造"或"法律创造"。

三 说理依据发现的内涵

尽管学术界和司法界尚未将"说理依据发现"作为一个专有概念，但是在本书研究中确实有必要提出专有名词，不仅是为了行文的方便，也是为智慧司法建设提出一种言语范式，例如在文书智能制作系统的"说理库"（见图5-1和图5-2）的建设过程中就需对全样本的争议焦点进行类型化后，形成说理依据的通用术语，以便于文书撰写时发现所需要的说理依据。在对民庭的法官访谈的过程中了解到：

"对于法官而言，裁判文书制作面临的问题是效率难以提高。效率不高导致在规定的时间内难以完成高质量的裁判文书，而说理部分质量不高的原因在于说理依据的发现是法官面临的一个重要的问题。我还好一点，知道用电脑，就用百度检索，虽然这个搜索结果不太理想，但是相比那些不习惯用电脑找法律、找依据的老法官而言，还是快一点。"——H省N法院某中年法官

法律法规，司法解释，指导性案例，审判业务规范性文件，公理、情理、伦理、经验、惯例、规约，立法材料，法律解释方法材料，法理、学理以及其他与法律不冲突的论据（见表3-3）面临同一个说理主题，潜在的说理依据有很多很多，但是如何发现合适的说理依据，会影响说

第五章　民事裁判文书的说理依据发现方法：以知识图谱为模型

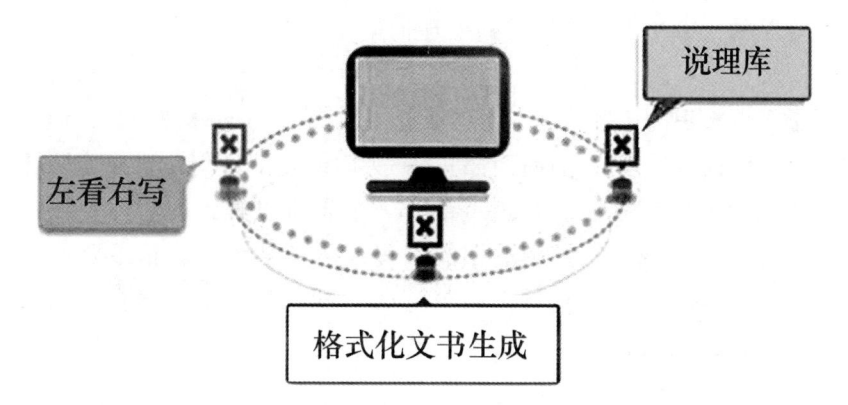

图 5-1　智慧审判文书智能制作系统模型①

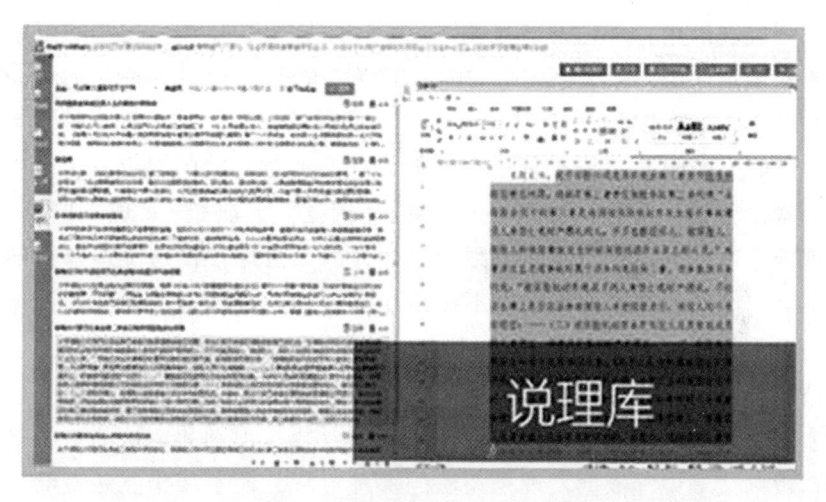

图 5-2　智慧审判文书智能制作系统的说理库应用示例②

理依据选择的准确性和说理依据适用的精确性。一般而言，发现的说理依据要尽可能地全面，选择的说理依据要尽可能地适中，适用说理依据要尽可能精准。当前，法官在撰写裁判文书的说理部分时存在两种情况：

---

① 智慧审判：《文书智能制作系统》，http://www.tdhnet.com.cn/tdh/jjfa/zhsp/2018/07/17085217550.html.

② 智慧审判：《文书智能制作系统》，http://www.tdhnet.com.cn/tdh/jjfa/zhsp/2018/07/17085217550.html.

一种情况是，来源于隐性知识的说理依据，并未表达在裁判文书中，此时说理依据的发现、选择和适用都是含混而未作区分的；另一种情况是，来源于显性知识的说理依据，尽管表达在裁判文书的说理部分，但是也并不是将依据的发现、选择过程写在一旁时时审思。但是，在调研访谈过程中发现绝大部分的法官表示都有一个思维过程，即实际上还是有一个说理依据发现、选择和适用的过程，例如某法官表示主要通过主题词（关键词）在百度（搜索引擎）去寻找，然后再根据自己的法律思维和法律方法去识别，最后再判断该依据是否属于自己说理所需要的依据。

对于"说理依据发现"的理解，大致可以类比于"法律发现"。从语义上分析，"说理依据寻找"是复合型词组，由名词"说理依据"（民事裁判说理依据）和动词"寻找"，由"依据"作为"寻找"的限定词组成的偏正词组，那么该词组的内涵围绕"依据"和"寻找"展开。从"发现"的概念出发，"说理依据发现"具备"发现"这一概念的基本要素，同时又受限于"说理依据"的限定——通过对象的限定——将"发现"概念中的"东西"具体化为"说理依据"。与法律发现不同的是，说理依据发现的对象包括但不限于法律，因为法律仅仅是说理依据的一种类型，因此发现说理依据也不仅是在法规库。在民事裁判文书说理依据语境下的"说理依据发现"，是指面临具体个案时，发现既有的、可能被法官援引作为说理依据的潜在论据的过程。换言之，从"方法"意义上而言，说理依据发现就是说理依据的寻找、识别和定位的过程。同样，裁判文书说理依据发现是司法的一种过程，而不属于立法范畴，因而它强调从"现有的依据"中找到"适当的依据"，而非是从"无"到"有"的创制。

第二节　民事裁判文书说理依据的知识图谱构建

谷歌公司于 2012 年 5 月发布知识图谱项目，正式提出了知识图谱这一概念术语。可以这样理解：知识图谱是结构化的语义知识库，用于以符号形式描述物理世界中的概念及其相互关系，其基本组成单位是"实体—关系—实体"三元组，以及实体及其相关属性—值对，实体间通过

第五章　民事裁判文书的说理依据发现方法：以知识图谱为模型

关系相互联结，构成网状的知识结构。① 目前，知识图谱已经在各个领域得到广泛应用，诸如信用卡申请反欺诈图谱、企业知识图谱、交易知识图谱、反洗钱知识图谱、信贷/消费贷知识图谱、内控知识图谱、客户管理知识图谱、精准营销知识图谱等模型已经触及大多数行业。随着"智慧司法""智慧法院"建设进程的推进：一方面，法学界已经开始研究知识图谱在法律领域的应用，例如国际刑事司法、② 司法鉴定③和民事司法，④ 但是研究成果尚不多见；另一方面，在专利研发领域，诸如"一种法律知识图谱自动构建方法"（失效）、⑤ "基于法律数据的知识图谱构建方法及系统"⑥（有效）等专利发明也逐渐出现；再一方面，在服务市场中，以国双科技为代表的企业，也开始了知识图谱技术在司法领域的应用。⑦ 可以预见，无论是学术研究、专利布局，还是法律服务，法律知识图谱化及其应用是未来智慧法院建设的一个方向。

鉴于本书研究的"民事裁判文书说理依据"作为司法改革之下的裁判文书释法说理改革的重要组成部分，在智慧法院建设的背景下应当要有一定预见性，即在裁判文书自动生成的需求下，裁判文书的事实认定、证据审查等在庭审过程中已经完成数字化，也就是说在事实认定和证据审查等涉及价值判断的要素部分已经通过法官完成并数字化，在裁判文书自动生成时可以有算法自动抓取相应的数字化内容，按照首部、事实、裁判依据、裁判主文、尾部生成在文书中的相应部

---

① 刘峤、李杨、段宏、刘瑶、秦志光：《知识图谱构建技术综述》，《计算机研究与发展》2016年第3期。

② 王云才、张民：《基于知识图谱的国际刑事司法研究可视化分析》，《上海公安高等专科学校学报》2014年第3期。

③ 王雅兰、朱尚明：《面向科学计量分析的司法鉴定学科知识图谱构建与应用研究》，《中国司法鉴定》2017年第1期。

④ 高翔：《人工智能民事司法应用的法律知识图谱构建——以要件事实型民事裁判论为基础》，《法制与社会发展》2018年第6期。

⑤ 北京科技大学：《一种法律知识图谱自动构建方法（CN201710270508.7）》，http://cprs.patentstar.com.cn/Search/Detail? ANE = 6AEA6CEA9CHB7AAA4BCA1ABA9HHHAGEA5CDAAIEA8HBA9AFE。

⑥ 南京擎盾信息科技有限公司、杜向阳、梁雁圆：《基于法律数据的知识图谱构建方法及系统（CN107908671A）》，https://www.tianyancha.com/patent/73d33f8b2487ed3830159c0a9cd369d1。

⑦ 乐投网：《知识图谱技术在司法领域的应用：国双科技的探索与技术分享》，https://blog.csdn.net/qq_36852006/article/details/78095569。

分。唯独"理由"部分需要法官在文书撰写过程中进行价值判断，因此如何辅助法官实现自动化或半自动化将"理由"部分完成是一个难点和重点，如果这个难题无法突破，那么也就谈不上真正意义上的裁判文书自动生成。鉴于此，本书拟提出将裁判文书说理依据知识图谱化，因为按照当前的技术发展情况来看，知识图谱化可以解决裁判文书说理部分自动化或半自动化形成的问题。尽管"知识图谱有自顶向下和自底向上二种构建方式"，① 但是具体的方法基本上离不开信息抽取、知识融合、知识加工和知识更新四个范畴。目前尚无技术能够实现法律知识图谱的构建，以下参照《知识图谱构建技术综述》② 以及知识图谱构建的通用模型（见图 5-3），按照这四个方面逐一对说理依据的知识图谱构建展开论证。

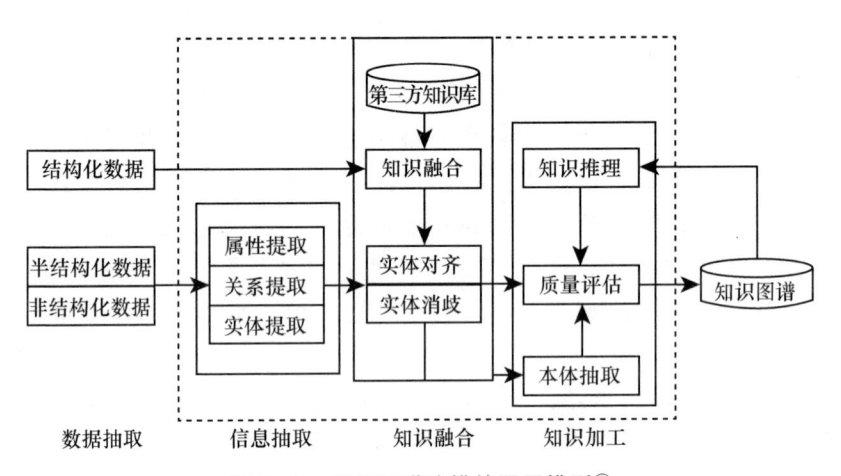

图 5-3 知识图谱建模的通用模型③

---

① 刘峤、李杨、段宏、刘瑶、秦志光：《知识图谱构建技术综述》，《计算机研究与发展》2016 年第 3 期。

② 刘峤、李杨、段宏、刘瑶、秦志光：《知识图谱构建技术综述》，《计算机研究与发展》2016 年第 3 期。

③ 该流程已经是业内的通用简化流程，在技术领域研究中一般使用的是英文版本，本书直接使用该流程的中文版本。参见张青楠《回顾·如何构建知识图谱》，https://mp.weixin.qq.com/s?__biz=MzU1NTMyOTI4Mw==&mid=2247486133&idx=1&sn=4b57ad0e6d09c9154a5d2a7309fd83a5&chksm=fbd4b8d9cca331cfd33e65a491d4cb6061d8c79318f32f0b513644a7156c01423299e72b8877&mpshare=1&scene=1&srcid=0317VbopXn26JkouVNzJy7db#rd.

第五章　民事裁判文书的说理依据发现方法：以知识图谱为模型

一　说理依据知识图谱的信息抽取

作为知识图谱建构的第一步，信息抽取（Information Extraction）的关键问题是如何从异构数据源中自动抽取信息得到候选知识单元，其涉及实体抽取、关系抽取和属性抽取三项关键技术。[①] 就目前的情况而言，最权威的裁判文书数据源就是中国裁判文书网，当然也存在无讼案例库、北大法意等案例数据库。因此，作为说理依据知识图谱构建的第一步，说理依据信息抽取的关键问题是如何从中国裁判文书网等异构数据源中自动抽取信息得到候选的说理依据知识单元，其涉及说理依据的实体抽取、关系抽取和属性抽取。

（1）说理依据知识图谱的实体抽取。实体抽取（Named Entity Recognition，NER，又称命名实体识别），是指从文本数据库中集中自动识别出命名实体。说理依据实体抽取就是要在样本裁判文书中抽取说理部分形成理由部分数据，集中自动识别出命名实体。在司法裁判中的命名实体（Named Entity）主要包括当事人名、代理人名、法官名、法院名及其他所有以名称为标识的实体等等。以（2017）京 01 民终 509 号民事判决书的说理部分的"争议焦点（二）"中部分文本为例，通过实体抽取可以抽出"东航""中航信""去哪儿网""鲁超""庞理鹏"五个实体。（见图 5-4）

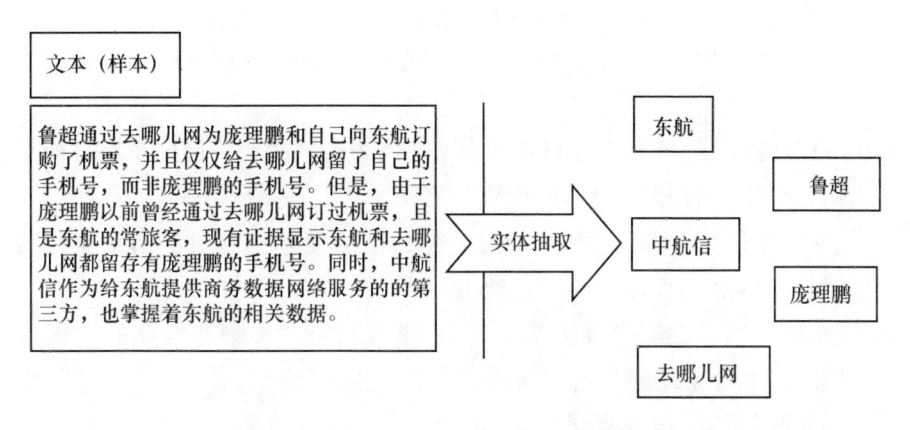

图 5-4　（2017）京 01 民终 509 号民事判决书说理部分的实体抽取（示例）

[①] 刘峤、李杨、段宏、刘瑶、秦志光：《知识图谱构建技术综述》，《计算机研究与发展》2016 年第 3 期。

(2) 说理依据知识图谱的关系抽取。将文本（样本）经过实体抽取得到一系列命名实体，这些命名实体在机器语言中是没有任何逻辑关系（如果我们没有读过关于"东航""去哪儿网""庞理鹏"的裁判文书或其他材料，也无法知道三者之间的逻辑关系），为了得到语义信息就必须从文本中提取实体之间的关联关系，（有时候需要从其他文本中提取）从而将他们联系起来，进一步形成网状的知识结构，这就是关系提取。以（2017）京01民终509号民事判决书的说理部分的"争议焦点（二）"中部分文本为例，通过关系提取可以抽出"服务合同关系""运输合同关系""代理关系"三个关系。（见图5-5）

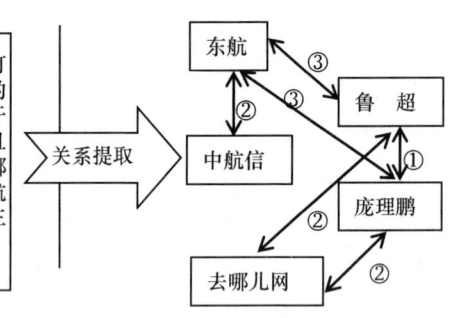

图5-5 （2017）京01民终509号民事判决书说理部分的关系抽取（示例）

注：①表示"代理关系"，②表示"服务合同关系"，③表示"运输合同关系"

关系提取Ⅰ：基于"鲁超通过去哪儿网为庞理鹏和自己向东航订购了机票"，得出"鲁超"和"庞理鹏"之间的"代理关系"；

关系提取Ⅱ：基于"鲁超通过去哪儿网为庞理鹏和自己向东航订购了机票"，得出"鲁超"与"去哪儿网"的"服务合同关系"、"鲁超"与"东航"的"运输合同关系"、"庞理鹏"与"去哪儿网"的"服务合同关系"、"庞理鹏"与"东航"的"运输合同关系"、"东航"与"去哪儿网"的"服务合同关系"；

关系提取Ⅲ：基于"中航信作为给东航提供商务数据网络服务的第三方"，得出"中航信"与"东航"的"服务合同关系"。

(3) 说理依据知识图谱的属性抽取。属性抽取的目标就是从裁判文

第五章　民事裁判文书的说理依据发现方法：以知识图谱为模型

书的其他部分采集特定实体的属性信息，针对司法审判活动的特性，不需要从网络等其他公开信息渠道中采集人物实体的国籍、教育、生日背景等信息，针对裁判文书说理的特性，应从裁判文书或其公开信息渠道抽取的法律实体的属性包括法人、自然人，以及分别从事何种经营活动，有何种特性。以（2017）京01民终509号民事判决书的说理部分的"争议焦点（二）"中部分文本为例，通过属性提取得出东航具备"数据控制能力""信息匹配能力"。（见图5-6）这两种能力可以说明"东航、趣拿公司存在泄露庞理鹏隐私信息的高度可能"；结合庞理鹏的属性"普通个人"不具备"技术能力"，故"不具备对东航、趣拿公司内部数据信息管理是否存在漏洞等情况进行举证证明的能力。"

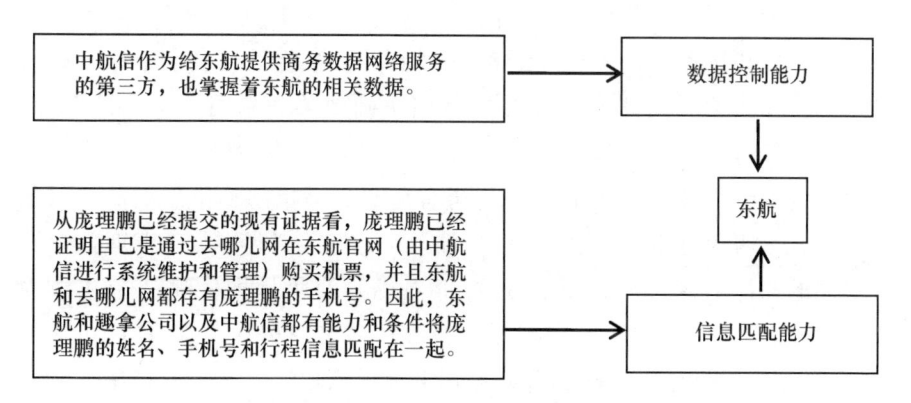

图 5-6　（2017）京01民终509号民事判决书说理部分的属性抽取（示例）

二　说理依据知识图谱的知识融合

通过信息抽取，实现了从半结构化或非结构化数据中获取实体、关系以及实体属性信息的目标。① 但是，获得这些目标还无法直接应用，因为可能包含了错误信息或多余信息，各个信息之间缺乏逻辑性和层次感，因而还要进行知识融合。说理依据的知识融合也需要从实体链接和知识合并两个方面进行，从而消除说理依据图谱中涉及的歧义概念、冗余概念和错误概念，确保知识的质量。

---

① 刘峤、李杨、段宏、刘瑶、秦志光：《知识图谱构建技术综述》，《计算机研究与发展》2016年第3期。

（1）说理依据知识图谱的实体链接。实体链接是指将从裁判文书中抽取得到的实体对象链接到说理知识库中去对应正确实体对象的操作，主要包括"实体消歧"和"共指消解"两部分内容。

其一，实体消歧，在实际语言表达中，可能会遇到一个实体指称项[1]对应多个命名实体对象的问题，因此需要解决同名的实体所产生的歧义问题。但是，这一情况在裁判文书中几乎不存在，即便在同一个案件中出现同名的实体，法官会在裁判文书中首次使用其指称项时用"以下简称××"加以说明，因此在后续的文本表述中不会出现实体指称歧义问题。以"王小波"（指称项）为例，该指称项可以对应中国当代学者王小波，也可以指代北宋农民起义领袖王小波，但是如果在裁判文书中会表述为"以下称为作家王小波""以下称为农民王小波"。

其二，共指消解，在实际语言表达中，可能会遇到多个指称项指代同一个实体对象，因此要将多个指称项正确地关联到同一个实体对象。以（2017）京01民终509号民事判决书中部分文本为例：

举例Ⅰ："三是在东航和趣拿公司有泄露庞理鹏隐私信息的高度可能之下，其是否应当承担责任"，这里涉及"东航""趣拿""庞理鹏"三个不同的实体对象，而机器无法判断"其"到底是指代哪一个实体对象，因此需要正确地标注"其"与"东航""趣拿公司"关联。

举例Ⅱ："诉讼中东航和趣拿公司都提供证据表明其采取措施尽到了对客户信息的安全保密职责"，这里涉及"东航""趣拿""客户"三个不同的实体对象，而机器无法判断"其"到底是指代哪一个实体对象，因此需要正确地标注"其"与"东航""趣拿公司"关联。

（2）说理依据知识图谱的知识合并。通过前述说理依据知识图谱的实体链接，已经完成了将实体链接到知识库中对应到正确的实体对象，而这些实体链接是已经从裁判文书中通过信息抽取出来的特定数据。将大量的裁判文书说理部分知识图谱化后形成"说理依据库"之余，要实现裁判文书自动生成，还必须与诸如诉讼材料收转系统、裁判文书智能检索系统等其他知识库关联，获取相关的结构化数据。知识合并分为合并关系知识库和合并外部知识库：关系知识库是指来自于同一组织（企

---

[1] 实体指称项，是指某个实体的代称，例如"东航"就是针对"东航公司"的代称项。

业、事业单位等）自己的关系数据库，例如诉讼材料收转数据库等；外部知识库是指来自于组织外的数据库，例如当前裁判文书网、无讼案例和北大法意等。

三 说理依据知识图谱的知识加工

按照事实（fact）、数据（data）、信息（information）、知识（knowledge）、情报或智能（intelligence）构成了信息链（information chain）的五个基本节点，[①] 事实并不直接等同于知识，要实现民事裁判文书说理依据发现的智能化，至少要达到"知识"层面。然而，将信息抽取、知识融合的数据或信息提升到知识还需要从本体构建、知识推理、质量评估三个方面进行知识加工。

（1）说理依据知识图谱的本体构建。"本体（ontology）是对概念进行建模的规范，是描述客观世界的抽象模型，以形式化方式对概念及其之间的联系给出明确定义。"[②] 例如，当说理依据知识图谱得到"社会主义核心价值观""消费者权益保护法""侵权责任法"指令时，它可能会认为这三个指称项之间没有很大区别，但是当它去计算这三个指称项之间的相似度后，会发现"消费者权益保护法"和"侵权责任法"更加接近，它们两个和"社会主义核心价值观"的差别更大。

这就是第一步的作用，知识图谱实际上并没有上下层的概念，它并不知道什么是"社会主义核心价值观""消费者权益保护法""侵权责任法"，也不知道"社会主义核心价值观"和"消费者权益保护法""侵权责任法"不属于一个类型，无法进行比较。所以，在进行上下关系抽取这一步前，就要完成这个工作从而生成第三步的本体。当完成第三步以后，知识图谱就知道了"消费者权益保护法""侵权责任法"都是"法律"这一指称项的细分，而"社会主义核心价值观"属于"政策"这一指称项的细分。本体构建可以采用借助本体编辑软件进行人工手动编辑，也可采用数据驱动的自动化方法编辑。（见图5-7）

（2）说理依据知识图谱的知识推理。完成本体构建之后，说理依据

[①] 梁战平：《情报学若干问题辨析》，《情报理论与实践》2003年第3期。
[②] 刘峤、李杨、段宏、刘瑶、秦志光：《知识图谱构建技术综述》，《计算机研究与发展》2016年第3期。

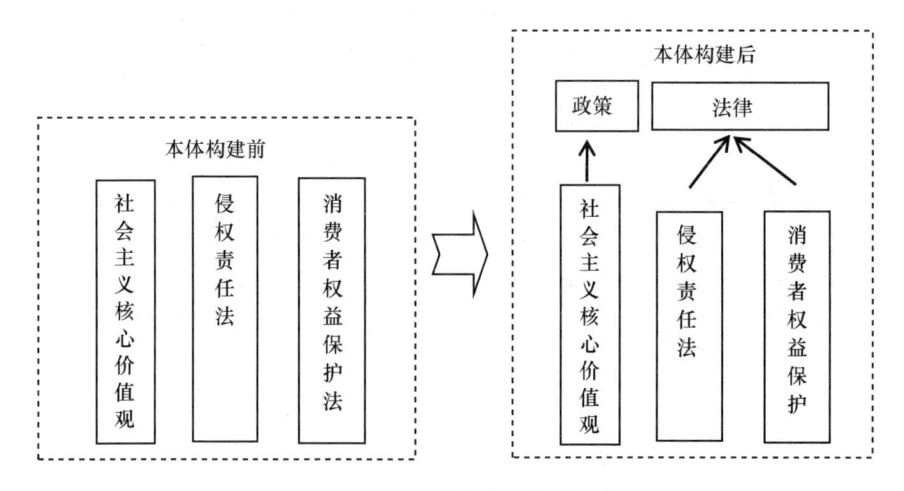

图 5-7　知识图谱本体建构前后效果

知识图谱已经基本完成构建,但是知识图谱之间的各种关系路径还未完善,因此需要知识推理技术去完成知识发现,丰富各种关系路径。也就是说,从知识图谱库中的实体关系数据出发,通过"基于逻辑的推理""基于图的推理""基于深度学习的推理"等方法,计算推理建立实体间的新关联,从而让知识网络更加丰富,从现有的知识中去发现新的知识。以(2016)沪 0105 民初 3598 号民事判决书的语段样本为例:

  原告王甲、王乙向本院提出诉讼请求:要求依法继承并分割被继承人徐林娣、王志学及周彩妹的遗产。被继承人王志学与周彩妹系原、被告父母,被继承人徐林娣系王志学母亲。周彩妹于 2008 年 11 月 3 日死亡,王志学于 2013 年 3 月 23 日死亡,徐林娣于 2014 年 1 月 5 日死亡。徐林娣配偶王锦瑞于 1981 年 4 月 21 日报死亡。徐林娣夫妇婚后仅育有一子即王志学。周彩妹父亲周兆坤于 1972 年 1 月 18 日报死亡,母亲蒋树妹于 1995 年 11 月 22 日报死亡。

  从该样本中更可以抽出"王甲""王乙""被告""王志学""周彩妹""徐林娣""周兆坤""蒋树妹"八个实体,可以直接得出的关系是"父母子女",继而根据知识推理出的关系"兄弟姐妹""孙—祖母""外孙—外祖父母"。(见图 5-8)

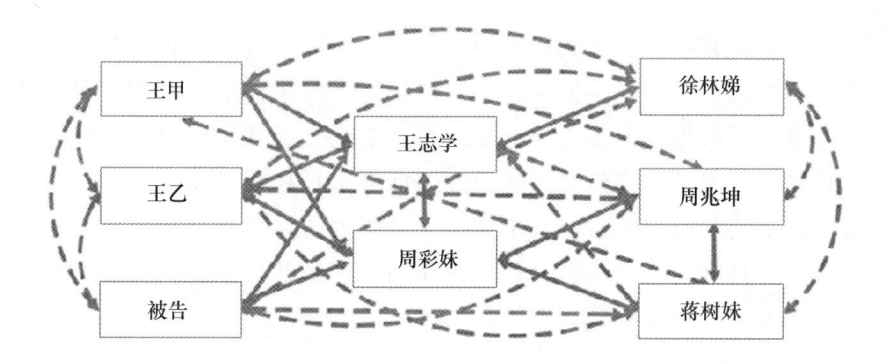

第五章 民事裁判文书的说理依据发现方法：以知识图谱为模型

图5-8 （2016）沪0105民初3598号民事判决书知识图谱之知识推理（示例）
图注：实线代表可以直接得出的关系，虚线代表知识推导出的关系

直接得出的关系是"父母子女"：

第一层：王甲，父，王志学；王乙，母，周彩妹；王乙，父，王志学；王乙，母，周彩妹；被告，父，王志学；被告，母，周彩妹；

第二层：王志学，母，徐林娣；

第三层：周彩妹，父，周兆坤；周彩妹，母，蒋树妹。

可以推理出的关系是"兄弟姐妹""孙—祖母""外孙—外祖父母"：

兄弟姐妹关系：王甲、王乙、被告属于"兄弟姐妹"，需要借助其他关系抽取才能确定三者之间具体的"兄弟""兄妹""姐妹""姐弟"关系。

孙—祖母关系：王甲，祖母，徐林娣；王乙，祖母，徐林娣；被告，祖母，徐林娣。

外孙—祖父母关系：王甲，外祖父，周兆坤；王甲，外祖母，蒋树妹；王乙，外祖父，周兆坤；王乙，外祖母，蒋树妹；被告，外祖父，周兆坤；被告，外祖母，蒋树妹。

只是推理的对象并不只是限于实体间的关系（图5-9以实体间关系推导为例，是为了便于理解），实体的属性值、本体的概念层次等都可以进行知识推理。例如，根据本体库中的概念层级关系进行推理，已知（《中华人民共和国民法典》第一千一百六十五条，《中华人民共和国民法典》，法律）和（《中华人民共和国民法典》，释法类，法律）可以推导出（《中华人民共和国民法典》第一千一百六十五条，释法类，法律）。

（3）说理依据知识图谱的质量评估。由于人工标记、机器学习等技术水平的局限，从零开始抽取得到实体识别、关系抽取、属性抽取等的知识元素不可避免地存在错误，在此基础上进行的知识推理也可能因此而出现错误，因此在将其并入知识库之前要进行质量评估。此外，在知识合并需要关联数据库时，各个数据库之间的质量差异会越来越大，因此也需要对其进行质量评估，从而量化知识图谱的可信度，舍弃可信度不高的知识，确保知识库的质量。

四　说理依据知识图谱的知识更新

说理依据知识图谱的构建并不是一次性就能完成的，由于裁判文书不断增加，可能会出现新的裁判理由数据源，也可能是知识图谱的学习技术更新，因此需要不断地对建成的说理依据知识图谱进行优化和完善。一方面，要对说理依据知识图谱数据模式层进行更新，包括新类型说理依据概念的增加或对库中已有的说理依据类型概念的修改或删除，调整关联概念之间的上下位关系，以及概念属性的更新。由于更新概念属性会影响到与之相关的子概念和实体，因此知识图谱数据模式层的更新主要是在人工干预下进行的。另一方面，要对说理依据知识图谱的数据层进行更新，也就是以添加或删除的方式更新实体数据，主要针对实体的基本信息和属性值，其影响面较小，自动更新是常用的方式。

由于司法活动自我闭环的特性，它并不需要时时同外界其他库进行数据交换，而是主要依托中国裁判文书网等案例库进行数据更新，而裁判文书具有相对的稳定性，这就确保了说理依据知识图谱的相对稳定。构建说理依据知识图谱，主要是便于法官发现所需要的说理依据，但是说理依据是针对争议焦点展开的，因此还需要建立争议焦点知识图谱，将说理依据知识图谱库和争议焦点知识图谱库关联起来，可以实现说理依据的智能发现。争议焦点的类型来源于现实生活，其变动性比说理依据更高，争议焦点知识图谱更新的需求会更大。为了确保说理依据智能发现，对二者之间的匹配关联也要及时予以优化和更新。

第五章　民事裁判文书的说理依据发现方法：以知识图谱为模型

第三节　民事裁判文书说理依据知识图谱的应用

发现民事裁判文书说理依据，目的就是弥合推理"共性"与说理"个性"。在法律发现的范畴下，说理依据的存在是一个客观事实，发现说理依据的任务就是将此种客观存在的"事实"如实寻找出来。裁判文书承载了法官审查证据、认定事实、适用法律、自由裁量及其理由的过程，每一环节都需要相应的说理依据作为支撑，由于个案都是不同的，说理过程就是推理的"共性"与说理的"个性"结合的过程，其弥合了法律与事实间的"共性"与"个性"的裂缝，找到能使当事人和社会大众信服的共识。之所以要发现说理依据，是因为要从"共性"找出"个性"，才能避免裁判文书说理部分千篇一律。按照知识的规律，说理依据也是可以按照一定的规律去发现的，这即是民事裁判文书说理依据的知识图谱应用。

一　说理依据的发现Ⅰ：构建说理依据库

通过构建说理依据知识图谱还可以实现说理依据的类型化，不仅可以按照民事案由、刑事案由、行政案由三大类分类，还可以分为更细的小类，例如"民事案由"可分为"人格权纠纷""婚姻家庭纠纷""物权纠纷""合同纠纷"等等，这种分法已经可以轻易实现。但是，这类分法并不实用。当被问及"是否对说理依据清单有需求，就相当于查字典一样"，某法官直言不讳"如果有这样的清单就好了，我们巴不得'规定'的越具体越好，一来可以节省找依据的时间，二来可以避免给自己带来麻烦"。从实证分析来看（参见第三章第一节"三 存在说理依据库的需求"），民事裁判文书说理依据清单确实有需求，那么是否可以通过知识图谱来构建说理依据库？答案是肯定的！根据2016年最高人民法院印发《人民法院民事裁判文书制作规范》的通知和2018年最高人民法院印发《关于加强和规范裁判文书释法说理的指导意见》的通知涉及的裁判文书说理依据来源以及实证研究分析可知说理依据可以类型化为"释法类""政策类""法理类""情理类""公理类""学理类""经验法则类"以及"其他类"。

表 5-1　　民事裁判文书说理依据知识图谱指标体系

一级标签	二级标签	三级标签（说明）
释法类	法律法规	按照法律位阶效力可再分
	司法解释	
政策类	指导性案例	——
	司法指导性文件	——
	审判业务规范性文件	——
	复函批复	——
	社会主义核心价值观	按照内容可再分
法理类	立法材料	——
	法律精神	宪法精神
		审判工作的指导性文件、会议纪要、答复意见、人民法院与有关部门联合下发的文件所体现的精神
	法律原则	宪法原则
		审判工作的指导性文件、会议纪要、答复意见、人民法院与有关部门联合下发的文件所体现的原则
公理类	公理	按照领域可再分
	常识	
情理类	伦理	
	道德	
学理类	学术观点通说	——
	法律解释方法材料	——
经验类	经验法则	按照领域可再分
	民间规约	
	行业惯例	
其他类	其他合法的论据	根据具体情形列举

　　说理依据库的内容设计，按照表 4-1 民事裁判文书中四阶段需要说理依据量化指标（见表 4-1），按照民事裁判文书说理依据知识图谱指标体系（见表 5-1），结合知识单元分解技术展开。将海量裁判文书中的说理依据（数据）归纳形成知识，再将这些知识以"知识单元"的形式作为结构化数据"说理依据库"的内容。知识单元是指"在知识管理

第五章 民事裁判文书的说理依据发现方法：以知识图谱为模型

中用来处理知识的最小的、不可分割的、独立的基本单元"[1]，知识图谱的形成需要以知识节点和知识单元为基本框架构建，才能够以"知识单元"为单位进行知识的聚类和组合。

以"近似商标"为例，分为"商标"和"近似"两个节点，还需要关联另一个知识节点"商品"，因为涉及商标近似必然涉及"商品相同"或"商品类似"（"商品相同"和"商品类似"本身各自是一个知识节点，又可分为"商品""类似""相同"，此处举例不展开，但是在实际设计说理依据库时需要层次展开）。"商标"又可分解为"商标要素""商标定义""商标分类"等等，"商标分类"又可分为"文字商标""图形商标""组合商标"；"近似"又分为"近似的定义""近似的判定步骤""近似的审查标准"等等。完整知识单元分解之后，每一个知识单元下还需要对应具体内容。（见图5-9）"近似商标的审查标准"和"商标分类"组合形成不同类型商标近似审查标准并展开具体内容，以"文字商标近似审查标准"为例，知识单元的具体内容展开如下：

（4）文字商标近似审查：2021年《商标审查审理指南》下编第五章第五节第一点

（4.1）中文商标的汉字构成相同……（具体内容略，系统中有列明）

（4.2）商标文字由字、词重叠而成……（具体内容略，系统中有列明）

（4.3）中文商标由三个或三个以上汉字构成……（具体内容略，系统中有列明）

（4.4）……（具体内容略，系统中有列明）

……（具体内容略，系统中有列明）

在说理依据库的功能设置上，对于同类型的说理依据，可以采用不同关键词、句子等不同方式的检索方法，利用"关联度""引用率""最新裁判日期""司法效果（有无出现二审或再审等）""法院层级"和"审判程序"等进行排序。说理依据"关联度排序"，是按照检索的"说理对象"（输入的关键词或句子）和"说理依据"（查询到的结果）进

---

[1] 文庭孝：《知识单元的演变及其评价研究》，《图书情报工作》2007年第10期。

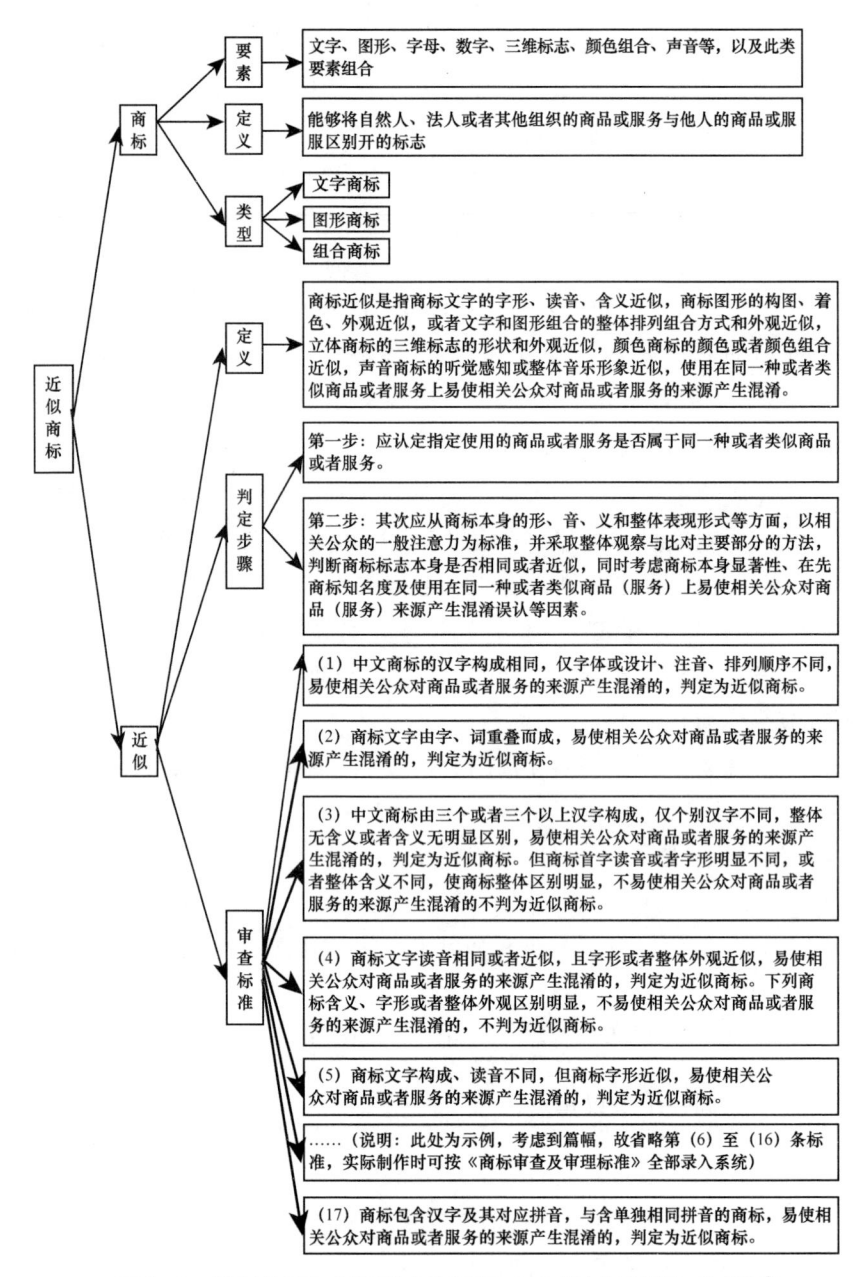

```
                    ┌─ 要素 ── 文字、图形、字母、数字、三维标志、颜色组合、声音等,以及此类
                    │          要素组合
         ┌─ 商标 ──┼─ 定义 ── 能够将自然人、法人或者其他组织的商品或服务与他人的商品或服
         │          │          务区别开的标志
         │          │         ┌ 文字商标
         │          └─ 类型 ──┼ 图形商标
         │                    └ 组合商标
         │
         │          ┌─ 定义 ── 商标近似是指商标文字的字形、读音、含义近似,商标图形的构图、着
         │          │          色、外观近似,或者文字和图形组合的整体排列组合方式和外观近似,
         │          │          立体商标的三维标志的形状和外观近似,颜色商标的颜色或者颜色组合
         │          │          近似,声音商标的听觉感知或整体音乐形象近似,使用在同一种或者类
         │          │          似商品或者服务上易使相关公众对商品或者服务的来源产生混淆。
         │          │
 近似商标 ┤          │          第一步:应认定指定使用的商品或者服务是否属于同一种或者类似商品
         │          │          或者服务。
         │          ├─ 判定
         │          │   步骤   第二步:其次应从商标本身的形、音、义和整体表现形式等方面,以相
         │          │          关公众的一般注意力为标准,并采取整体观察与比对主要部分的方法,
         │          │          判断商标标志本身是否相同或者近似,同时考虑商标本身显著性、在先
         │          │          商标知名度及使用在同一种或者类似商品(服务)上易使相关公众对商
         │          │          品(服务)来源产生混淆误认等因素。
         │          │
         └─ 近似 ──┤          (1) 中文商标的汉字构成相同,仅字体或设计、注音、排列顺序不同,
                    │          易使相关公众对商品或者服务的来源产生混淆的,判定为近似商标。
                    │
                    │          (2) 商标文字由字、词重叠而成,易使相关公众对商品或者服务的来
                    │          源产生混淆的,判定为近似商标。
                    │
                    │          (3) 中文商标由三个或者三个以上汉字构成,仅个别汉字不同,整体
                    │          无含义或者含义无明显区别,易使相关公众对商品或者服务的来源产
                    │          生混淆的,判定为近似商标。但商标首字读音或者字形明显不同,或
                    ├─ 审查    者整体含义不同,使商标整体区别明显,不易使相关公众对商品或
                    │   标准   服务的来源产生混淆的不判为近似商标。
                    │
                    │          (4) 商标文字读音相同或者近似,且字形或者整体外观近似,易使相
                    │          关公众对商品或者服务的来源产生混淆的,判定为近似商标。下列商
                    │          标含义、字形或者整体外观区别明显,不易使相关公众对商品或者服
                    │          务的来源产生混淆的,不判为近似商标。
                    │
                    │          (5) 商标文字构成、读音不同,但商标字形近似,易使相关公
                    │          众对商品或者服务的来源产生混淆的,判定为近似商标。
                    │
                    │          ……(说明:此处为示例,考虑到篇幅,故省略第(6)至(16)条标
                    │          准,实际制作时可按《商标审查及审理标准》全部录入系统)
                    │
                    │          (17) 商标包含汉字及其对应拼音,与含单独相同拼音的商标,易使相
                    └          关公众对商品或者服务的来源产生混淆的,判定为近似商标。
```

图 5-9 说理依据知识图谱内容展开(以"商标近似"为例)[①]

[①] 按照不同的标准可以将商标分为不同类型,图中的商标类型采用《商标审查及审理标准》(2016年)的分类。

第五章　民事裁判文书的说理依据发现方法：以知识图谱为模型

行相关性排序，越相关的越靠前，有助于法官找到最"类似"的说理依据。说理依据按"引用率排序"，是按照说理依据库中已有的说理依据被引用的次数排序，可以提示法官最高频次的说理依据，为法官适用说理依据提供现有司法经验的支撑。说理依据按"裁判日期排序"能够帮助法官了解和掌握目前同类案件中同行的最新进展，尤其是在审理新类型案件时，给法官提供可借鉴的对象。说理依据按"司法效果排序"的内容是利用算法将以往案件采用上诉率从低至高、从高至低的选择方式排序，在一定程度上为当前上诉率居高不下导致司法资源被占用的现象，提供一些参考经验。说理依据按"法院层级排序"是依据现有审理程序得来的，法院层级的提升，对于裁判文书说理依据的适用上就会相对倾向于规则之治层面，最终裁判结果也会主要从辖区内的司法效果和社会效果来衡量，而基层法院则会侧重于个案的纠纷解决，当事人间利益分配问题，法官在适用说理依据时，会从相近似的法院层级出发来考虑适宜手头审理案件的依据选取。说理依据按"审判程序"排序，有助于不同审级的法官查找相类似案件的说理依据进行适用。

二　说理依据的发现Ⅱ：优化说理依据检索

说理是法官适用规范评价个案事实的过程，说理的过程也就是说理依据寻找的过程。由于说理是一个价值判断的过程，法官并不能像"自动售货机"式精准地"出货"，而是要结合个案的不同争议焦点，去找到说服自己，也能说服当事人的理由，而这理由背后还需要依据加以支撑。从说理依据本身特点来说：一方面，来源多样性，法律法规、司法解释、民间公约、行业习惯等等都可以作为说理依据；另一方面，适用弹性空间大，同一个争议焦点，除了可以依从法律法规、司法解释以外，还可以从情理、事理、公理等方面找依据时，须要考虑如何能将相关的依据都找出来。

诸如当前的中国裁判文书网等案例数据库，都采用依据关键词来进行检索的传统方式，这对法官划分关键词能力要求较高，如果法官提取的关键词不准确，很有可能就无法得到有效的候选结果，甚至无法检索到任何可供参考的结果。因为，类似于中国裁判文书网这样的数据库，并不能理解法官的实际用意，仅仅是把关键词与目标数据进行匹配，然后通过一定的算法排序返回给法官,法官再从候选结果列表中确定想要的裁判文书。由于不能理解法官的真实目的,检索后呈现的案例往往效果不佳。例如,某法官在访谈中说道,"类案推送系统也不好用,要么找不到想要的案子,要么出来的结果太多,但实际上又找不到符合要求的案例。因为我们要的不是类案,而是'类争议焦点'及其说理部分。"

例如,法官为了论证"近似商标"这一争议焦点,想了解鳄鱼近似商标的争议案例的说理及其依据:对于没有检索经验的法官,其能想到的关键词可能就是"鳄鱼";对于有一定检索经验的法官,其能想到的检索词可能是"鳄鱼商标",以此更精确地匹配到所需要的结果。在模糊检索时,无论输入"鳄鱼",还"鳄鱼商标",结果都会一样;在精确检索时,如果裁判文书中没有使用"鳄鱼商标"的表述,可能检索不到结果。假设法官以"鳄鱼"作为关键词在中国裁判文书网进行全文检索,获取出 2660 个结果[①],在结果列表中可能会出现诸如"鳄鱼公园"[②]"一双'鳄鱼牌'的皮鞋"[③]"鳄鱼商标药 2 盒"[④] 和"新鳄鱼""鳄鱼图形"[⑤] 等等。因为该数据库只能使用"鳄鱼"词汇进行匹配,而无法理解"鳄鱼"一词所指代的具体事物。即便使用"鳄鱼近似商标争议"进行简单的语义检索,该数据库将显示"共找到 0 个结果"。

构建说理依据知识图谱的目的是辅助法官在说理依据库中进行基于知识图谱的语义检索,理解法官的检索意图从而给出更加直接和系统的结果。按照说理依据知识图谱的语义检索细化其过程(如图 5-10),输入"鳄鱼近似商标争议"得到如图 5-10 的结果:

具体的检索过程如下:首先,识别分词和命名实体后,可以识别输入的"鳄鱼"代表实体,在"实体解释结果"区域列出,并返回给检索

[①] 中国裁判文书网:《列表页》,http://wenshu.court.gov.cn/list/list/? sorttype = 1&conditions = searchWord + QWJS + + + % E5% 85% A8% E6% 96% 87% E6% A3% 80% E7% B4% A2;% E9% B3% 84% E9% B1% BC。

[②] 卢某、卢某抢劫案,广东省高级人民法院(2013)粤高法刑一终字第 477 号刑事附带民事裁定书。

[③] 邓荣卿受贿案,湖南省高级人民法院(2014)湘高法刑二终字第 79 号刑事判决书。

[④] 田龙生产、销售假药案,朔州市朔城区人民法院(2017)晋 0602 刑初 43 号刑事判决书。

[⑤] 拉科斯特股份有限公司与中华人民共和国国家工商行政管理总局商标评审委员会等商标争议行政纠纷再审案,最高人民法院(2012)知行字第 67 号行政裁定书。

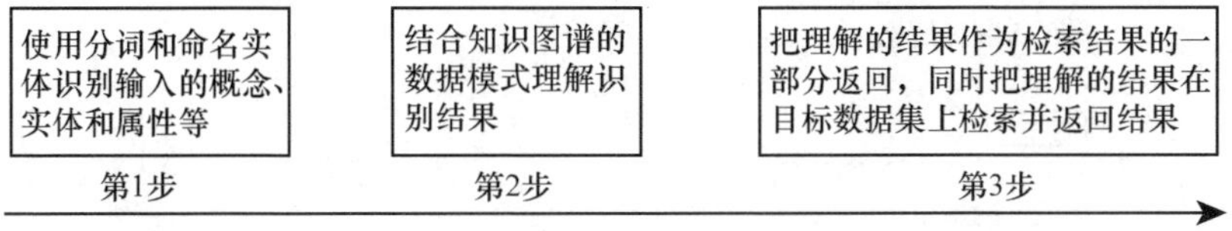

第五章　民事裁判文书的说理依据发现方法：以知识图谱为模型

使用分词和命名实体识别输入的概念、实体和属性等	结合知识图谱的数据模式理解识别结果	把理解的结果作为检索结果的一部分返回，同时把理解的结果在目标数据集上检索并返回结果
第1步	第2步	第3步

图 5-10　说理依据知识图谱的语义检索过程

者。其次，结合说理依据知识图谱中"鱼类"的数据模式（这就是制作说理依据知识图谱的意义，排除了生物学等其他领域中鱼类的实体概念），"鳄鱼"属于概念"商标"，概念"商标"又包括"定义""功能""类型""注册""纠纷"等多个属性；根据输入的语义，可以理解到查询意图为"鳄鱼商标"实体的"纠纷"，"纠纷"又有"商标异议""商标争议""商标侵权"等多个属性，可以理解查询目的为实体"鳄鱼商标"与"争议"相对应的属性；根据输入的"近似"来确定属性。最后，法官从多个语义解释结果列表中选择某一结果后，在"语义检索结果"中列出相应的答案，即选取了"鳄鱼商标的近似争议"返回"商标标志构成要素""商标标识构成要素的整体近似程度""相关商标的显著性""相关商标的知名度""所使用商品的关联程度等""是否容易导致混淆"，然后法官再点击相应的结果，获得具体的结果。（见图 5-11）

在说理依据知识图谱中进行语义检索能够比较快速、准确地寻找到拟说理的"争议焦点"相应的说理依据。图 5-12 仅仅是一个单一语义检索的举例，在真正构建起来的说理依据库中，能够把相关的说理依据都列举出来。这种结果是与所需要论证的争议焦点直接相关的说理依据，而不是像当前需要法官检索类似案例，下载案例文本，然后再进行阅读寻找到相应的说理依据部分。通过说理依据知识图谱进行语义检索，能够直接获得相关论证的要点，如图 5-12 中的"语义检索结果"列表，这里可以启示法官，针对是否为"近似商标"的论证可以从哪些角度展开；而且还能够直接获得相关论证的范例，如图 5-12 的"找到相关说理依据（示例）"，这样能够告诉法官从这些角度具体怎样论证。此外，法官还能通过这一部分反过来思考检索出来的"争议焦点"与自己所办理案件的"争议焦点"的类似程度。

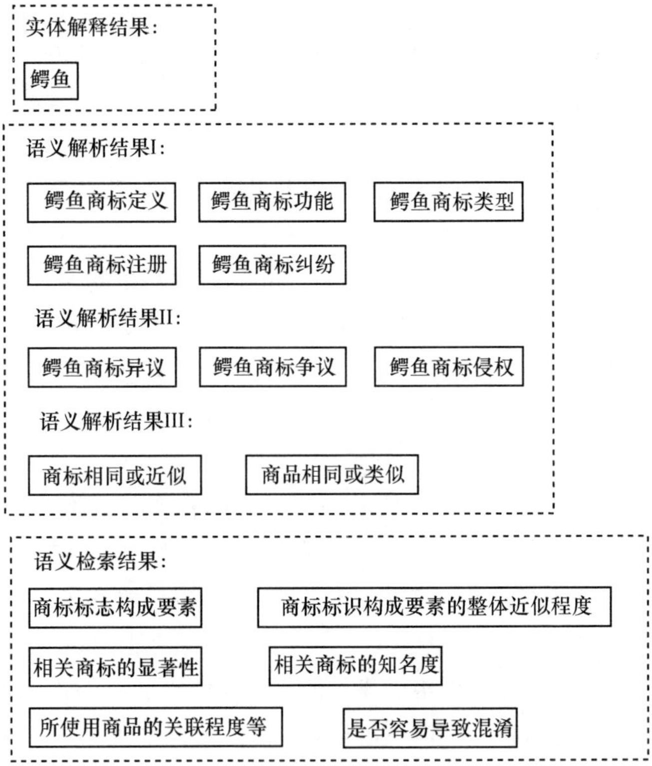

```
┌─────────────────────────┐
│ 实体解释结果:            │
│  ┌────┐                 │
│  │鳄鱼│                 │
│  └────┘                 │
└─────────────────────────┘

┌──────────────────────────────────────────────┐
│ 语义解析结果I:                                │
│  ┌────────┐  ┌────────┐  ┌────────┐          │
│  │鳄鱼商标│  │鳄鱼商标│  │鳄鱼商标│          │
│  │ 定义   │  │ 功能   │  │ 类型   │          │
│  └────────┘  └────────┘  └────────┘          │
│  ┌────────┐  ┌────────┐                      │
│  │鳄鱼商标│  │鳄鱼商标│                      │
│  │ 注册   │  │ 纠纷   │                      │
│  └────────┘  └────────┘                      │
│ 语义解析结果II:                               │
│  ┌────────┐  ┌────────┐  ┌────────┐          │
│  │鳄鱼商标│  │鳄鱼商标│  │鳄鱼商标│          │
│  │ 异议   │  │ 争议   │  │ 侵权   │          │
│  └────────┘  └────────┘  └────────┘          │
│ 语义解析结果III:                              │
│  ┌──────────┐  ┌──────────┐                  │
│  │商标相同  │  │商品相同  │                  │
│  │或近似    │  │或类似    │                  │
│  └──────────┘  └──────────┘                  │
└──────────────────────────────────────────────┘

┌──────────────────────────────────────────────┐
│ 语义检索结果:                                 │
│  ┌──────────────┐  ┌────────────────────┐   │
│  │商标标志构成要素│  │商标标识构成要素的整体近似程度│
│  └──────────────┘  └────────────────────┘   │
│  ┌──────────────┐  ┌────────────────┐       │
│  │相关商标的显著性│  │相关商标的知名度 │       │
│  └──────────────┘  └────────────────┘       │
│  ┌──────────────────┐  ┌────────────┐       │
│  │所使用商品的关联程度等│  │是否容易导致混淆│   │
│  └──────────────────┘  └────────────┘       │
└──────────────────────────────────────────────┘
```

图 5-11　输入"鳄鱼近似商标争议"的语义结果分析（示例）

```
┌──────────────────────────────────────────────────────┐
│ 找到相关说理依据（示例）                              │
│ ┌──────────────────────────────────────────────────┐ │
│ │本案中，将争议商标与两引证商标进行比较，争议商标为  │ │
│ │"XINEYU"拼音字母的变形，第一个字母"X"与最后一个字母 │ │
│ │"U"经过变形处理，其他字母为标准字体，整体上被识别为 │ │
│ │"XINEYU"字母组合，即使在特别提示的情形下，相关公众 │ │
│ │仍难以将该标识与鳄鱼图形产生联系；两引证商标图案相同，│ │
│ │均为鳄鱼图形与英文字母"LACOSTE"的组合。虽然争议商标 │ │
│ │是"新鳄鱼"的拼音，引证商标中包含鳄鱼图形，但以相关 │ │
│ │公众的一般注意力为标准，在隔离状态下对商标进行整体比│ │
│ │对、主要部分比对，争议商标与两引证商标均存在显著区别，│ │
│ │未给人留下整体上接近的印象，即使考虑两引证商标的显著│ │
│ │性及其在核定使用商品上的知名度，争议商标与两引证商标│ │
│ │在相同或类似的商品上使用，也不会导致相关公众对商品的│ │
│ │来源产生误认或者认为其来源与引证商标之间有特定的联系，│ │
│ │不会导致相关公众的混淆和误认，因此，一审、二审法院认 │ │
│ │定争议商标与两引证商标未构成使用在类似商品上的近似商 │ │
│ │标并无不当。                                       │ │
│ └──────────────────────────────────────────────────┘ │
└──────────────────────────────────────────────────────┘
```

图 5-12　说理依据知识图谱中输入"鳄鱼近似商标争议"
找到的相关说理依据（示例）

第五章　民事裁判文书的说理依据发现方法：以知识图谱为模型

三　说理依据的发现 III：降低法官说理风险

调研中发现，法官适用说理依据的最大顾虑来自于给法院和自己带来不利的影响或后果，这也就是通常所说的"不敢说理"，"说理依据发现"能够有效地解决这个问题。尽管单个法官的经验、知识是有限的，但是按照中国裁判文书网中现有的 6600 多万（份）裁判文书，假设每一份裁判文书平均至少经过三次价值判断，那么 20 多亿次的价值判断所承载的经验和知识，意味着说理依据知识图谱本身就是法官们已经达成的最小共识的载体，具有相当的正当性和科学性。

法官是理性经济人，其会运用说理依据库来发现更恰当的说理依据，来避免出现因为自身个体认识局限所导致选取使用的说理依据出现大幅度偏差，致使"同案不同判"或"类案不同判"现象的发生，或者避免类似"彭宇案"中错误的经验类型说理依据的适用，减少适用说理依据潜在的风险。法官审理经验和司法智慧的积累需要足够的办案时间和办案数量，这也是无法改变的司法规律。但是法院现行轮岗的人事制度在一定程度上打乱了法官审案的成长过程，因为法官间定期或者不定期的岗位轮换会致使其突然面对一个完全陌生的办案环境和案件情形。当民事审判庭的法官被调配到刑事审判庭办案，或者调研室等非办案岗位的法官轮岗至审判业务庭工作等情况发生时，法官又需要重新来学习手头上案件类型的特点和办案方式等基础审判知识，等同于之前岗位积累的审判经验很难延续到现有岗位中。法官处于此种不断轮换岗位的变动中，对于自身案件的裁判文书制作过程尤为谨慎，因为不熟悉的内部环境（案件类型和法律法规）加上严峻的外部环境（民众对于裁判文书的质疑程度逐渐提升），导致法官审案的首要任务变成了排除裁判文书会给自己职业生涯带来的风险，而不是利用裁判文书带来定分止争、实现公平正义等法律效果。说理依据库的构建相当于建立了法官说理风险评估体系，只要法官按照这个流程操作，如果出现"舆论"风险是可以进行抗辩的。如果法官撰写的裁判文书的说理部分被质疑，那么法官可以进行抗辩——选择的说理依据都是关联度①前三、引用率②前三（至于具体设置在"前几位"比较合适，可以通过对法官的实证调查另行确定），那么该说理依据足以体现该法官的价值判断符合"共识"，而不会因此承担额外的责任。反之，如果该法官弃关联度和引用率靠前的说理依据而不用，则其应该做出更为充分的说理，否则就应当承担相应的责任。理由在于：司法系统内部（法院、检察院）要形成一种共识，在非专业的舆论监督下——网络舆论断章取义式裹挟，应该要坚守保护法官的底线。如果法官撰写裁判文书所适用的说理依据符合风险防控体系，就不能让其个体在强势的舆论压力下受到处理或处分（如调离审判岗位），尤其要注意当事人利用网络媒体"造势"，对审理案件的法官施加舆论压力而故意"攻击"裁判文书说理及其依据。

业界一直在寻找破解法官"不敢说理"的对策，再多的"指导意见"也并没有起到明显的效果。因为从规避自身风险来看，作为理性经济人的法官也会"用脚投票"，如果"指导意见"无法规避法院和法官（尤其是法官个体）的舆论风险，那么在裁判文书上网的当今，其会尽可能采取"策略式"方法应对形式上的裁判文书说理要求。如果能够运用裁判文书说理依据库建立法官说理依据适用风险防控制度，就能够免去法官说理的后顾之忧。再者，法官运用说理依据库，"有依据可查"节约了其时间成本，而"有依据可引"则更多地减少了其潜在的风险成本。

---

① 说理依据"关联度排序"，是按照检索的"说理对象"（输入的关键词或句子）和"说理依据"（查询到的结果）进行相关性排序，越相关的越靠前，有助于法官找到最"类似"的说理依据。

② 说理依据按"引用率排序"，是按照说理依据库中已有的说理依据被引用的次数排序，可以提示法官最高频次的说理依据，为法官适用说理依据提供既有司法经验的支撑。

第六章

民事裁判文书的说理依据选取准则：以宪法规范为例证

说理依据有不同的类型，在"法律法规"类型下又可按照不同部门法细分出不同的种类，那么在选择种类繁多的说理依据时要考虑哪些因素？也就是说，依据可以成为一般意义上的说理依据，但是一项依据要成为民事裁判文书说理依据又需要符合哪些准则呢？毕竟民事裁判文书说理具有法律上的效果，不同于一般意义上的说理论证符合逻辑自洽即可，民事裁判文书说理除了符合逻辑自洽这一内在要求以外，还要求民事裁判文书说理依据必须具备一定的条件（例如合法性、必要性和可行性），使之经得起推敲和"考验"。换而言之，本章的研究内容是，法官在决定是否选择某一依据作为民事裁判文书的说理依据时，应该依循什么样的思维模式来判断：首先考虑合法性，不符合则排除，符合则考察必要性，没有必要性则排除，有必要再考察其可行性，不可行则排除，可行则选取，如此往复直至找到恰当的说理依据。至于，为何需要考虑"充分性"，因为在司法论证方面只要达到基本的要求即可使人"信服"，而没有必要"锦上添花"，关于这一点可参见"应该提出法律论证，但是不应使之充分"，[①] 不再赘述。

鉴于在司法实践中存在援引宪法（宪法精神、宪法原则、宪法条文）作为说理依据的空间和需求，本章以"宪法"为例加以阐释。从2001年"齐玉苓案"到2008年废止〔2001〕25号文，引发了关于宪法

[①] 刘星：《司法中的法律论证资源辨析：在"充分"上追问——基于一份终审裁定书》，《法制与社会发展》2005年第1期。

能否被援引判案的大讨论,"质疑宪法司法化"① 的反对者和"探索中国宪法司法化路径"② 的支持者都不少。在讨论中逐渐形成了一些共识:"学界对法院裁判文书援引宪法作为裁判依据和援引宪法进行违宪审查均持否定态度,近些年的研究都集中于法院援引宪法说理问题上。"③ 直到 2016 年最高人民法院印发《人民法院民事裁判文书制作规范》的通知规定,"裁判文书不得引用宪法……作为裁判依据,但其体现的原则和精神可以在说理部分予以阐述"。在实证调研中,认为宪法精神可以作为说理依据的比例达 64.1%,认为可以直接引用宪法条文作为说理依据的占 20.87%,而认为宪法不可以作为说理依据的仅有 15.03%;(见图 6-1)而有 53.52% 的法官认为可以援引宪法精神作为说理依据,35.21% 的法官认为不可以援引宪法条文作为说理依据,11.27% 的法官认为可以直接援引宪法条文作为说理依据。(见图 6-2)宪法作为一种说理依据类型,要符合哪些要求才能使之成为"法定"的说理依据,反过来说,一项说理依据类型要被选取用来作为说理依据,需要符合特定准则,这可以约束法官为了说理而任意性选择说理依据。

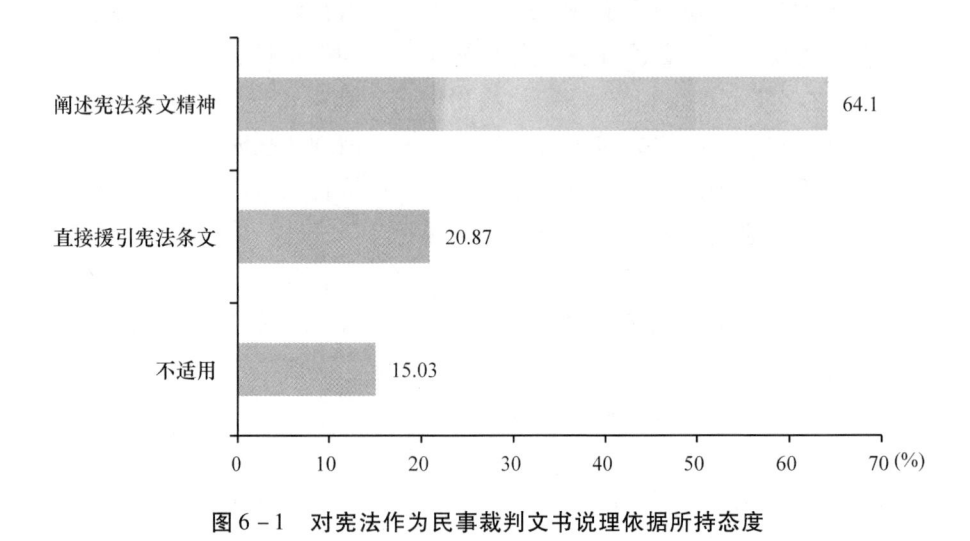

图 6-1 对宪法作为民事裁判文书说理依据所持态度

① 许崇德:《"宪法司法化"质疑》,《中国人大》2006 年第 11 期。
② 蔡定剑:《中国宪法司法化路径探索》,《法学研究》2005 年第 5 期。
③ 梁洪霞:《我国法院援引宪法说理的实施问题研究》,《政治与法律》2017 年第 7 期。

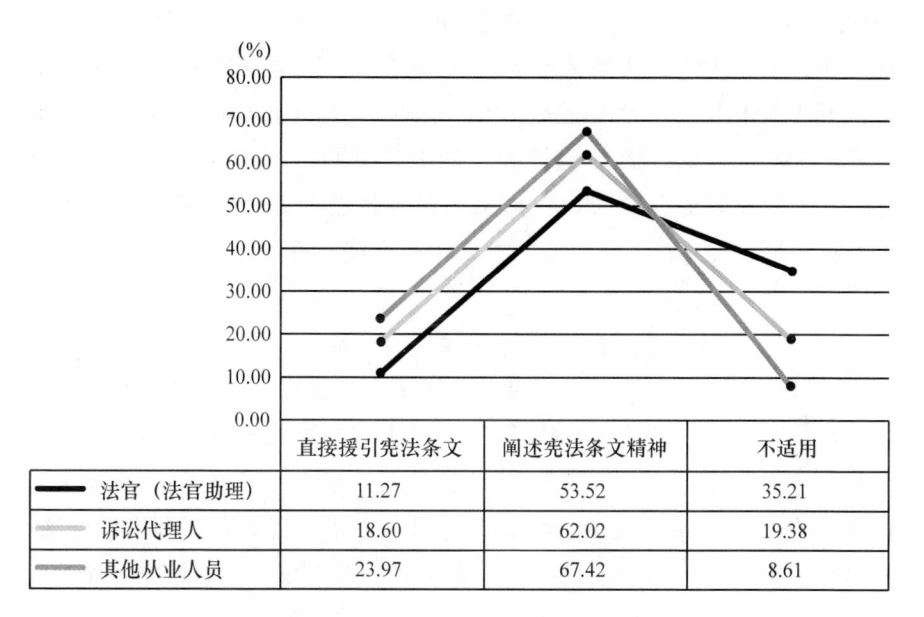

第六章 民事裁判文书的说理依据选取准则：以宪法规范为例证

	直接援引宪法条文	阐述宪法条文精神	不适用
法官（法官助理）	11.27	53.52	35.21
诉讼代理人	18.60	62.02	19.38
其他从业人员	23.97	67.42	8.61

图 6-2 不同主体对宪法作为民事裁判文书说理依据所持态度

第一节 选取准则Ⅰ：民事裁判文书说理依据的合法性

2018年最高人民法院印发《关于加强和规范裁判文书释法说理的指导意见》的通知第十三条规定，"与法律、司法解释等规范性法律文件不相冲突的其他论据"，说明两层意思：第一层意思是，已经列举的那些可以作为说理依据的不能违"法"；第二层意思是，没有列举的，但是可以成为裁判的（潜在的）说理依据不能违"法"。在韦伯看来，合法性是指一种对规范的规则形式"合乎法律"以及根据这些规则有权发布命令的那些人的权利的确信。[①] 从解构和重构的视角来看韦伯的"合法性"，第一层意思是符合"形式上的法律"，第二层意思是符合"那些人的内心确信"。关于这一点，施密特在韦伯的"合法性"思想上又鲜

---

① Weber, Economy and Society, 转引自［美］埃尔斯特、［挪］斯莱格斯塔德《宪政与民主：理性与社会变迁研究》，潘勤、谢鹏程译，生活·读书·新知三联书店1997年版，第144页。

明地进行了阐述，通过制定法律建立的只是形式合法性，实质合法性是在大多数公民认为合法的情况下，一个设定的秩序是合法的。①施密特直言不讳地作出了"形式合法"和"实质合法"的分类，得到法律确认只不过是形式合法，而得到"大多数公民认可"才是实质合法。鉴于此，本书的说理依据要成为裁判文书说理依据，需要进行合法性论证，本书将从形式合法性和实质合法性两个方面展开论证。

一　形式合法性：合乎现行法律

2021年公布的《中华人民共和国民事诉讼法》第一百五十五条第一款规定，"判决书应当写明判决结果和作出该判决的理由"；第一百五十七条第三款规定，"裁定书应当写明裁定结果和作出该裁定的理由"；2021年公布的《最高人民法院关于适用〈中华人民共和国刑事诉讼法〉的解释》第三百条第一款规定，"裁判文书应当写明裁判依据，阐释裁判理由，反映控辩双方的意见并说明采纳或者不予采纳的理由"。这些都是"说理"的法律依据，但并不是说理依据合法的说明。按照前述论证，形式合法性论证归根到底要论证合乎"谁"的法、合乎"怎样"的法。

合法性似乎为一个简单的问题，也经常被等同于只要合乎法律上的规定就是合法的，这一点似乎可以不证自明。例如，2009年《最高人民法院关于裁判文书引用法律、法规等规范性法律文件的规定》第六条规定，"对于本规定第三条、第四条、第五条规定之外的规范性文件，根据审理案件的需要，经审查认定为合法有效的，可以作为裁判说理的依据"。但是，正因为其看似简单，实际上有诸多深层次的问题。广义的理解，"形式合法性"就是要求合乎"官方的规定"；而从狭义上理解，"形式合法性"就是要求符合"法律规定"。按照是否具有法律属性为标准，说理依据可以分为具有法律性质的依据（简称"法律性依据"）和不具有法律性质的依据（非法律性依据），它们在合乎"形式合法性"要求上有不同要求：法律性依据本身是法律，在立法时就已经通过合法性审

---

① ［德］尤尔根·哈贝马斯：《交往与社会进化》，张博树译，重庆出版社1989年版，第206、184页。

第六章 民事裁判文书的说理依据选取准则：以宪法规范为例证

查，要求不违背上位法即可；非法律性依据，除了符合广义"形式合法性"要求以外，还要求不能违背法律，符合狭义上的"形式合法性"。

尽管 2016 年最高人民法院印发《人民法院民事裁判文书制作规范》的通知明确了"裁判文书不得引用宪法和各级人民法院关于审判工作的指导性文件、会议纪要、各审判业务庭的答复意见以及人民法院与有关部门联合下发的文件作为裁判依据，但其体现的原则和精神可以在说理部分予以阐述。"但是，其作为指导性文件，没有普遍的拘束力，也无法回应行政诉讼、刑事诉讼中援引宪法的情况。到底是可以援引 2018 年修正的《中华人民共和国宪法》条文说理，还是"宪法体现的原则和精神"，存在着不同的理解，但是即便不能说明宪法条文可以作为民事裁判文书说理依据，也至少可以说明"宪法体现的原则和精神"可以作为民事裁判文书说理援引的依据，因为"原则和精神"有"条文"所承载，反之则不是。按照广义上的"形式合法性"，宪法原则和宪法精神就具备了合法性，因为 2016 年最高人民法院印发《人民法院民事裁判文书制作规范》的通知已经明确规定。同样的，各级人民法院关于审判工作的指导性文件、会议纪要、各审判业务庭的答复意见以及人民法院与有关部门联合下发的文件所体现原则和精神也可成为民事裁判文书的说理依据。

在我国，法律通常是指由全国人民代表大会和全国人民代表大会常务委员会依照法定程序制定、修改并颁布，并由国家强制力保证实施的基本法律和普通法律的总称，包括宪法、法律（基本法和普通法意义上的法律）、行政法规、地方性法规、自治条例和单行条例，基本法律包括刑法、刑事诉讼法、民法典、民事诉讼法、行政法、行政诉讼法、商法、国际法等，普通法律包括如商标法、旅游法等。在这个意义上的说理依据合法必须符合宪法、基本法、特别法、行政法规、司法解释、地方性法规的具体规定。

以"宪法所体现的原则和精神"为例，也即宪法原则和宪法精神。"在位阶上宪法规范高于其他法规范，因此抵触宪法原则之一般的法律规范将归于无效。"① 所以，要审查宪法原则、宪法精神是否合乎形式上

---

① ［德］卡尔·拉伦茨：《法学方法论》，陈爱娥译，商务印书馆 2003 年版，第 217 页。

的法律，不能够以宪法以外的法律为标准，而是仍要以"宪法"为标准，也就是说作为说理依据的宪法原则和宪法精神必须源于2018年《中华人民共和国宪法》，例如直接源于宪法的原则有：领土完整、互不侵犯、互不干涉内政、平等互利、和平共处五项原则；民主集中制的原则；在中央的统一领导下，充分发挥地方的主动性、积极性的原则；各尽所能、按劳分配的原则；精简的原则；以及特别申明由其他法律规定的原则，例如"自治区、自治州、自治县设立自治机关。自治机关的组织和工作根据宪法第三章第五节、第六节规定的基本原则由法律规定。"除此之外，学界也"发现"了不少宪法原则，诸如"比例原则"，① 税宪法原则（税法定原则、税公平原则、税效率原则），② 人民主权原则、宪法至上原则、剩余权力原则、法律优先原则、法律保留原则、依宪授权原则、依法行政原则、人权的司法最终性救济原则，③ 以及人民主权原则、基本人权原则、法治原则、权力制约原则或民主集中制原则④等等。然而，"宪法精神"在2018年《中华人民共和国宪法》中并没有直接表述，按照学者的解释可以如此理解："以人为本"是宪法精神的科学内涵，主要表现在人的存在、人的尊严、人的自由和人的发展；⑤ "宪法精神就是保权与限权精神，保障公民个人权利和自由，限制国家政府一切公权力的滥用，体现民主、共和、宽容、平等、自由、法治和人权精神"；⑥ "宪法精神以'人的尊严'作为宪法制度存在的基本哲学"，"体现自由、民主、法治、宽容与和平等价值"。⑦ 因此，何为"宪法精神"还需要在狭义上的"形式合法性"加以规定。

不可否认，宪法原则和宪法精神不是"玄幻"的，它的载体就是宪

---

① 有学者通过对我国《宪法》第38条、第33条第2—4款、第10条第3款、第5条第3—4款进行归纳，认为我国宪法已经确立了宪法比例原则。参见范进学《论宪法比例原则》，《比较法研究》2018年第5期。
② 彭礼堂：《税法原则初论》，转引自彭礼堂《税宪法原则与遗产税的开征》，《经济法研究》2018年第1期。
③ 莫纪宏：《宪法原则在宪法学理论研究体系中的地位及发展》，《法学论坛》2012年第6期。
④ 许崇德、胡锦光：《宪法（第5版）》，中国人民大学出版社2014年版，第15—16页。
⑤ 范毅：《论宪法精神的科学内涵》，《求索》2004年第8期。
⑥ 范进学：《宪法精神应成为我国的主流价值观》，《山东社会科学》2013年第2期。
⑦ 韩大元：《民法典编纂要体现宪法精神》，《国家检察官学院学报》2016年第6期。

第六章　民事裁判文书的说理依据选取准则：以宪法规范为例证

法条文，直接援引宪法条文作为说理依据更具有操作性。只不过，按照语义理解，宪法条文尚未符合"形式合法性"。也正因为如此，后文的论述以"宪法条文"展开进行验证。

二　实质合法性：实现法律效果

按照前述论证，"大多数公民认可"才是实质合法，即"可接受性"是实质合法的主要内容，那么如何才能够获得大多数公民认可呢？从法哲学角度而言，符合正义、平等、自由等法律价值的说理依据具有可接受性。但是，这种解释太过于抽象，与我国法治语境并不相符合。近些年来在司法实践中逐渐形成了法律效果和社会效果统一的效果取向，"将法律效果与社会效果有机结合起来，强调法律适用中的社会价值考量，就成为我国当代司法的应有之义和显著标志"。[①] 鉴于此，在研究选择民事裁判文书说理依据时应该考量"大多数人可接受性"因素，同时应该在司法系统内部中寻找遵循和尺度，即以法律效果为基本遵循，以社会效果为评价尺度，实现法律效果和社会效果统一，即为"大多数人"可接受性的内容。需要注意的是，"社会效果本身是法律效果的有机组成部分，两者本身不是两种效果，而就是一种社会效果，不存在对立关系。"[②] 但是，近年来的重大社会案件过于注重社会效果，法官对法律效果的忽视，没有严格按照法律规定适用举证证明责任分配，反而产生了更大的负面社会效果。因而，实质性合法应该坚持法律效果为导向，以法律效果为基础，法律效果实现了，社会效果也会随之实现。

探讨不恰当的说理依据所导致负面司法后果时，必然不能忽视南京的"彭宇案"。[③] 法官在判决文书中认定彭宇没有碰撞徐姓老人的事实时，所选用生活经验推理不甚正确，并在不恰当运用"经验法则"的情

[①] 孔祥俊：《法官如何裁判》，中国法制出版社2017年版，第155页。
[②] 孔祥俊：《法官如何裁判》，中国法制出版社2017年版，第157页。
[③] 判决书中本院认为部分中对于原、被告是否相撞的事实认定推理分析中，法官所表述的"如果被告是见义勇为做好事，更符合实际的做法应是抓住撞倒原告的人，而不仅仅是好心相扶；如果被告是做好事，根据社会情理，在原告的家人到达后，其完全可以在言明事实经过并让原告的家人将原告送往医院，然后自行离开，但被告未作此等选择，其行为显然与情理相悖"的言词。参见徐××与彭×人身损害赔偿纠纷案，南京市鼓楼区人民法院（2007）鼓民一初字第212号民事判决书。

况下将其作为补充事实认定的来源依据,① 随后案件经由网络媒体的片段化剪辑与异化助推,使公众对于判决结果的认识进一步脱离了案件事实的真相。法官在基于"人性恶"的个人经验推断出来的社会一般经验依据支撑下,作出认定彭宇与老人相撞的事实推定既违背了主流道德价值取向,又给司法公信力带来一锤重击。鉴于此,法官针对裁判文书中说理依据的措辞表达稍有不当,便会成为民众新一轮的攻击对象,陷入无论怎样对待裁判文书说理都会面临"挑刺"的"塔西佗陷阱"。效果取向的实现需要注意避免"塔西佗陷阱"的发生,环顾当下整体的司法环境,法官没有在裁判文书中表达说理依据的强烈意愿,民众无法通过裁判文书探知法官的裁判思维以及作出裁量结果的根据,而当事人对裁判结果不满又在一定程度上加剧了公众对于司法公信力的质疑。加之网络舆论逐渐成为民众对司法进行社会监督的渠道,在网络舆论的洪流对司法的影响下,裁判结果更多地会考虑社会效果,而被迫克减了个案应该有的法律效果。

　　理论界和实务界并未就法律效果的内涵达成共识,例如:裁判的法律效果是法官依法审判,即严格适用法律来维护法律的尊严,保证法律得到一体的遵循和适用;② 法律效果的含义有三,即法律规则之实现,法律原则之实现,法律目的之实现;③ 法律效果是强调法律和事实的演绎、归纳、类比推理,侧重于法律条文的严格和准确的适用。④ 通过剖析上述观点,可以抽象出其最小共识——侧重于法官依照形式逻辑推理,严格以法律为准绳,使裁判结果符合法律精神和立法目的,维护法律权威。民事裁判文书说理依据的选择,要考虑的是能否通过判决文书的说

---

① 判决文书中的表述在经过网络媒体的刻意渲染之后,通过传媒包装异化为法官认为不是彭宇撞的老人,则彭宇不应该去扶老人的偏离事实真相的论断,此种观点明显相悖于证明责任指向不利于彭宇的情形,同时也与庭审时彭宇的自认和相关联证明材料所认定的事实相违,但由于法官背离通俗道德信仰的事实推定的逻辑表达,最终致使判决结果与公众认知间巨大反差情况的出现。参见傅郁林《当信仰危机遭遇和谐司法——由彭宇案现象透视司法与传媒关系》,《法律适用》2012 年第 12 期;中国法院网:《最高法发布交通事故赔偿纠纷案等四起典型案例》,https://www.chinacourt.org/article/detail/2014/07/id/1352051.shtml。

② 李国光:《坚持办案的法律效果与社会效果相统一》,《党建研究》1999 年第 12 期。

③ 江国华:《审判的社会效果寓于其法律效果之中》,《湖南社会科学》2011 年第 4 期。

④ 阴建峰:《论法律效果与社会效果的统一——以贯彻宽严相济刑事政策为中心》,《河南社会科学》2011 年第 2 期。

理表现出裁判的法律效果，确保法律适用的公信力。具体到"宪法原则""宪法精神""宪法条文"而言，在援引宪法条文时要注意维护宪法权威，例如"相对于有关事项来说，被援用宪法条文的有效性极为明显，不构成争议，其公正性绝对不需要通过上诉、再审等程序来救济"。① 在说理依据中援引宪法，不仅是要让宪法及其所在的裁判文书得到当事人自觉遵守、社会普遍认同，还要实现法律裁判对自然人、法人和其他组织起到规范和约束作用。

第二节 选取准则Ⅱ：民事裁判文书说理依据的必要性

在论证同一个争议焦点时，可能会出现两个及其以上的说理依据，那么是全部选择，还是选择其中一条。也就是，某一说理依据可能是必须援引的，如果不援引则无法使说理理由达到信服的效果，也可能是可引或可不引的情形，援引其他类型的依据也可以达到同样的效果。不考虑到法官投入的时间和精力成本，当然是使说理依据越充分越好。但是，在"案多人少"的背景下，如何实现援引必要的说理依据，实现说理应该达到效果呢？这就要确立基本的准据，确定哪些民事裁判文书说理依据确实有必要选择。例如，并不是每一个裁判文书的说理部分都须要援引宪法原则、精神或条文，有的情况下是必须援引，有的情况下是可以援引。

一 弥合法律的漏洞：缺位—弥合模式

从立法制定开始，到法律文本的最终出台，其就不可避免的掺杂和携带了立法者的主观意愿和价值偏好。"法律规范在一个法律论点上的效力，是由法律家按忠实原意和适合当时案件的原则通过法律解释予以确认的，其中包含着人类特有的价值和目的考虑，反映了法律家的知识表达具有主观能动性"。② 正因为人自身认识的局限性和对客观行为的路

---

① 童之伟：《宪法适用应依循宪法本身规定的路径》，《中国法学》2008年第6期。
② 张保生：《人工智能法律系统的法理学思考》，《法学评论》2001年第5期。

径依赖性,致使法律在制定伊始就具有难以逾越的缺陷,又加之法律从制定之初就落后于社会发展。因此法律天然地具有缺陷性和滞后性,决定了静态、抽象和程式化的条文在处理形态复杂、变化频出的现实事件时,不太可能直接套用。法律漏洞是指对于应当给予法律规定的事项,因为立法者的疏忽、未预见或情况变更,而未作规定的情形。[①] 无论是因为何种原因,立法者的疏忽或未预见也好,法律颁布后发生新的情势变更也罢,只要现有的法律无法对新出现的情况作出规定,就可以视为存在"法律漏洞"。法律漏洞的存在给司法实践带来了新的问题,因为"禁止拒绝裁判"原则的存在,法院有义务对进入诉讼的争议事实,即便没有相应法律明确规定,也必须对其管辖范围内的案件作出判决。这就让法律漏洞的存在成为无法忽视的问题,既然"法律漏洞"已经存在,那么就需要考虑如何"填补"。

概念法学曾经一度盛行,当中所崇尚的将"法律"同"法律的社会基础"以及"法律实在性""法律目的"相隔离,单纯将法律条文作为适用基石,以对法条的注释为能事,从而导致法学与社会实情相脱离,法官也只能作为法律的搬运工,进行自动售货机式的裁量审案[②]。此种推崇绝对形式逻辑演绎的审理方式,在社会关系相对简单,纠纷类型较为固定的时代存在一定程度的司法实践意义,但伴随着社会化大生产的日益推进,社会分工的日趋精细,纠纷类型和内容日渐复杂多变。此时再沿用自动售货机的司法裁量,则很难跟上审理的步伐。也不可能继续用"自给自足的封闭法律体系"来面对变幻、具体、动态的案件,只能发挥法官作为认识主体的能动性,将在专业的法律知识基础上对法律条文的理解和日常经验法则灌注到法律的推理逻辑中,用自身的主观能动性来破解法律形式主义当中的漏洞和缺陷。

填补法律漏洞依靠法律解释,这已经在业内达成了基本共识,具体的方法有类推适用、目的性扩张、目的性限缩、利益衡量和创造补充等。填补"漏洞"是法官面对"禁止拒绝裁判"而不得不为之,也是法官司法裁判必须履行的责任。按照拉伦茨的理解,"只有当法律有'漏洞'

---

① 杨仁寿:《法学方法论》,中国政法大学出版社1999年版,第142页。
② 杨仁寿:《法学方法论》,中国政法大学出版社1999年版,第66页。

第六章 民事裁判文书的说理依据选取准则：以宪法规范为例证

存在时，才承认法官有法的续造之权限"。① 但是，我国并不存在"法官造法"的传统，2015 年《中华人民共和国立法法》第四十五条明确将法律解释权赋予全国人民代表大会常务委员会，第一百零四条规定最高人民法院、最高人民检察院主要针对具体的法律条文，并符合立法的目的、原则和原意可以作出属于审判、检察工作中具体应用法律的解释。也就说明，法律解释权（潜在的造法权力）并不在法官，而是保留在全国人民代表大会常务委员会，以及部分保留在最高人民法院和最高人民检察院。那么，当法官在司法实践遇到"没有法律规定""法律规定需要进一步明确含义""法律制定后出现新情况需要明确法律适用依据"的情形，除了向最高人民法院请求批复以外，是否还可以通过其他方法来填补呢？答案是肯定的，通过说理依据来弥合法律的漏洞，不失为一条好的路径。"法律漏洞的填补取决于法官的自由裁量权"，② 法律漏洞需要依靠法律解释去填补，而在填补法律漏洞时，法官如何说明为何需要如此解释，离不开说理依据，因此可以认为说理依据是在弥合法律漏洞。

法院无权直接依据宪法进行裁判，而遵守性援引宪法注重援引宪法进行说理，能够促进宪法实施，维护宪法权威。③ 就宪法条文而言，即便不能将宪法作为裁判依据，同样可以起到弥补法律漏洞的效果。民事裁判文书的说理是裁判文书的重要内容，法官主要依据现有的法律和规范性文件以及经验法则等对争议焦点展开分析、说理和评判。当法律和规范性文件都缺位时，宪法就能独立或与规范性文件结合成为说理依据，此时法官在撰写裁判文书时援引宪法作为说理依据就显得十分必要。

当宪法和法律都没有具体规定某一问题时，援引宪法作为说理依据（见表6-1）：（1）援引宪法条文所体现的原则和精神作为说理依据，确定诉讼主体资格。例如，（2001）二中知初字第 223 号判决书援引宪法作为说理依据——"体现了我国宪法规定的民族区域自治法律制度的特点""体现我国宪法和特别法律关于民族区域自治法律制度的原则"，最

---

① ［德］卡尔·拉伦茨：《法学方法论》，陈爱娥译，商务印书馆 2003 年版，第 247 页。
② 林国华：《法律漏洞与自由裁量》，《青海师范大学学报》（哲学社会科学版）2006 年第 2 期。
③ 童之伟：《宪法适用应依循宪法本身规定的路径》，《中国法学》2008 年第 6 期。

后得出原告作为民族乡政府可以以自己的名义提起诉讼；尽管（2003）高民终字第246号判决书的表述有些差异——"四排赫哲族乡政府作为一个民族乡政府是依据我国宪法和法律的规定在少数民族聚居区内设立的乡级地方国家政权""符合我国宪法规定的基本原则"，但最终也论证四排赫哲族乡政府可以以自己的名义对侵犯赫哲族民间文学艺术作品合法权益的行为提起诉讼。（2）援引宪法的基本条款作为说理依据，说明当事人的基本权利受法律的保护和限制。由于法律中并未将言论自由类型化为具体权利，当涉及到需要借助言论自由来抗辩2012年《中华人民共和国治安管理处罚法》中规定的扰乱公共场所秩序的违法行为时，（2012）秀行初字第4号判决书中法官就援引宪法"先扬后抑"，承认其享有"言论自由的权利"，但是不能以此为由侵害他人权利或妨碍公共秩序；反过来，如果没有侵害到他人权利或妨碍公共秩序，宪法赋予的基本权利就应该得到保护，（2012）深福法民一初字第727号判决书中法官援引"宪法"说明公民的通信自由和通信秘密受法律的保护。（3）援引宪法作为说理依据，说明规章及其以下的规范性文件的正当性。（2016）苏03民终3594号判决书中援引"宪法至上"的权威性为前提，部门规章只要不与宪法、法律、行政法规相抵触，人民法院在审理劳动争议案件时都可以参照适用。

表6-1　　必须援引宪法弥合法律漏洞的情形（选辑）

案号	涉及"宪法"的说理依据	援引宪法的必要性
（2001）二中知初字第223号	原告作为一个民族乡政府虽不是民族自治地方的自治机关，但该民族乡政府是依据我国宪法和特别法的规定，在少数民族聚居区内设立的乡级地方国家政权，体现了我国宪法规定的民族区域自治法律制度的特点。该民族乡政府既是赫哲族部分群体的政治代表，也是赫哲族部分群体公共利益的代表。在赫哲族民间文学艺术可能受到侵害时，鉴于权利主体状态的特殊性，为维护本区域内的赫哲族公众的权益，在体现我国宪法和特别法律关于民族区域自治法律制度的原则，且不违反法律禁止性规定的前提下，原告作为民族乡政府，可以以自己的名义提起诉讼。	确定诉讼主体资格

第六章　民事裁判文书的说理依据选取准则：以宪法规范为例证

续表

案号	涉及"宪法"的说理依据	援引宪法的必要性
（2003）高民终字第 246 号	四排赫哲族乡政府作为一个民族乡政府是依据我国宪法和法律的规定在少数民族聚居区内设立的乡级地方国家政权，可以作为赫哲族部分群体公共利益的代表。故在符合我国宪法规定的基本原则、不违反法律禁止性规定的前提下，四排赫哲族乡政府为维护本区域内的赫哲族公众的权益，可以自己的名义对侵犯赫哲族民间文学艺术作品合法权益的行为提起诉讼。	确定诉讼主体资格
（2012）秀行初字第 4 号	本院认为，根据《中华人民共和国宪法》的规定，公民享有言论自由的权利，但在行使该权利时，亦必须承担法律规定的相关义务，不能因行使自己的权利而侵犯他人权利或妨碍社会公共秩序。	确定当事人享有权利
（2012）深福法民一初字第 727 号	个人通讯秘密权是指权利主体对个人信件、电报内容有权加以保密，有对自己的电话、传真、电子信箱的号码及其内容加以保密的权利，有权禁止他人未经许可窃听或者查阅。同时，我国宪法也规定公民的通信自由和通信秘密受法律的保护。……被告未经原告同意，擅自拆封原告邮件，客观上侵犯了原告的通信自由，损害了原告的隐私。……原告要求被告归还信件、公开道歉，符合法律规定，本院予以支持。	确定当事人享有通信自由
（2016）苏 03 民终 3594 号	原劳动部颁布的违反和解除劳动合同的经济补偿办法属于部门规章，其对于工资计算标准进行了明确，部门规章只要不与宪法、法律、行政法规相抵触，人民法院在审理劳动争议案件时可以参照适用。	说明适用部门规章正确

所谓的"缺位—弥合"模式，就是指当法官在审理案件时发现了法律漏洞，以宪法作为说理依据弥合法律漏洞时，法官会根据情况选择援引宪法条文、宪法原则或精神作为说理依据而不作为裁判依据，实际上起到了弥合法律漏洞的作用。进一步说明，从依据到说理依据，再到裁判文书说理依据，在选择上是要有相应的考量准则，能否弥合法律漏洞就是衡量民事裁判文书说理依据选择必要性的准据之一。

二　回应当事人诉求：诉求—回应模式

法庭辩论过程可以看作是对抗双方（民事案件中的当事人之间）在

对话，法官实际上起到的是引导和维护"对话"秩序的作用。但是，在裁判文书中，就是法官分别与对抗双方"对话"，为何支持一方的主张，为何不支持另一方的主张，为何采用一方的证据，为何不采用对方的证据，一方的理由和依据为何不对，对方的理由和依据为何让法官信服等等，都是分别围绕对抗双方而展开的"对话"，如果法官避而不谈，就无法让"对方"信服，导致当事人认为自己"占理"却得不到支持，导致当事人诉累。就说理依据而言，如果不是为了说理理由均有说理依据，法官原本可以不在裁判文书说理部分提及"该依据"，以免造成不必要的"麻烦"，但是一旦当事人援引了，那么法官是否应该回应呢？这就是一个不得不面临的问题。

2016年最高人民法院印发《人民法院民事裁判文书制作规范》的通知发布以后，当前的民事裁判文书说理中，相较于将宪法作为裁判依据，法院援用宪法作为说理依据已经越来越多，尽管还有一些将宪法作为裁判依据的不合规做法，同时也存在着一些裁判文书说理不回应当事人援引"宪法"作为说理依据的情况。以"（2015）海民初字第17417号裁判书"为例：原告援引宪法条文作为说理依据说明"女儿外嫁的户口在本队的给予3年租金"的规定无效，用以证明"该证据内容不合法"，原告还援引宪法条文作为说理依据说明一审法院适用法律错误。法院选择不回应当事人援引宪法作为说理依据的情况并非孤例，（2018）冀07民终397号裁判文书可以印证。（见表6-2）当然，也不是说只有这两个现实案例，相关案例很多，鉴于篇幅安排和不冲淡论证主题的考虑，在此不加详细列举。

表6-2 裁判文书说理未回应当事人援引的"宪法"说理依据（选辑）

案号	当事人援引"宪法"	说理理由均有说理依据情况
（2019）皖01民终1583号	如关于"女儿外嫁的户口在本队的给予3年租金"的规定显然违反《中华人民共和国宪法》第四十八条、《中华人民共和国妇女儿童权益保护法》第三十二条以及《中华人民共和国农村土地承包法》第六条的规定，是对妇女权益的公然歧视，应为无效协议。	无回应

第六章　民事裁判文书的说理依据选取准则：以宪法规范为例证

续表

案号	当事人援引"宪法"	说理理由均有说理依据情况
（2019）皖01民终1583号	一审法院适用法律错误。本案应适用《中华人民共和国宪法》第四十八条、《中华人民共和国妇女儿童权益保护法》第三十二条、《中华人民共和国农村土地承包法》第六条、第七条。一审法院适用《中华人民共和国土地管理法》第十六条、《中华人民共和国村民委员会组织法》第三条、第二十四条以及《中华人民共和国民事诉讼法》第一百一十九条是错误的。	
（2018）冀07民终397号	重审法院违反了《宪法》和法律的相关规定。剥夺了原告15年的合法劳动权益，劳动权是《宪法》赋予的权利，所以判决书违反最高法律，请中院领导认定其无效。第一、违反《宪法》第42条和《宪法》释义第42条规定，《宪法》42条规定："中华人民共和国境内的公民有劳动的权利和义务"，《宪法》释义第42条规定"国家和社会保证每个有劳动能力的人获得劳动机会，取得应得的报酬"。一审就是剥夺了原告《宪法》中规定的基本劳动权利。	无回应
	《宪法》《劳动法》《劳动合同法》《社会保险法》《事业单位人事管理条例》等许多法律法规都规定"保障劳动者在年老等情况下有享受社会保险待遇的权利"无可争议。	

　　法官不回应当事人援引宪法的情况，没有很好地做到"辨法析理、胜败皆明"，因此要认真对待当事人援引宪法作为说理依据的现实并作出相应的回应，以表明法官已经慎重考虑过当事人的主张以及援引的说理依据。尽管存在这种裁判文书说理不回应当事人援引"宪法"作为说理依据的情况，但并不能因此否定在民事裁判文书说理依据选择时，应将回应当事人援引作为基本的考量依据。当事人在阐述自己诉讼主张时援引宪法作为说理依据的情况比较多见，那么当事人为何要在诉讼文书中援引宪法呢？主要有以下几种原因：其一，原审法院错误，当事人援引宪法证明原审法院适用法律错误或判决错误；其二，为增强说理充分性，当事人除了援引法律法规等，还要一并援引宪法，用以说明法律规定的内容符合宪法，尽管这种说明是没有必要的；其三，合宪法性，当事人援引宪法证明对方当事人违宪或自己合宪。不管当事人出于何种目的，法院应该针对当事人援引宪法的情况予以回应，尤其是在败诉方援

引宪法的情况下,法官更应该在说理部分阐述败诉方援引宪法作为说理依据为何无法支持其主张的原因。

所谓的"诉求—回应"模式,就是指当事人在审判过程中援引了某一说理依据时,法官在撰写裁判文书时必须对该援引的依据进行回应。进一步说明,从依据到说理依据,再到裁判文书说理依据,在选择上是要有相应的考量准则,是否需要回应当事人援引就是衡量民事裁判文书说理依据选择必要性的准据之二。

第三节 选取准则Ⅲ:民事裁判文书说理依据的可行性

援引某一"依据"时,不仅要求该说理依据具备合法性、必要性,还要应当具有可行性,才能够作为民事裁判文书的说理依据。可行性不等于可接受性,可行性是对说理依据本体的要求,而可接受性是对整个裁判效果的要求——2018 年最高人民法院印发《关于加强和规范裁判文书释法说理的指导意见》的通知强调"裁判文书释法说理的目的是通过阐明裁判结论的形成过程和正当性理由,提高裁判的可接受性,实现法律效果和社会效果的有机统一"。然而为何不用考察其合理性呢?据考证,"合理性(Rationality)与理性(Reason)共同来源于拉丁文 Ratio(计算;账目;理由),reason 和 rationality 都可译为理性,这两个词的细微差别在于,Reason 作为名词意即理由、根据等;Rationality 则除了理由和根据的含义外还有'理由的可接受性'之义"。[①] 由此可以窥见,合理性的要义在于"理由的可接受性",而不能将合理性等同于"合乎理性",理性不一定合理,非理性不一定不合理,只要能够被主体"接受",对于主体而言就是具备合理性。因为"合理性概念它主要不是描述对象如何,而是从一定价值主体和评价主体的角度评价对象怎么样"。[②] 形式合理性又被称为"合法性",[③] 而合法性的问题已经在第六

[①] 费多益:《论科学的合理性》,《中国社会科学院研究生院》2001 年版,第 12 页。
[②] 欧阳康:《合理性与当代人文社会科学》,《中国社会科学》2001 年第 4 期。
[③] 陈林林:《裁判的进路与方法——司法论证理论导论》,中国政法大学出版社 2007 年版,第 48 页。

第六章　民事裁判文书的说理依据选取准则：以宪法规范为例证

章第一节"选取准则Ⅰ：民事裁判文书说理依据的合法性"详细论证，故不再赘述。至于，实质合理性涉及的是主观性判断，并没有统一的标准，可以说合法就是合理、必要就是合理，还可以可行就是合理，所以合理与否是不同主体"见仁见智"的问题，本书并不试图去深入讨论。就判断"可行性"而言，需要和个别判断的对象结合，就"依据"作为民事裁判文书说理依据是否可行而言，要从说理依据自身展开：一方面，要求说理依据具有客观性，即说理依据本身不再需要被其他依据所证明；另一方面，要求说理依据具有自洽性，即说理依据之间不能相互冲突或矛盾。

一　具有客观性：说理依据本身无须再证

客观是主体对对象的感知和认识，在不同学科中对其赋予了不同的涵义，例如"法律客观性"和"物质客观性""表达客观性"是不同学科的问题。此处讨论的"客观性"是"主观性"的对称，它要求说理依据是客观的存在，而不是主观的理由，因为主观性的"理由"才需要依据来加以论证，即要求作为民事裁判文书说理依据的那一个特定依据是不再需要其他依据来论证，此时它就是具有客观性。

如果"理由"是"事实"的第一性依据，"说理依据"是"事实"的依据——也就是"事实"的第二性依据，那么说理依据的客观性就要求不能再出现证明"事实"的第三性依据——也就是不能出现"说理依据"的"说理依据"，当然也不能以此类推出第四性依据、第五性依据等。（见图6-3）相应地，如果说"裁判理由"是"裁判结果"的第一性依据，"说理依据"是"裁判理由"的依据——也就是"裁判结果"的第二性依据，那么说理依据的客观性就要求不能再出现"裁判结果"下位性依据——即不能出现"说理依据"的说理依据，如果没有这一要求，那么说理依据将会陷入无尽循环论证之中。（见图6-4）

如何理解"说理依据无需再证"，作为说理依据的那一个特定依据是不再需要其他依据来论证。例如，在取消"证明你妈是你妈"之前，去派出所开具无犯罪证明，派出所要求你"证明你就是你"：如果拿出身份证作为说明"你就是你"的说理依据，那么派出所就不会要"你"再证明"你"的身份证是"你"的身份证，因为身份证的客观性很强，

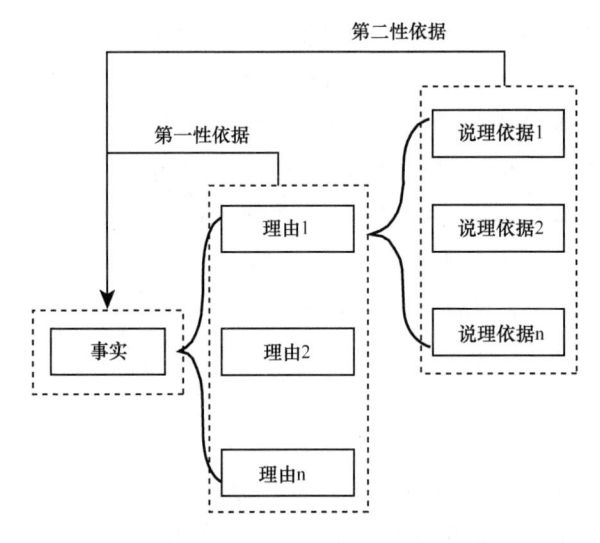

图 6-3　说理依据的客观性标准

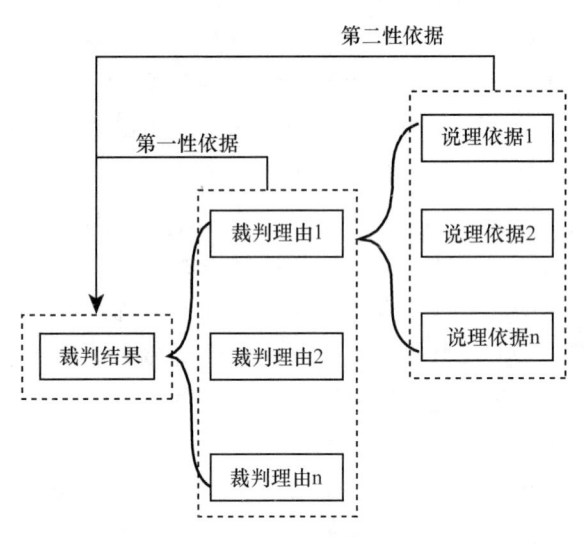

图 6-4　民事裁判文书说理依据的客观性标准

足以证明"你就是你"的理由成立;如果拿出学生证作为说明"你就是你"的说理依据,派出所会要你去所在的学院开具一个"证明你是所在学院的学生"的证明,那么学院给你出具一个"证明"并加盖公章,由于学生证的客观性弱,不足以证明"你就是你"的理由成立,所以需要"学院证明"作为"你就是你的"理由成立的说理依据,而"学院证明"

第六章 民事裁判文书的说理依据选取准则：以宪法规范为例证

仍然需要"公章"作为依据，因为"公章"的客观性很强，所以不再需要循环往复证明下去。

在各类说理依据中（见表 3-2 和表 3-3），法律法规、司法解释、司法指导性文件、审判业务规范性文件、指导性案例、立法材料、法律解释方法材料等客观性很强，其本身无需再证明；但是，诸如"……体现的原则和精神"、公理、情理、伦理、经验、惯例、规约、法理、学理等客观性并不强，存在"见仁见智"的可能性，那么说理依据的客观性就要求这些"见仁见智"类的"依据"不需要再次被证明，否则就不可以用作民事裁判文书的说理依据。例如，以"同行学术观点"作为说理依据，由于"学术观点"具有很强的主观性，若该学术观点出自名不见经传者，那么其说服力就不如出自公认法学家的学术观点，而又比不上"学术通说"。因为"学术通说"之所以成为"通说"，就是得到了大多数人的认可，可以认为其具有客观性和普适性。

就宪法作为说理依据而言，宪法条文属于"法律"的范畴，当然无需再证明，但是宪法所体现的"原则"和"精神"，其客观性并不是必然的，每个人的理解也不一样。如果抽象地将还未成为业界共识的某一宪法精神或宪法原则作为说理依据，那么将在"说理依据客观性"的约束下，将其作为说理依据显然是不合理的。因为说理具有主观性，如果没有依据对理由加以支持，就难以获得信服力。例如，（2018）黑 09 民终 118 号裁判文书的"本院认为"，"当合同的相对性原则与宪法确立的法律面前人人平等原则相冲突时，应当优先适用宪法原则，而不应用合同的相对性原则来排除第三人的宪法权利。"[①] 该案法官在说理时将宪法体现的原则——"宪法面前人人平等原则"作为本来并非合同相对方的

[①] 本院认为，上诉人王清系与王淑花和于国太之间签订房屋买卖合同约定事项的直接利害关系人，虽然从表面来看，其并不是该合同一方的民事主体，但是，当合同的相对性原则与宪法确立的法律面前人人平等原则相冲突时，应当优先适用宪法原则，而不应用合同的相对性原则来排除第三人的宪法权利。同时，2015 年《中华人民共和国民事诉讼法》第一百零八条（现为 2021 年《中华人民共和国民事诉讼法》第一百二十二条）规定，起诉必须符合下列条件：（一）原告是与本案有直接利害关系的公民法人和其他组织；……。因此，当王清有证据证明自己的合法权利受到了合同一方当事人的不法侵害时，有权向法院提起确认合同无效之诉。参见王清与王淑花、于国太确认合同无效纠纷案，黑龙江省七台河市中级人民法院（2018）黑 09 民终 118 号民事裁定书。

王清"有权向法院提起确认合同无效之诉"的理由,就是法官个人主观性的说理,而并没有载明"合同相对性原则"与"法律面前人人平等原则"冲突时优先适用"宪法原则"这一理由的依据。再如,(2016)鄂12民终字949号裁判文书的"本院认为"(即理由部分),先载明理由"公民的合法财产受法律保护,禁止任何组织或者个人侵占、哄抢、破坏或者非法查封、扣押、冻结、没收",再载明说明该理由的依据"《中华人民共和国宪法》第十三条规定:'公民的合法的私有财产不受侵犯'。"① 暂不考虑将宪法条文作为说理依据是否被允许,该案法官援引宪法条文作为说理依据是可行的,因为宪法条文具有客观性,无需再证。

二 具有一致性:说理依据之间不相冲突

融贯性似乎成为"裁判进路"②和"裁判理由"③等涉及"裁判"主题研究绕不过去的研究点,但是本书并不企图从该论点展开,因为实在过于牵强。一方面,因为法律融贯论一词具有多义性和模糊性,至少分为认识性融贯论(epistemic coherentism)、构成性融贯论(constitutive coherentism)、整全性融贯论(integrated coherentism)三种,且三者相互不可替代。④ 从此三种融贯性的定义⑤来看,融贯性指向的是法律知识或法律本质的证成。另一方面,"融贯性"作为舶来词汇在汉语语境中,和"一致性"被等同视之,例如《新英汉词典》中 coherence(融贯性)

---

① 本院认为,公民的合法财产受法律保护,禁止任何组织或者个人侵占、哄抢、破坏或者非法查封、扣押、冻结、没收。《中华人民共和国宪法》第十三条规定:"公民的合法的私有财产不受侵犯。"2009年《中华人民共和国民法通则》(已废止)第七十五条规定:"公民的个人财产,包括公民的合法收入、房屋、储蓄、生活用品、文物、图书资料、林木、牲畜和法律允许公民所有的生产资料以及其他合法财产。公民的合法财产受法律保护,禁止任何组织或个人侵占、哄抢、破坏或者非法查封、扣押、冻结、没收。"(现为2021年《中华人民共和国民法典》第二百六十七条规定,"私人的合法财产受法律保护,禁止任何组织或者个人侵占、哄抢、破坏。")参见华望明与胡文灿财产损害赔偿纠纷案,湖北省咸宁市中级人民法院(2016)鄂12民终949号民事判决书。

② 陈林林:《裁判的进路与方法——司法论证理论导论》,中国政法大学出版社2007年版,第59—64页。

③ 范凯文:《裁判理由的发现与论证》,中国政法大学出版社2018年版,第166—223页。

④ 陈曦:《法律融贯论辨析》,《北方法学》2017年第6期。

⑤ 认识性法律融贯论是一种关于法律知识的证成理论;构成性法律融贯论是一种关于法律本质以及正确裁判的理论;整全性法律融贯论则是一种关于法律知识最优证成理论的广义融贯论。参见陈曦:《法律融贯论辨析》,《北方法学》2017年第6期。

第六章　民事裁判文书的说理依据选取准则：以宪法规范为例证

指逻辑连贯性、前后一致性，consistency（一致性）指协调一致、前后一致、言行一致、连贯性。① 融贯性和一致性的意思近似，同样的在《英语搭配大辞典》（日本人主编，日语源自于汉语，故归入汉语语境）得到印证。② 而在《英汉法律大词典》仅收入了"consistent"（一致性）。③ 鉴于此，尽管有不少学者尽力将"融贯性"和"一致性"区分开来，④ 但是本书并不试图尝试区分此二者，而是直接从"一致性"展开论证。也就是说，此处着意于考虑说理依据的一致性问题。

按照学术上的理解，"一致性就是两个命题之间没有逻辑上的矛盾，如果一个命题能够被毫无冲突地嵌入与其他命题的关联之中，那么它们就是一致的"。⑤ 通俗地理解，一致性就是部分和整体之间不矛盾、不冲突，说理依据的一致性就是指裁判文书中被说理对象和说理依据间不矛盾、不冲突，以及说理依据和说理依据间不矛盾、不冲突。按照说理对象的复杂程度不同，其对应的说理理由数量是不同的，而不同的说理理由对应的说理依据数量是不同的：对于简单的说理对象，可能对应一个说理理由，该说理理由对应一个说理依据就能够达到必要的说理要求，例如"说理对象 A"与"说理理由 A"与"说理依据 A"三者一一对应；对于复杂的说理对象，可能对应多个说理理由，例如"说理对象 B"对应"说理理由 B_1""说理理由 B_2""说理理由 B_n"，而不同的说理理由对应的可能是一个或者多个说理依据，例如"说理理由 B_2"与"说理依据 B_2"，"说理理由 B_1"与"说理依据 B_{11}""说理依据 B_{12}""说理依据 B_{1n}"。

---

① 上海译文出版社编：《新英汉词典（世纪版）》，上海译文出版社 2000 年版，第 236、262 页。

② ［日］市川繁治郎主编：《英语搭配大辞典》，外语教学与研究出版社 2006 年版，第 318、371 页。

③ 李宗锷、潘慧仪主编：《英汉法律大词典》，法律出版社 1999 年版，第 68 页。

④ 侯学勇：《融贯性的概念分析：与一致性相比较》，《法律方法》2009 年第 2 期；侯学勇：《法律论证的融贯性研究》，博士学位论文，山东大学，2009 年。徐梦醒：《法律论证的规范性融贯研究》，《法学论坛》2014 年第 6 期。陈林林：《裁判的进路与方法——司法论证理论导论》，中国政法大学出版社 2007 年版，第 59 页。范凯云：《裁判理由的发现与论证》，中国政法大学出版社 2018 年版，第 166—223 页。

⑤ Neil McCormick, *Coherence in legal justification*. in Scott Brewer. *Moral theory and legal reasoning*, New York: Garland Publishing Inc, 1998, p. 266.

如果说理依据不一致，容易导致裁判文书说理存在瑕疵，其可接受性就会被质疑。但是，说理依据一致性并不要求"说理依据"越过"说理理由"，而与"说理对象"保持一致性，"说理理由"和"说理对象"的一致性是它们两者的内在要求，不能归入到"说理依据一致性"，同样也不要求"说理理由"之间的相互一致。需要注意的是，说理依据一致性规范的是说理依据内部（说理依据与说理理由之间、说理依据相互之间），而不涉及说理依据与其他内容的一致性，例如要求说理依据与现行法律相一致，这个问题已经得到说理依据准则Ⅰ"合法性"的评价，再例如说理依据与其他内容的关联性（可以视为是一致性的不同程度）已经得到说理依据准则Ⅱ"必要性"的评价。所以说，说理依据准则Ⅲ"可行性"只关注"说理依据"本身和内部问题。

因此，在可行性层面要求说理依据之间的一致性，包括三层含义：其一，同一个说理理由对应的多个说理依据之间的一致性，即"说理理由 B_1""说理理由 B_2""说理理由 B_n"分别与其各自的说理依据对应，例如"说理理由 B_1"的"说理依据 B_{11}""说理依据 B_{12}""说理依据 B_{1n}"；其二，相近说理理由的说理依据之间的一致性，例如"说理依据 B_{11}""说理依据 B_{12}""说理依据 B_{1n}"与"说理依据 B_2"、"说理依据 B_{n1}""说理依据 B_{n2}"与"说理依据 B_{nn}"相互之间不能冲突；其三，无论说理理由对应多少说理依据，作为整体的说理依据和说理理由之间要求具有一致性，例如"说理依据 A"与"说理理由 A"、"说理依据 B_{11} + 说理依据 B_{12} + 说理依据 B_{1n}"与"说理理由 B_1"。（见图 6-5）

就宪法作为说理依据而言，宪法位阶最高，通常在同一裁判文书的同一说理理由部分不会出现两条以上的不同宪法条文（精神或原则）作为说理依据，因此不会存在宪法说理依据间的不一致，但是要确保其他类型说理依据与宪法说理依据的一致性。下面以（2016）粤 17 民终 128 号裁判文书的说理依据为例说明：其一，"说理依据 2""受教育者的退学、转学、退费的权利"与"说理依据 1"即"受教育权"相互一致；其二，该案的说理对象对应一个说理理由，不存在相近说理理由，故不用考虑相近说理理由的说理依据之间的一致性问题；其三，作为整体的"说理依据 1 + 说理依据 2"具有一致性和"说理理由"，即"受教育权 + 受教育者的退学、转学、退费的权利"与"在公办学校或民办学校

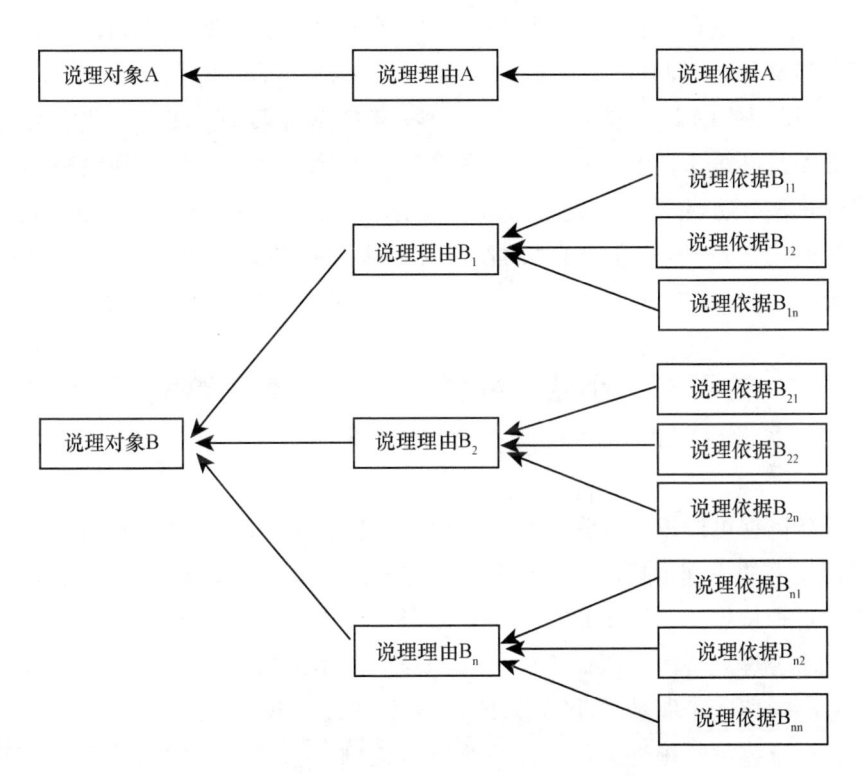

第六章　民事裁判文书的说理依据选取准则：以宪法规范为例证

图6-5　说理对象、说理理由和说理依据的构造公式

接受教育以及在此二者之间转学的自由"具有一致性。

（2016）粤17民终128号裁判文书的说理对象、说理理由和说理依据三阶构造关系分解如下：

［说理对象］：星鹏学校与钟某甲、钟某乙、黄某丙之间所签订的《委托代为培养孩子学习合同书》，是双方的真实意思表示，其主要内容没有违反法律、法规强制性规定，应认定有效。但是，该合同中所约定的有关禁止转学、违约金条款应属无效。

［说理理由］：在义务教育阶段，受教育者可依照相关规定到公办学校接受义务教育，也可以自主选择民办学校接受教育；因家庭迁移或其他正当理由的，可办理转学；受教育者有权从民办学校转学到公办学校就读，也有权从一所民办学校转学到另一所民办学校就读。转学作为受教育者受教育权的组成部分，学校不能加以剥夺。

[说理依据1]：受教育权是宪法赋予公民的一项基本权利，国家实行九年义务教育制度。

[说理依据2]：就我省而言，2009年广东省第十一届人民代表大会常务委员会第十四次会议通过的《广东省实施〈中华人民共和国民办教育促进法〉办法》第十九条第一款规定，"民办学校受教育者提出退学、转学的，学校应当按照有关规定，及时为其办理退学、转学、退费手续。"

第四节　小结：新类型依据成为民事裁判文书说理依据的判定

某依据可以成为日常生活中的说理依据，但并不一定能够作为民事裁判文书的说理依据。除了现有的说理依据类型（参见表5-1民事裁判文书说理依据知识图谱指标体系）以外，新型的民事裁判文书说理依据是无法穷尽列举的，因而无法一一列举。科学的做法就是确定一套标准体系——相当于制造一个"模型"，把新出现的说理依据往"模型"里装，如果能够装得进去就可以作为民事裁判文书说理依据，反之，则不可以成为民事裁判文书说理依据。这个"模型"的三个"过滤"层就是——合法性、必要性和可行性（见图6-6）。

第一步，判断某依据是否符合现行法律，否，则排除；是，则考察其能否实现法律效果，否，则排除；是，则进入第二步判断。

第二步，判断某依据能否弥补法律漏洞，否，则排除；是，则考察其能否回应当事人诉求，否，则排除；是，则进入第三步判断。

第三步，判断某依据本身是否无须再被证明，否，则排除；是，则考察其相互间是否不冲突，否，则排除；是，则完成判断，该依据可以作为民事裁判文书说理依据。

该模型设计遵循的思路是效率优先，即让法官在最简化的步骤中做出判断。另外，设计该模型的另一思路是让"算法"辅助法官完成判断，当然最终是否选择适用的决定仍然需要法官来做。按照该模型，对中国裁判文书网中的样本进行拆分和标注，哪些内容对应"合法性""必要性"和"可行性"，然后让算法自动学习，形成判断"依据成为民

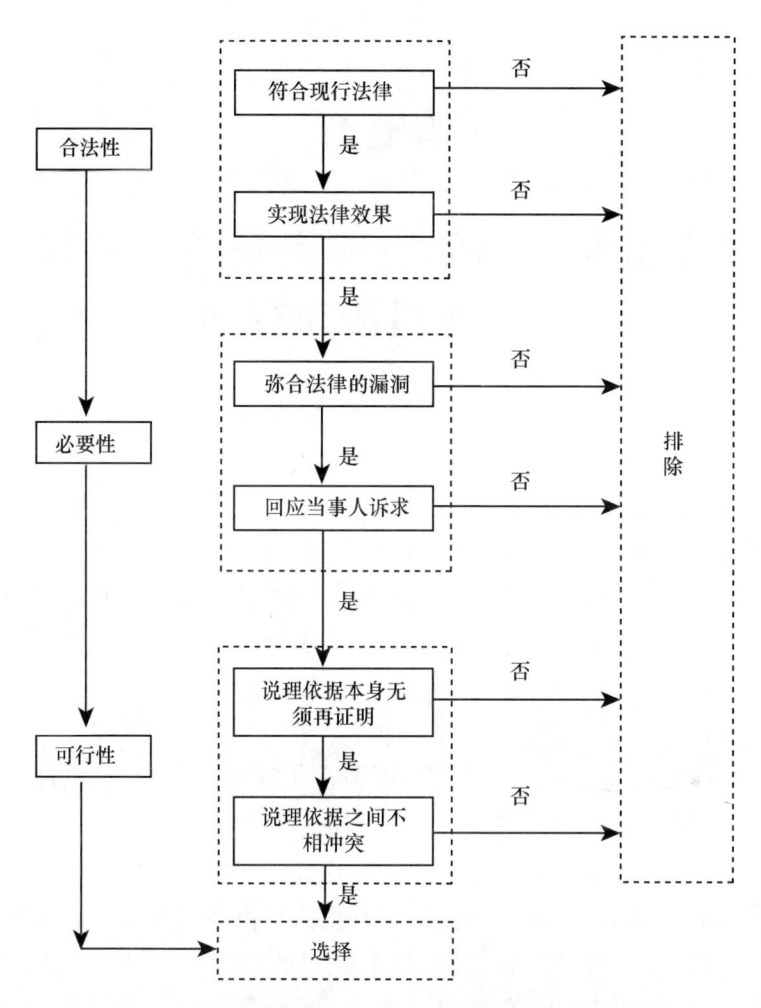

第六章 民事裁判文书的说理依据选取准则：以宪法规范为例证

```
合法性 ─→ 符合现行法律 ──否──→ ┐
              │是                  │
         实现法律效果 ──否──→ │
              │是                  │
                                   │
必要性 ─→ 弥合法律的漏洞 ──否──→ │排
              │是                  │除
         回应当事人诉求 ──否──→ │
              │是                  │
                                   │
可行性 ─→ 说理依据本身无 ──否──→ │
         须再证明           │
              │是                  │
         说理依据之间不 ──否──→ ┘
         相冲突
              │是
           选择
```

图 6-6　依据成为民事裁判文书说理依据的判定模型

事裁判文书说理依据"的知识图谱，将该知识图谱嵌入到说理依据库（参见第五章第三节"一说理依据的发现Ⅰ：构建说理依据库"），可以实现"民事裁判文书说理依据"的自动判定，即法官只要输入某依据，那么"机器"就可以自动输出判断结果。尽管该自动判定结果，在系统运行之初不那么精确，但是随着法官使用频次增加会变得越来越精准，因为法官使用说理依据库的同时，每一次使用就是一次"标注"，"机器"在后台同步自动学习。因此新类型依据能否成为民事裁判文书的说理依据，不需要一一列举，只需要设定一套判断模型来识别。

第七章

民事裁判文书的说理依据适用机制：
以能动司法为视角

　　加强裁判文书说理依据并不是"一刀切"地要求所有的裁判文书都同等地呈现说理依据，而是在"简化分流裁判文书"的背景下，在"案多人少"的现实与增加裁判文书说理依据的工作量之间找到一条能动路径。当前，民事裁判文书说理依据的适用困境主要表现在案多人少、繁简未分流等方面，究其原因似乎可以归结到"时间"不够。但是，原因真的是这样吗？通过访谈了解到，即便给予法官再多的时间，也未必会改善裁判文书说理的现状，真正的原因在于缺乏"动力"。当前，动辄提出对法官释法说理的"评估考核体系"，这种挥舞"大棒"的方式并未有效解决实际问题。我国采取成文法主义，法官审判是适用规则而非创造规则的过程，法官作出的判决对其他法官没有参考效力。裁判说理部分写得再好，一般也只能"束之高阁"或"孤芳自赏"。首先，我国裁判文书说理是集体智慧的结晶。虽然文书尾部有合议庭署名，但无法辨识谁是裁判文书的执笔人，说理者无法得到"精神收益"。其次，缺乏物质激励机制。裁判文书写得好不好、说理充不充分对法官的薪酬无丝毫影响，有的案多人少矛盾突出的地方，忙于办案结案的法官缺乏精力撰写合乎要求的裁判文书说理部分。最后，缺乏履职保障机制。我国法官长期以来被视为公务员，从事"一个执行重要的而实际上无创造性任务的公仆"，往往陷于各种非核心事务难以自拔，无法集中精力从事裁判说理类的核心审判业务；而英美法系国家地位尊崇，"法官从不担心没人看他们写的判决，无论句子如何冗长，意思如何颠三倒四，理论如何深奥，专家学者和律师都会认真拜读，用心领会。"且有健全的法

第七章　民事裁判文书的说理依据适用机制：以能动司法为视角

官助理制度，由法官指导法官助理起草司法意见书，其说理自然更为深入全面。①

第一节　民事裁判文书说理依据能动适用的理论基础

　　经济学的应用已经形成了一门新的交叉学——法经济学，"理性经济人""成本—效益"等经济学理论已经逐渐被法学界所接受和运用。但是，能够起到激励的不仅仅只有经济措施，心理学家梅奥主持的霍桑实验表明，良好的沟通、代入感、团队荣誉等同样可以提高员工的工作积极性和效率。② 无论是通过"理性经济人"设计激励机制也好，还是通过心理学的"沟通""代入感""团队荣誉"也罢，都是围绕激发人的积极性而展开。这种通过对人的激励来调动人的积极性，并实现拟定的目标，可对应司法领域的"能动司法"中的"能动"一词。最高院2009年提出发挥司法主观能动性的"能动司法"理念，③ 又被阐述为发挥法官个人积极性以及司法智慧来达到让当事人"案结事了"，实现让社会大众信仰司法的效果。④ 尽管"司法能动与司法克制是司法运行中客观存在的一对矛盾"，⑤ 但是也不能否认"能动司法或职权主义司法，在一定的司法层级，有其继续存在的某些必要和可能"。⑥ 本书无意于探讨和争论"什么是能动司法"，而是在能动司法的大背景下着力于"能动"，去探讨如何让法官在司法裁判时能够主动地展开释法说理，并积极地运用说理依据来阐明其释法说理的理由。"能动司法"只是一种现象、过程，而绝非成型的理论，因此要在能动司法视角下构建民事裁判文书的说理依据适用机制，应当为其找到相应的理论依据，本书将从心理学的

---

　　① 朱伟一：《美国经典案例解析》，上海三联书店2007年版，第3页；夏克勤：《民事裁判文书说理实证调查——基于900篇民事裁判文书的分析》，《中国应用法学》2018年第2期。
　　② 邱浩：《心理契约视角下A公司员工激励问题研究》，硕士学位论文，云南财经大学，2018年。
　　③ 罗东川、丁广宇：《我国能动司法的理论与实践评述》，《法律适用》2010年第Z1期。
　　④ 孙涛：《能动司法是司法运行规律的本质所在》，http://ccqfy.sxfywcourt.gov.cn/article/detail/2009/09/id/3267104.shtml；苏力：《关于能动司法与大调解》，《中国法学》2010年第1期。
　　⑤ 罗东川、丁广宇：《我国能动司法的理论与实践评述》，《法律适用》2010年第Z1期。
　　⑥ 苏力：《关于能动司法与大调解》，《中国法学》2010年第1期。

"心理契约"理论和经济学的"助推理论"展开论证。

一　心理契约：法官与法院间的隐性心理期待

据考证,"心理契约"最早出现在《理解组织行为》一书中,[①] 但并未对此加以界定,后来 Levinson 等将其视为"一种没有成文的契约"。[②] Schein 把心理契约界定为,每一组织成员与其组织之间每时每刻都存在的一种不成文的期望;[③] Kotter 进一步阐明,心理契约是个人与其组织之间的一份一方希望给另一方付出什么、同时又该得到什么的内隐协议;[④] Herriot 等将"心理契约"发展为,雇佣关系中的组织和个人对彼此应该负责的知觉,该知觉可能来自于正式协议或隐藏于各种期望之中。[⑤] 从代表性的观点来看,心理契约的要义在于:(1) 主体要件,组织和个人之间,而不是个人与个人之间;(2) 关系要件,组织与个人之间存在关系,可以是依靠合同或非合同建立起来的名义上的关系;(3) 期望要件,这种期望不是明面合同所规定的,而是隐含在内心的期待,而且每个个体和组织间的期待可能都不一样,有人为了晋升,有的人为了报酬,有人为了有更多的时间,不同个体也是期待不同的回报;(4) 救济要件,彼此之间的期待并不存在法律上的保护或道义上的谴责,唯一的方式就是员工自动离开组织,或者组织以明面合同上的理由辞退员工。

根据契约理论,法院与法官之间首先存在一种契约关系,法院与法官一旦签订合同(即便没有签订合同,但是允许在法院做事——常见的"临时工"),也就是个人一旦和单位建立一种事实上的"劳动关系",双方的心理契约就已经开始形成,但此时形成的心理契约并不是像纸质合同那样"固定不变",而是随着双方的不断深入了解或因其他因素而发

[①] 陈加洲、凌文辁、方俐洛:《组织中的心理契约》,《管理科学学报》2001 年第 2 期。

[②] Levinson H, Price C R, Munden K J, et al, *Men, management and mental health*, Cambridge. Harvard University Press, 1962, p. 22.

[③] Schein E H, Organizational psychology, 转引自赵敏《心理契约研究综述》,《安阳工学院学报》,2018 年第 5 期。

[④] Kotter JP, "The psychological contract", *California Management Review*, No. 15, 1973, pp. 91 – 99.

[⑤] Herriot P, Manning E G, Kidd JM, "The content of the psychological contract", *British Journal of Management*, No. 8, 1997, p. 151.

第七章 民事裁判文书的说理依据适用机制：以能动司法为视角

生变化。尽管，法院在招人时，求职者在应聘时，双方还没有过接触，也会形成期待——单位招到"得力干将"，求职者想招到一个"好单位"，但这种期待只是单方面的，还不能称之为心理契约。在法官与法院形成法律上的权利义务关系后，法官的工作任务和职责，以及其合法权益都会有"明面"上的规定。但是，这种"规定"并不能完全、全面地界定法院和公务员之间的相互责任关系，即便在已有的工作职责范围内，要如何落到实处，也不是"一纸规定"就能够实现的。就像"释法说理"工作，但是法院的期待是法官能够做到尽可能地符合当事人、社会大众（因为要在中国裁判文书网公开）、上级管理部门的满意度，但是这个工作的弹性空间很大，法官是做到了最低要求——文字上不出错、没有语病、没有逻辑错误、没有法律适用错误等等，还是尽可能在说理部分做到"每一理由皆有依据"，这些并没有相关规定强制，也无法真正量化，而是需要法官去落实。

事实上，法院和法官之间的相互期待，远远多于、高于书面形式明确规定的内容，那些非书面的、隐含的、变化的以及从未公开表达的互相期待，可以表现在不同的方面。对于法官个人而言，自己如何为法院承担工作任务、依法履职、积极为社会主义法治事业全心全意奉献，同时又希望法院（以领导为代表）给予其晋升的机会，或给予其更多的支配时间，或多给一些津贴福利等等；对于法院单位而言，除了要求法官根据相关规章制度履职外，还期待法官要锐意进取、任劳任怨、加倍努力工作，尽早高质量完成任务，期待通过每一个法官的尽职、尽心和尽力，让法院获得更好的社会公信力。诸如此类，法院和法官之间都有各自的期待，这是法院和绝大多数法官心理契约的基本内容。

正是因为心理契约决定了法官、法院的各自行为，法官可能会按照法院的期待作出或调整自己的行为，而法院也会通过不同的方式按照法官的心理期待作出相适应的行为。相反，如果法官和法院都没有实现（至少是部分实现）对方的期待，就从良性互动转入到消极互动，法官开始变得"敷衍""做一天和尚撞一天钟"，而法院则会根据法官的业绩不佳、行为不规范等进行相应的"处罚"，如果法官并没有违反"明面"上的规定，那么并不会带来明文规定的处罚，但是也受到非显性的"处罚"，明显可以感受到，但是没有证据证明，例如通过调离原来的工作岗位而逐渐被边缘化，或者分配单位福利时被最后考虑等等。

因此，要实现能动司法，就应该重视利用心理契约，这直接决定法官的工作效益，影响法院的管理效能，反映着我国的司法成效。在构建民事裁判文书说理依据适用机制时，需要考虑到心理契约的客观存在，并建立起相应的心理契约管理模型。

二　助推理论：法院激励法官的隐性行为策略

行为经济学家理查德·泰勒（Richard Thaler）和法学家卡斯·桑斯坦（Cass Sunstein）于2008年提出了"助推"理论，泰勒因此于2017年获得诺贝尔经济学奖。助推理论是指，在这种选择体系的任何方面都不采用强制的方式，而是以可预测的方式去改变人们的选择，而不禁止任何选择或显著改变他们的经济激励；若要称得上是"助推"，则必须使副作用降低到最小，甚至是可以轻而易举地避免副作用。① 在助推理论看来，采用"隐性"策略来引导公众达成某种特定目的，比采取硬性规定或强硬措施更好，更容易让人兼得"自由选择权"和"利益最大化"。"助推"（Nudge）是指，用胳膊或肘等身体部位去轻推别人，以提醒某人注意。简而言之，助推就是让期望发生的选择变得更有吸引力，或者至少让人更清楚。助推理论不只是抽象的理论，它已经得到了实践验证。"'大多数公民都按时缴纳税款'这样的话能否提高纳税比例，结果确实有效果——纳税比例提高了好几个百分点，能够多收回数千万英镑。"②

助推理论引入司法领域何以可能？以法院为例，法官的选择总是在特定司法环境中展开的，有严格的职业操守、行为规范等外在约束条件，并不可以任意行使自己的"自由裁量权"。尽管如此，由于法官并非

---

① A nudge, as we will use the term, is any aspect of the choice architecture that alters people's behavior in a predictable way without forbidding any options or significantly changing their economic incentives. To count as a mere nudge, the intervention must be easy and cheap to avoid. Nudges are not mandates. Putting the fruit at eye level counts as a nudge. Banning junk food does not. See Richard H, Thaler Cass R,. Sunstein, *NUDGE: Improving Decisions About Health, Wealth, and Happiness*, New Haven& London: Yale University Press, 2008, p. 6.

② 微信读书：《助推：小行动如何推动大变革（实践版）第二部分 助推框架》，https://weread. qq. com/web/reader/14532e207166cd9e1450a5ek45c322601945c48cce2e120?。

第七章　民事裁判文书的说理依据适用机制：以能动司法为视角

"自动售货机"，他们有自己的思维，也像普通人一样用直觉思维，有自己的价值立场和隐性知识，不可避免地发生偏见，因此也会做出非理性行为，这种非理性行为不一定是"枉法裁判"，而是在正常的工作中表现出消极行为，例如释法说理时达到最低要求"完成任务"即可，或者尽可能避免"被麻烦"。如同法官一样，法院也一样会陷入非理性之中而做出不理性的选择，因此需要对法院的政策重新设计和优化，这就是司法改革的意义之所在。

以法院的绩效奖金发放为例，如果法院规定整个一年度的裁判文书没有出现任何差错（包括在裁判文书网公开、第三方评估或法院自评估），在年终的时候提高12%的绩效奖励，对于法官而言，撰写裁判文书是每一个月甚至每一天都在做的事情，但是享受可能的奖励是在年末，而提醒自己不出现错误的压力每天都存在，那么他可能就不再看重年终多12%的奖励；如果稍微改变一下规则，绩效奖励总量还是12%，如果当月撰写的裁判文书没有出现差错，就当月发放1%的绩效奖励，这样法官的积极性会大幅度提升；如果将"撰写的裁判文书没有出现差错"改为"裁判文书分为首部、事实认定、证据审查、说理理由、裁判依据、尾部进行要素考核，每一要素没有出现差错就加0.15%绩效奖励，但无论如何有0.1%作为保底，每个月发放一次"。在这样的"助推"之下，裁判文书的整体质量更容易提高。奖励总量不变，只不过是发放的方式和考核的方式稍微调整，通过"让期望发生的选择变得更有吸引力"，就可以起到更好的效果。

我国法院在推动加强裁判文书释法说理改革、提升裁判文书质量等方面出台了大量的规范，但是否考虑到让法官更容易接受和理解呢？不少激励政策都是以效果为导向，并未充分融合被考核对象（法官）的心理特点、理解能力和行为偏好，最后让所有的激励变成了"流于形式"，当然这种情况不只是在法院出现，大多数公共组织的激励政策都存在这种问题。因此，将法院的司法服务质量研究从抽象的组织分析转到具体的法官行为分析具有十分重要的实践意义，在司法改革中（不仅仅是裁判文书释法说理改革）引入"助推理论"作为心理视角和理论指导是十分有必要的。

第二节　民事裁判文书说理依据能动适用的心理机制

根据调查，导致民事裁判文书说理存在问题的因素大致有以下几种情况：法官认为没有说理必要（占比30.56%）、法官不善于说理（52.67%）、法官不敢说理（40.5%）、法官不愿说理（39.88%），这些都可以同时归入到缺乏说理的能动性。在缺乏说理能动性的情况下，指望法官说理，尤其是在说理中适用说理依据，是很难完成的。即便法官按照硬性规定，在裁判文书中完成说理，但这种说理不是发自内心的意愿，而是由于外在的强制使然，那么就会出现"不说理"，即便说理，也是"少说"，出现"有说理而无依据"的情况。要改善这种情况，就要形成"说理依据能动适用"的心理机制。

一　心理契约形成：愿用说理依据

法官身份一旦得到确定，在法院与法官之间除了书面契约（合同）以外，诸如隐含的、动态的以及无法公开说明的相互心理期望也随之形成。但是，这种形成并非"一蹴而就"，而是经历了一个感知、调整和正式形成的动态过程。通过访谈了解到，刚刚入职的法官或者说选择与所学的法学专业对口的工作，多多少少对法律还有信仰、对法治还有期许。也就是这份信仰或期待，让新入职的法官对法院建立了信任，信任法院就是其实现法律信仰和推动法治进步的平台。信任是建立心理契约的基础，主要表现在两个方面：其一，心理感受的信任，也就是法官接受多年的法学教育，而形成的心理感受，如果在入职后这种心理感受没有得到强化，那么会容易导致信任丧失；其二，基于行为的信任，法院集体行为，具体而言就是大多数非新入职的法官的行为，影响着新入职法官对法院的心理评价。如果整个法院呈现的氛围是公正、高效的，具体表现为裁判文书制作规范、说理充分、依据详实等，那么这对于新入职法官而言，一开始就会产生对法院的正面评价；如果整个法院表现出来的氛围是拖拉、"混日子"或不认真对待司法审判等，那么直接影响新入职法官的心理感受，甚至开始怀疑（一开始表现得并不明显）法院的形象。所以说，作为心理契约的相对方，法院的集体行为表现出来的

第七章　民事裁判文书的说理依据适用机制：以能动司法为视角

各个方面，对新入职法官影响很大，直接决定了新入职法官后续行为方式的选择，并作用于法院与法官之间的心理契约形成。因此，在法官入职时就应该及时采取策略，建立起法院与法官的心理契约。

　　其一，在法院组织的培训中，向新入职的法官传递具体的要求，让其了解司法的意义、审判的目标以及如何让公平"说得出""看得见"，以及明确法院、政府、社会等不同主体对法官的期待。裁判文书是法院对接社会的媒介，除了当事人以外，绝大多数人没有和法院有直接接触，而是通过裁判文书感受法院的司法公正与否，而裁判文书中最能说服人的就是"说理部分"，而说理部分的可接受性又来源于说理依据。如此，让新入职的法官对裁判文书说理依据有一个具体的认识，塑造法官愿意说理、在进行说理时愿意使用说理依据的意愿。其二，法官可以在非正式场合向法院（领导）表达自己对工作岗位的期待，往大的方面说如何期待实现自己的法律信仰，往小的方面表明自己在晋升和加薪之间更侧重哪一方面，让法院了解自己对工作岗位和法院的心理期待，法院领导也可在非正式场合向新入职法官传达一些信息，例如法院希望法官如何做得更好，法院在晋升和薪酬方面能够给新入职法官带来哪些便利或不能够实现哪些要求，这样的非正式场合交流对法官和法院都有利，便于法院通过隐性的方式调整法官的不合理预期，尽可能将法官的心理预期和法院的心理期待统一起来。其三，无论是在正式场合信息传递，还是非正式场合交流，法官和法院的心理契约需要动态调整，虽然在任何场合的心理期望传递都是相互的，但是如图 7-1 所示，在正式场合主要是法院向法官传递心理期望，在非正式场合主要是法官向法院表达心理期望，双方之间心理契约的形成需要依靠这种传递而进行动态调整，以便达成共同的认知，奠定双方的心理契约基础，在司法改革背景下，法院应该积极地向法官投射其期待——在说理时必须运用说理依据，做到释法说理充分。

二　心理契约维护：敢用说理依据

　　心理契约不像纸面契约，一旦形成就"白纸黑字"固定在那里，心理契约没有强制的规约来督促双方完成对方的期待结果，在心理契约履行之前会出现"破裂"或"更新"，因此需要及时对心理契约进行维护。

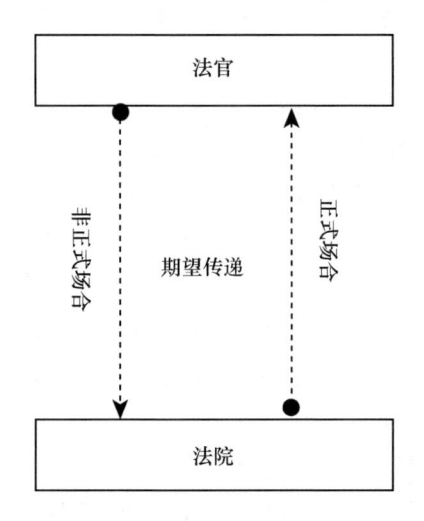

```
                    ┌─────────────┐
                    │    法官     │
                    └─────────────┘
                      ↑         ↓
                   非正         正
                   式           式
                   场   期望传递 场
                   合           合
                      ↓         ↑
                    ┌─────────────┐
                    │    法院     │
                    └─────────────┘
```

图 7-1　法院与法官"愿用说理依据"的心理契约形成

法院的法治信仰等环境变化、法院领导的关系和导向变化、工作岗位的实际体验等等都会让法官与法院之间原来形成的心理契约失衡，绝大多数情况下都是从法官这一方开始发生变化。就裁判文书释法说理而言，法官在释法说理后得到的是正面反馈还是负面反馈，直接影响了其后续的说理行为。这种正面反馈或负面反馈，既可来自于法院内部，也可以来自于社会。例如，（2016）渝 0113 民初 404 号民事判决书中在"本院认为"部分引用《圣经》的内容作为说理依据：

> "为什么看到你弟兄眼中有刺，却不想自己眼中有梁木呢。你自己眼中有梁木，怎能对你兄弟说，容我去掉你眼中的刺呢。你这假冒伪善的人，先去掉自己眼中的梁木，然后才能看得清楚，以去掉你兄弟眼中的刺。——《圣经·马太福音》。"正人先正己。人在追求美好婚姻生活的同时，要多看到自身的缺点和不足，才不至于觉得自己完全正确。①

---

① 王某与骆某离婚纠纷案，重庆市巴南区人民法院（2016）渝 0113 民初 404 号民事判决书。

第七章 民事裁判文书的说理依据适用机制：以能动司法为视角

反过来，如果法官没有得到负面反馈，那么其适用说理依据的意愿自形成后就会不断得到强化。例如，经过检索，（2016）渝 0113 民初 404 号民事判决书并非该主审法官第一次在判决书中引用《圣经》，其在 2015 年 11 月 30 日作出的（2015）巴法民初字第 09430 号民事判决书，以及 2016 年 1 月 26 日作出的（2015）巴法民初字第 12044 号民事判决书，同样引用了相同的一段内容，这说明该法官愿意适用说理依据的心理契约已经形成了。但是，这一次该法官引用《圣经》语段作为说理依据的行为，引来的多是反驳或批判的声音，例如"判决书引用《圣经》并不妥当"、[①] "判决书援引《圣经·马太福音》不值得提倡"（作者：笨熊图灵）和"判决书援引圣经或有违政教分离原则"（作者：何琛），[②] 在调研访谈过程中也有法官表示"诸如引用圣经作为说理依据极不严肃，有作秀之嫌疑。"（C 市某中院中年法官）如果该法官得到的更多是负面的反馈，那么其今后在裁判文书中说理的积极性就会大大降低，而且不敢再适用此类说理依据来加强说理的可接受性，以免给自己带来不必要的麻烦。

因此，就"敢用说理依据"而言，就应采取相应措施不断维护法官的心理契约。其一，即便法院不便于采取正向的激励手段，也不能在内部制定相应的处罚措施（主要是薪酬绩效方面），法院应该采取更加包容态度，只要不违背司法公正，就不能对法官的裁判说理，尤其对说理依据吹毛求疵；其二，司法系统内部（法院、检察院）要形成一种共识，避免在非专业的舆论监督下——被网络舆论断章取义式裹挟，而应该要坚守保护法官的底线，不能在强势的舆论压力下对法官作出处理或处分（如调离审判岗位），尤其要注意当事人利用网络媒体"造势"，对审理案件的法官施加舆论压力而故意"攻击"裁判文书说理及其依据。其三，因为法官和法院间的心理契约是他们的主观契约或期待，很容易因为外部因素介入而导致破裂，这是心理契约周期中无法避免的，因而在心理契约破裂时，法院应该及时和法官加强沟通交流，避免因信息不

---

① 重庆律师网：《判决书引用〈圣经〉并不妥当》，http：//www.cqlsw.net/lite/legislative/2016070519660.html.

② 法律读库：《"最拽"判决书：引用"圣经"不准离婚？》，http：//www.sohu.com/a/85612531_120032.

对称而导致双方在新的情况出现后对彼此"约定"出现理解上的偏差,因此法院要营造并保持信任、尊重的文化氛围,让法官感受到法院始终是自己实现法律信仰的强大后盾。总之,要让法官敢于说理,敢于适用说理依据,就不要让法官有"后顾之忧",而是要激发法官说理工作的热情,激励其积极适用说理依据。此外,社会技术的革新促进了司法技术和环境的变化,法官面临的工作环境变成了"智慧司法",法官的工作内容和方式也随之更新,这些因素会造成法院与法官之间心理契约的更新,因而有必要及时进行心理契约修正。

三 心理契约履行:用好说理依据

就适用裁判文书说理依据而言,并不是历经了心理契约的形成和维护阶段,法官与法院的心理契约就自然会实现。心理契约履行作为一个独立的过程,要让法官从"愿用""敢用"到"善用"说理依据,它的最终实现需要具备特定因素。心理契约完全履行是最理想状态,法官在释法说理和司法审判中找到成就感,感知到法院给予的归属感,进而会更好地展开释法说理,将说理依据用好用实。大多数情况下,心理契约处于部分履行的状态,没有实现的部分可能会破裂或者进入修正、更新、履行的循环中。为了让法官用好说理依据,可以采取以下策略。

其一,激励法官将隐性说理依据显性化。在民事裁判文书说理依据适用现状的研究中,基于案例样本部分了解到:"适用说理依据不充分",一方面是法官有选择性地适用说理依据,另一方面是法官没有将隐性的说理依据表达出来,而是处于法官自己知道的阶段;"没有适用说理依据"并不是完全没有依据,而是没有将隐性的说理依据表达出来。因此,要用好说理依据就要采取相应的措施引导法官将隐性说理依据表达出来,建立起法官内部交流机制,这有利于办案法官积极总结隐性说理依据的类型,让积极履行说理依据心理契约的法官获得成就感。要让法官从"用了"隐性说理依据,到"用好"显性说理依据,要让所有人都看得到说理的依据。其二,便于法官发现说理依据。从论证的思考和思维的过程来看,法官根据自己的法律素养、专业知识,在撰写裁判文书的说理部分时,心目中已经大致知道需要哪些类型的说理依据,或者说说理依据已经在脑海中形成,只是表达出来却需要严谨规范的方式。如果法官不能够在短时间内找到"理想"的依据用于裁判文书中的书面表达，那么其可能就会将说理依据"隐藏"起来而不表达，或者选择一些容易找到的依据——尽管该依据可能并不那么契合该说理，因此法院要采用新的技术手段，例如引进说理库系统，以便于法官按照说理依据知识图谱在有效时间内找到理想的说理依据。其三，给予法官筛选说理依据的标准。要让法官用好说理依据，最重要的是统一筛选说理依据的标准，而不至于出现五花八门的"依据"，这也是法官"敢用说理依据"的客观尺度。按照前文论述"合法性""必要性"的选取准则能够帮助法官把握适用说理依据的基本要求，至于该"说理依据"是否合理，则需要法官根据需要说理的"对象"来判断，因而需要尽可能让法官有"标准"可以依据，以减少法官怕被追责的心理负担。

影响法官"用好说理依据"的外在因素很多，而"用好"或"不用好"却是由法官内在心理主导的。说理涉及到证据审查、事实认定、法律适用和自由裁量等不同阶段，在全部阶段或在某一阶段用好说理依据，这些都是没有客观量化的，只能依靠法官内在的心理契约进行自我约束。正因为如此，法院作为心理契约的另一方，要通过各种方式排除消极因素，助推法官不仅要在主观上愿用说理依据、敢用说理依据，而且还要在实际行动上用好说理依据，真正实现释法说理的充分性和可接受性。

第三节　民事裁判文书说理依据能动适用的助推机制

在民事裁判文书说理依据的适用方面建立助推机制，就是让法官能尽可能地按照简便和习惯的方式，在撰写民事裁判文书的过程中使用说理依据。首先，要"简化"，不是任何裁判文书都要说理充分，这一点已经在司法改革中得到了应有的关注，主要是如何去落实，这就需要从民事裁判文书说理"繁简"分流入手；其次，要"纠正"，不应该按照一成不变的文书样式约束法官说理，而应该鼓励法官以便利有效的方式展开说理，这就需要从民事裁判文书说理体例灵活调整入手；最后，要"默认"法官发现说理依据并不是一件容易的事，要让法官更愿意适用说理依据，最好的办法就是让说理依据呈现在法官面前，法官只要去勾选即可，这就需要从民事裁判文书说理依据辅助生成入手。

一 简化机制：民事裁判文书说理"繁简"分流

运用助推理论来推动法官能动地适用裁判文书说理依据，首先需要形成"简化机制"。简化机制的可接受性基础在于机制中主体的心理基础，当人们遇到事情繁杂时，需要适应这种复杂，"一团乱麻"描述的正是人们面临纷杂事物的心理感受，导致人们难以（或根本不愿意）积极采取行动。因此，人们是否积极采取行动取决于呈现在其面前的任务量是否有清晰的、可预见的目标。例如，当法官被告知有100个裁判文书需要撰写时（尽管事实上有30个速裁案件，但没有被告知），就会面临着心理负担——100个裁判文书都需要说理，其内心可能是抗拒的；当法官接着被告知，这100个判决书中有30个是速裁案件，此时法官对该任务的接受度就会高得多，会更加快速地采取行动。鉴于此，简化机制具体到裁判文书上就是实现"裁判文书说理的繁简分流"，根据2018年最高人民法院印发《关于加强和规范裁判文书释法说理的指导意见》的通知规定的"应当强化"和"可以简化"，即可从强化释法说理和简化释法说理两个方面展开简化机制的具体设计。

在诉讼量"大爆炸"的社会转型时期，倡导审判程序规范化和司法专业化[1]已成为司法改革的趋势。一方面，顶层设计上提倡法官的专业素养和职业操守的严格把控，要求精炼和纯洁法官队伍；另一方面，法院的案件受理量与日俱增，从调研法院的实际情形看，每一年度的案件数据较之上一年度均呈高速上升态势。前述两种司法现象交织在一起，共同勾勒出当今法官面临整体案件任务量重，审理单个案件结果要求高的现状，同时作为司法效果的呈现载体，裁判文书撰写的规范化程度也与日俱增，落实到每一个审判主体身上的工作负荷也接近极限。研究司法实践的现状离不开对法官的观察，法官同样具有一般人所无可避免的认识局限和精力有限等客观事实，面临高强度的工作负荷，对待裁判文书写作时自然不可能有时间对每个案件都统一标准制作出详细说理，载明每一环节中的说理依据。解决裁判文书说理匮乏、依据选择困境，应对客观上的大量诉讼案件和主观上法官个体的有限认识，采取分而治之

---

[1] 傅郁林：《繁简分流与程序保障》，《法学研究》2003年第1期。

第七章　民事裁判文书的说理依据适用机制：以能动司法为视角

的策略方针。落实到司法实务审理中，针对制作裁判文书的主体和内容的不同，应该采用不同的处理方法。政策层面所提倡的案件繁简分流不能仅仅是司法改革的目标，同时也要成为实现法院高质、高效裁量的有力手段。面对同样一份案件的工作量，法律关系复杂多变的案件类型在审理时自然会耗费更多的精力，事实认定明确、规范适用单一的案件，法官裁量难度更小，用时更少。结合"帕累托法则"[1]来提升法官审案效率，专注于裁判文书质量的方法。树立务实合理的裁判文书风格，集中精力处理社会关切度高、案情复杂、争议焦点突出以及因为审理程序而需审慎对待的案件，前述疑难复杂案件的妥善处理，对于案件本身而言将会拥有一个较好的司法效果，同时也是带动和提升司法社会效果的有力举措。关键案件中裁判文书说理依据的能动适用、理由阐述的正当充分是从根源上巩固现有司法改革成果，促进裁判文书质量稳步上升的明智之举，同时也是根植于法院超负荷工作和法官有限精力的现实情况，利用有限的司法资源尽可能达成司法公平与效率衡平的现实策略。

运用科学的分类方法，从源头上对案件进行分类、筛选。司法实践中的繁简分流务必考虑到繁简分流合乎时宜的功能定位和合乎司法规律的分类标准。正如2016年《最高人民法院关于进一步推进案件繁简分流优化司法资源配置的若干意见》中所提出的依据法院审理层级，案件类型和庭审情况为指导标准来对案件进行分类。[2]力求使法官将精力花费在最需要被分析、释理的司法程序中，短平快地处理程序性事项的纠纷。细化到裁判文书的写作，案件中关乎于证据审核、事实认定和法律适用的环节存在争议时，制作文书时所花精力自然更多，不然也难以将纷繁复杂的案件最终条分缕析的呈现在文书当中。在现有的司法改革局面下，

---

[1] 资源有限的社会环境中，面面俱到的分配资源还不如重点突破。把80%的资源投入到能输入关键效益的20%环节，利用20%环节带动其余80%的发展。参见帕累托：《政治经济学教程（第二卷）》，转引自［英］阿瑟·塞西尔·庇古《福利经济学（珍藏本）》，金镝译，华夏出版社2013年版，第484—490页。

[2] 《最高人民法院关于进一步推进案件繁简分流优化司法资源配置的若干意见》中指出：推行裁判文书繁简分流。根据法院审级、案件类型、庭审情况等对裁判文书的体例结构及说理进行繁简分流。复杂案件的裁判文书应当围绕争议焦点进行有针对性地说理。新类型、具有指导意义的简单案件，加强说理；其他简单案件可以使用令状式、要素式、表格式等简式裁判文书，简化说理。当庭宣判的案件，裁判文书可以适当简化。当庭即时履行的民事案件，经征得各方当事人同意，可以在法庭笔录中记录相关情况后不再出具裁判文书。

案件繁简分流的总体目标落实到裁判文书制作中，其功能定位应从以下方面展开。首先，落实中央部署的改革方案和最高人民法院提出的改革纲要中对于裁判文书质量的要求。裁判文书这一直接呈现裁判结果的具象载体，是当事人各方知晓案件诉讼请求处理结果的途径，是社会公众了解、探寻司法公正化程度的第一道窗口，做好疑难重点案件的说理工作，采用符合法律的适用规范和普罗大众朴素价值观的说理依据，是实现息诉服判和良好司法效果的重中之重；其次，从司法规律角度而言，裁判文书制作作为诉讼过程的终端环节，诉讼程序繁简分流所提倡的裁判文书简式、要式并存、说理繁简有别，"繁简适度"既符合司法审判规律，也是司法成本——效率的必然选择；最后，从民众和当事人在每一个司法案件中感受公平正义的诉求以及司法需求都存在差异来看，不同案件说理的繁简程度所产生的司法关注度和诉讼影响后果也不甚相同，优化相对恒定的司法资源的标准，是将资源真正充分运用到提升司法效果和社会效果的案件释法说理中，根据其具有放大性的正面司法效果来扩大司法改革的成效。

采用司法案件繁简分流的说理策略，在实施中需要结合具体的司法文件要求，2018年最高人民法院印发《关于加强和规范裁判文书释法说理的指导意见》的通知对于民事案件说理的繁简分流要求分为两个维度，其中又有细则来规范。从案件类型的维度出发，意见阐明繁简分流所应分别对应的案件类型。一是应当强化释法说理的案件类型，[①] 二是可以简化说理的案件类型。[②] 落实到民事诉讼案件，其中既有案件疑难、

[①] 2018年最高人民法院印发《关于加强和规范裁判文书释法说理的指导意见》的通知规定应当加强释法说理"的情形有：疑难、复杂案件；诉讼各方争议较大的案件；社会关注度较高、影响较大的案件；新类型或者可能成为指导性案例的案件；抗诉案件；二审改判或者发回重审的案件；重审案件；再审案件；其他需要强化说理的案件；二审或者再审裁判文书应当针对上诉、抗诉、申请再审的主张和理由强化释法说理。

[②] 2018年最高人民法院印发《关于加强和规范裁判文书释法说理的指导意见》的通知规定可以简化释法说理的情形有：适用民事简易程序、小额诉讼程序审理的案件；适用民事特别程序、督促程序及公示催告程序审理的案件；适用普通程序审理但是诉讼各方争议不大的案件；其他适宜简化说理的案件；二审或者再审裁判文书认定的事实与一审或者原审不同的，或者认为一审、原审认定事实不清、适用法律错误的，应当在查清事实、纠正法律适用错误的基础上进行有针对性的说理；针对一审或者原审已经详尽阐述理由且诉讼各方无争议或者无新证据、新理由的事项，可以简化释法说理。

第七章 民事裁判文书的说理依据适用机制：以能动司法为视角

复杂等总体原则性要求，又有从具体审级表明二审改判或者发回重审等案件进行约束的要求；既有诉讼各方争议较大的实体性规范，又加上社会关注度高、司法舆情等程序性事项；特别值得注意的是对于新类型或可能成为指导性案例的重点案件的关照，在科技迅猛发展的当今社会，被侵犯的民事权益的范围突破原有民事实体法框架的事件日渐增多，随之而来的是纠纷类型变化多样，司法对于当事人民事合法权益进行救济的步伐也应该跟上或者至少不落后于时代太多脚步，此种情景下释法说理意见将新类型案件特意突出，就是回应社会前进所带有的新型（新兴）权利救济的司法需求，这种做法尤为值得肯定和提倡。这里也提出对于繁简分流案件类型标准的看法，重点从案件的争议焦点争议程度、司法舆情指数高低和法官合法、合理适用法律的实际难度等三个方面来评判案件的难易程度，并依此予以分类。

从释法说理的具体内容而言，案件的简化理由主要是基本案情清晰，当事人对事实和法律均无异议，故只对裁判内容和尺度予以阐明。案件的强化理由阐述集中在案件事实争议和法律适用存有争议的地方，如对当事人事实真伪判断有质疑，在文书中用证据一一论证所支撑事实存在与否，对于法律适用中的法规文本自身有漏洞，可能出现法律竞合或者冲突的，裁判文书应当说明选择的理由。重点就法律规范的适用表明选择的依据位阶：第一位阶是没有明确法律规范时，应从最相类似的条文出发来裁决；没有相类似的法规文本才轮到第二位阶，依据习惯、法律原则、立法目的等方法来作为裁判依据，上述方法的运用必须论证适用的正当性和必要性；最后才到第三位阶，法官运用自由裁量权处理案件，可以看出自由裁量的行使是不得已而为之的，只要前两层位阶的依据可以适用则不可以启动自由裁量权，此时自由裁量权的行使始终被约束在审慎启动、合理使用、充分论证的范围内。

2018年最高人民法院印发《关于加强和规范裁判文书释法说理的指导意见》的通知规定应当强化释法说理的案件类型和可以简化说理的案件类型都有很多种，要实现说理的繁简分流，首先要判断什么是"繁案"，什么是"简案"，不同的类型需要建立具体不同的模型。以下以"社会关注度较高、影响较大的案件"为例建立模型，说明如何实现繁简分流。

"社会关注度较高、影响较大的案件",表明的是"社会关注、社会影响",那么就不是局限于司法机关的判断,所以做出此种判断就必须置身于整个社会。那么,这里的"社会"范围是否要考虑,是案件发生所在的县、区、市、省范围内,还是全国范围内。作为量化研究角度考虑,如果要考虑线下的影响是否较大,或者要考虑领导关注的才属于影响较大,都不够现实,因为无法量化。另外,需要关切的是,当前网络传播的辐射范围、线下影响、领导关注与否大多来自于网络舆情。因此,根据当前社会所处的时代情景,利用网络舆情指数来判断是否"社会关注度高、影响较大"是具有相当合理性和可接受度的。例如,电梯劝烟案可以判断为社会关注度高、影响较大的案件,根据荆楚网大数据舆情系统监测发现:① 1 月 23 日至 24 日,该事件的全网信息量 27531 条,其中微博 23650 条(占比 85.9%)、新闻报道 1113 篇(占比 4.04%)、网站消息 1069 条(占比 3.88%)、客户端信息 663 条(占比 2.41%),相关信息还在论坛、微信、博客、视频等网络平台中传播,外媒刊发了 5 篇报道。(见图 7 - 2)那么,法官处理该案件时就考虑到社会关注度和影响力,在裁判文书说理时要注意"言必有据",事实上在"田某、杨某生命权、健康权、身体权纠纷二审民事判决书"② 中的说

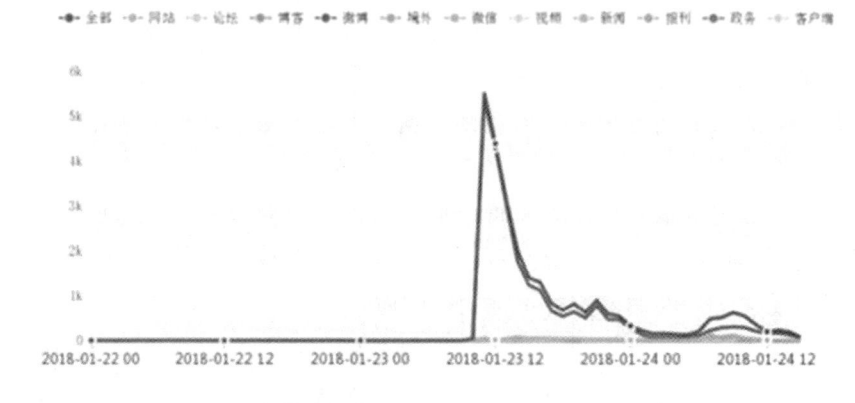

图 7 - 2 电梯劝烟案 2018 年 1 月 22 至 24 日舆情走势

① 大云网:《大数据解读:电梯劝烟猝死案终审改判获舆论点赞》,http://www.sgcio.com/technology/bigdata/47634.html.
② 田某、杨某生命权、健康权、身体权纠纷案,河南省郑州市中级人民法院(2017)豫 01 民终 14848 号民事判决书。

第七章　民事裁判文书的说理依据适用机制：以能动司法为视角

理是非常充分的。

二审法院的观点是"一审判决认定事实正确，但适用法律错误，本院予以纠正"，继而其对此作了详尽的说理并列出了相应的依据。为了说明"一审判决认定事实正确"，分别用"电梯间内监控视频显示"①、"单元门口监控视频显示"②、"物业办公室门口监控视频显示"③，进一步以"再查明"④ 作为事实依据。为了说明"适用法律错误"，分别援引

---

① 2017年5月2日9时24分03秒，段某在电梯间内吸烟，电梯亮灯键为一楼。杨某9时24分07秒进入电梯后按了负一楼电梯键。2017年5月2日9时24分16秒，双方开始有语言交流。电梯到达一楼，电梯门开后杨某按了开门键，段某未走出电梯。杨某随后按了关门键，也未走出电梯。电梯到达负一楼，杨某欲下电梯而走至电梯门中间，段某向前跟了一步，杨某回头，二人继续在对话。杨某走至电梯门外，段某在电梯门里，二人继续对话，此时能看出双方言语上有些许争执。杨某重新进入电梯，按下一楼的按钮。2017年5月2日9时26分24秒，双方走出电梯。

② 2017年5月2日9时28分40秒，双方走至单元门口，段某情绪相对较为激动，杨某比较冷静。2017年5月2日9时29分06秒，双方走向物业办公室方向，至此时为止段某的香烟一直未熄灭。

③ 2017年5月2日9时43分55秒，双方出现在物业办公室门口，仍然在进行言语上的交流，此时段某情绪较为激动。物业工作人员从办公室内出来。段某情绪更为激动，边说话边向杨某靠近，被物业客服主管张某往回拉了两三步；后段某手指杨某不停地说些什么并不断向杨某移动，再次被张某拉回。杨某相对较为冷静，也在说些什么。2017年5月2日9时45分42秒，张某转过身来劝杨某，并将杨某向着单元门口推去。此时，段某向着杨某被劝离的方向走两步并不停地说着什么，物业工作人员闫某站在段某对面，对其进行劝解。2017年5月2日9时45分54秒，杨某被物业客服主管张某劝离，段某仍然手指杨某被劝离的方向，不停的说话。2017年5月2日9时46分05秒，张某返回劝说段某，闫某则向着杨某的方向走去。2017年5月2日9时46分20秒，段某被张某劝至物业办公室。2017年5月2日9时47分00秒，闫某返回物业办公室。2017年5月2日9时48分56秒，闫某边走出物业办公室边拨打电话。2017年5月2日9时52分50秒，杨某进入物业办公室。120急救车到达物业办公室门口。

④ 一、根据视频显示，案涉三段监控视频均只有影像，没有声音，事件发生过程中，段某情绪较为激动，并随着时间的推移情绪激动程度不断升级；杨某在整个过程中，情绪相对比较冷静、克制；二人只有语言交流，无拉扯行为，无肢体冲突。二、三段监控视频所显示的时间是独立的，而不是前后衔接的，结合河南省职工医院的诊断证明载明的"09：31呼叫120，急救人员于09：37到达患者身边"、公安机关对闫某的询问笔录"2分钟后120给我打电话说让我去小区门口接"、公安机关对段某亲属的询问笔录"9时40分""9时42分接到电话"等可知，呼叫120的时间是9时31分，监控视频中闫某走出办公室接120急救车的"9时48分56秒"实际时间约为9时33分，监控视频中120救护车到达物业门口的"9时53分36秒"实际时间约为9时37分，综合判断，物业办公室门口视频显示时间比实际时间约快十余分钟。经核算，三段监控视频中显示出杨某与段某接触时长不足5分钟。

《中华人民共和国侵权责任法》第六条第一款、①《中华人民共和国侵权责任法》第二十四条②和《最高人民法院关于适用〈中华人民共和国民事诉讼法〉的解释》第三百二十三条，③进而引出"弘扬社会主义核心价值观"。④

---

① 本案属于生命权纠纷，应当适用《中华人民共和国侵权责任法》相关规定。2009年《中华人民共和国侵权责任法》（已废止）第六条第一款规定："行为人因过错侵害他人民事权益，应当承担侵权责任。"（现为2021年《中华人民共和国民法典》第一千一百六十五条规定，"行为人因过错侵害他人民事权益造成损害的，应当承担侵权责任。"）因此，确定杨某应否承担侵权责任，关键是要分析杨某对段某在电梯间吸烟进行劝阻与段某死亡的事实之间是否有因果关系、杨某是否存在过错。具体分析如下：一、杨某劝阻段某吸烟行为未超出必要限度，属于正当劝阻行为。在劝阻段某吸烟的过程中，杨某保持理性，平和劝阻，双方之间也没有发生肢体冲突和拉扯行为，本案中也没有证据证明杨某对段某进行过呵斥或有其他不当行为。二、杨某劝阻段某吸烟行为本身不会造成段某死亡的结果。段某在未能控制自身情绪的情况下，不幸死亡。虽然从时间上看，杨某劝阻段某吸烟行为与段某死亡的后果是先后发生的，但两者之间并不存在法律上的因果关系。三、杨某没有侵害段某生命权的故意或过失。杨某此前不认识段某，也不知道段某有心脏病史并做过心脏搭桥手术，其劝阻段某吸烟是履行公民应尽的社会责任，不存在加害段某的故意，而且杨某在得知段某病发后，及时发挥专业技能对段某积极施救。杨某对段某的死亡无法预见，也不存在疏忽或懈怠，没有过错。综上，杨某对段某在电梯间吸烟行为予以劝阻的行为与段某死亡结果不存在法律上的因果关系，杨某不存在过错，不应承担侵权责任。田某关于杨某存在过错，应承担一般侵权责任的上诉理由不能成立，本院不予支持。

② 2009年《中华人民共和国侵权责任法》（已废止）第二十四条规定："受害人和行为人对损害的发生都没有过错的，可以根据实际情况，由双方分担损失。"（现为2021年《中华人民共和国民法典》第一千一百八十六条规定，"受害人和行为人对损害的发生都没有过错的，依照法律的规定由双方分担损失。"）适用2009年《中华人民共和国侵权责任法》（已废止）第二十四条的前提是行为与损害结果之间有法律上的因果关系，且受害人和行为人对损害的发生都没有过错。而本案中杨某劝阻吸烟行为与段某死亡结果之间并无法律上的因果关系，因此，一审判决以段某确实在与杨某发生言语争执后猝死为由，依照2009年《中华人民共和国侵权责任法》（已废止）第二十四条的规定，适用公平原则判决杨某补偿田某15000元，属于适用法律错误。

③ 2015年《最高人民法院关于适用〈中华人民共和国民事诉讼法〉的解释》第三百二十三条（现为2022年《最高人民法院关于适用〈中华人民共和国民事诉讼法〉的解释》第三百二十一条）规定，"第二审人民法院应当围绕当事人的上诉请求进行审理。当事人没有提出请求的，不予审理，但一审判决违反法律禁止性规定，或者损害国家利益、社会公共利益、他人合法权益的除外。"

④ 本案一审判决作出后，杨某未上诉，但一审判决适用法律错误，损害社会公共利益，依法应予改判，理由如下：保护生态环境、维护社会公共利益及公序良俗是民法的基本原则，弘扬社会主义核心价值观是民法的立法宗旨，司法裁判对保护生态环境、维护社会公共利益的行为应当依法予以支持和鼓励，以弘扬社会主义核心价值观。根据郑州市有关规定，市区各类公共交通工具、电梯间等公共场所禁止吸烟，公民有权制止在禁止吸烟的公共场所的吸烟者吸烟。该规定的目的是减少烟雾对环境和身体的侵害，保护公共环境，保障公民身体健康，促进文明、卫生城市建设，鼓励公民自觉制止不当吸烟行为，维护社会公共利益。本案中，杨某对段某在电梯内吸烟予以劝阻合法正当，是自觉维护社会公共秩序和公共利益的行为，一审判决判令杨某分担损失，让正当行使劝阻吸烟权利的公民承担补偿责任，将会挫伤公民依法维护社会公共利益的积极性，既是对社会公共利益的损害，也与民法的立法宗旨相悖，不利于促进社会文明，不利于引导公众共同创造良好的公共环境。

第七章　民事裁判文书的说理依据适用机制：以能动司法为视角

在网络时代，热点案件裁判越来越受到社会公众的关注，法院应该不断地提升掌握舆情的能力，并深入研判司法舆情的规律和诉求，不被舆情影响司法公正，应对方法只有"以不变应万变"，不变就是"裁判文书说理"部分要扎实，经得起舆论的检视和讨论。因此，关键就是要识别出社会关注度高、影响大的案件，例如法学博士起诉抖音多闪侵犯隐私权索赔 6 万的事件经媒体报道后，通过新浪舆情监测可知[①]该事件在 2019 年 3 月 27 日已经达到了"敏感"程度，社会关注度很高。（见图 7-4 和图 7-5）识别出社会关注度高、影响力大的案件后应该着重对其加强说理，把说理依据做扎实。构建诉讼案件舆情数据库，大致可以按图 7-3 模型展开：第一步，网络数据采集，一方面可以通过爬取门户网站、论坛、搜索引擎、微信、微博等网络媒体上有关案件对应事件

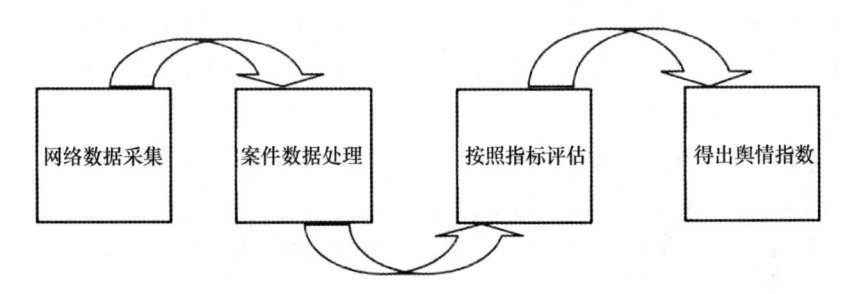

图 7-3　社会关注度较高、影响较大的案件舆情评估模型

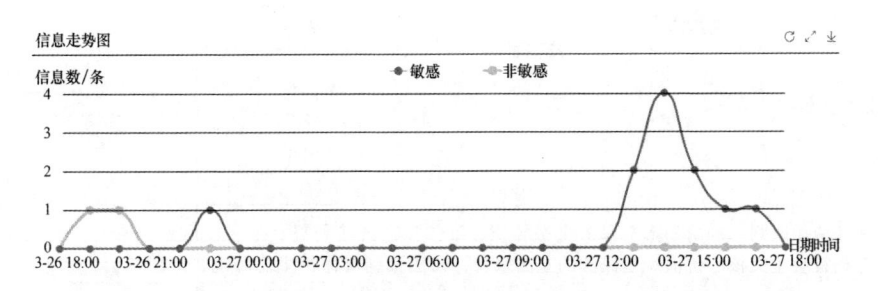

图 7-4　法学博士起诉抖音多闪侵犯隐私权索赔 6 万事件的舆情监测

---

① 新浪舆情通：《博士起诉抖音》，https://www.yqt365.com/queryPassword.action?extend-Type = 1094&searchKeyword = % 2525E5% 25258D% 25259A% 2525E5% 2525A3% 2525AB% 2525E8% 2525B5% 2525B7% 2525E8% 2525AF% 252589% 2525E6% 25258A% 252596% 2525E9% 25259F% 2525B3&userPhone = 18907346229.

▶ 敏感 84.62%
▶ 非敏感 15.38%

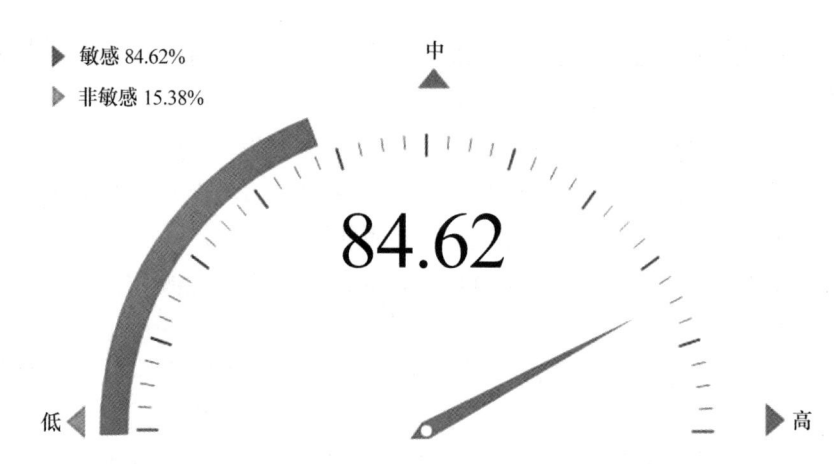

中

84.62

低　　　　　　　　　　　　　　　　高

图 7-5　法学博士起诉抖音多闪侵犯隐私权索赔 6 万事件的舆情敏感度

件的网络数据，另一方面可以和微信指数、百度指数、搜狗指数等数据链接获取数据；第二步，案件数据处理，涉及到对事件相应的司法案件的内容进行结构化或半结构化数据处理，去除无关的冗余数据；第三步，按照设定的指标体系进行评估，最后得出社会关注度和影响力指数，进而给法官提供参考。

表 7-1　　　　社会关注度较高、影响较大的案件舆情指标体系

一级指标	二级指标	三级指标	四级指标
舆情活跃度	关注度	报道量	——
		搜索量	——
		点击量	页面点击
			点赞
	参与度	评论量	——
		回复量（对评论互动）	
		转发量	
舆情倾向性	敏感性	敏感词位置	——
		敏感词数量	——
		敏感词领域	政治
			经济
			文化
			民族
			社会

第七章　民事裁判文书的说理依据适用机制：以能动司法为视角

续表

一级指标	二级指标	三级指标	四级指标
舆情倾向性	观点性	支持	——
		反对	——
		中立	——
舆情覆盖面	公众	区域	——
		人数	——
	媒体	数量	——
		类别	——
		权威性	——
		区域性	——
		影响力	——
舆情传播周期	24小时以内传播速度	——	——
	24小时以后持续时间	——	——

二　纠正机制：民事裁判文书说理体例灵活调整

运用助推理论来推动法官能动地适用裁判文书说理依据，还需要形成"纠正机制"。纠正机制是指让行为者在掌握足够的信息时，直接纠正原来固有的执行方式，以帮助行为者提高行动效果。也就是说，行为人行动效果的好坏直接取决于其是否能够按照个人习惯的方式执行，而不会面临不利后果。例如，对于一个擅长夹叙夹议的法官，被告知要按照统一的表达体例——先叙述清楚事实，再归纳争议焦点，再对争议焦点展开说理，虽然他可以套用这个思路撰写裁判文书，但是这可能并不符合他的思维习惯，而无法达到本来可以达到的效果；而一旦允许其根据自己的方式来展开说理，他按照自己擅长的夹叙夹议写法，在理清事实的同时就区分无争议的事实和有争议的事实，针对有争议的事实进行说理并穿插好说理依据，这样可能达到更好的说理效果。鉴于此，纠正机制具体到裁判文书上就是实现"裁判文书说理的体例调整"，2018年最高人民法院印发《关于加强和规范裁判文书释法说理的指导意见》通知第十一条规定，"可以根据案件情况合理调整事实认定和说理部分的体例结构"。

当前，人民法院民事裁判文书体例形成了固定的样式，如图7-6所

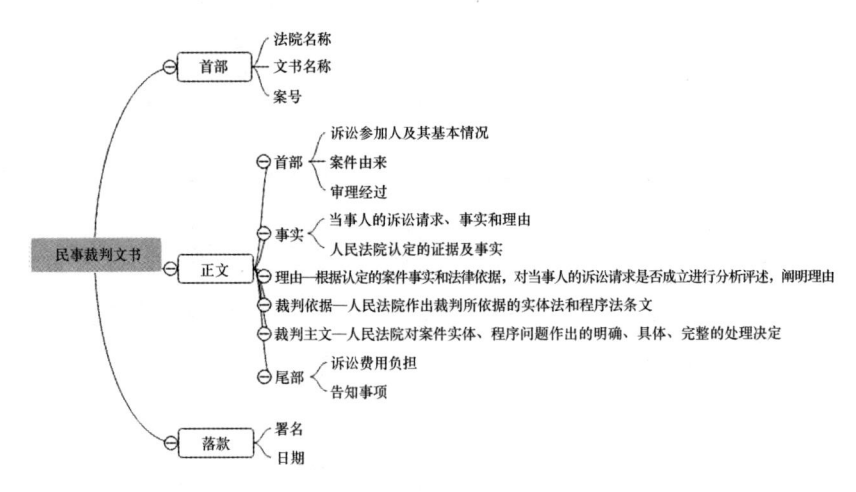

图 7-6　当前的民事裁判文书基本要素体例

示，文书由"标题""正文""落款"三部分组成，其中：

（1）标题包括法院名称、文书名称和案号。

（2）正文包括首部、事实、理由、裁判依据、裁判主文、尾部。首部包括诉讼参加人及其基本情况，案件由来和审理经过等；事实包括当事人的诉讼请求、事实和理由，人民法院认定的证据及事实；理由是根据认定的案件事实和法律规范，对当事人的诉讼请求是否成立进行分析评述和阐明；裁判依据是人民法院作出裁判所依据的实体法和程序法条文；裁判主文是人民法院对案件实体、程序问题作出的明确、具体、完整的处理决定；尾部包括诉讼费用负担和告知事项。

（3）落款包括署名和日期。

按照 2016 年最高人民法院印发《人民法院民事裁判文书制作规范》的通知规定，裁判文书说理主要集中在"本院认为"部分，向上承接审理查明的"事实"，往下衔接"裁判依据"。但裁判文书中的说理部分并不仅仅局限在明文的"理由"部分，说理依据的适用也应该伴随着法官说理阶段随之出现。裁判文书遵循三段论式推理的基本框架，即以查明的案件事实（此处特指前文案件事实中的第三层意思，法官追寻的接近客观事实的法律事实）为小前提，以法律为大前提，法官通过在"事实和法律规范之间往返流转"，以法律规定→事实认定→得出裁判结果，

第七章 民事裁判文书的说理依据适用机制：以能动司法为视角

而事实上，裁判文书中对于事实的判定并非从程式化的"理由"开始。

裁判文书说理不应该僵硬、固化于2016年最高人民法院印发《人民法院民事裁判文书制作规范》的通知中正文第六部分"理由"，而应该从裁判文书出现说理内容开始。"从某种意义上来讲，各种各样的判断（包括判决）都是带着一个或明或暗的既有结论出发的。一个人通常以这一结论为出发点，然后努力寻找能够证明这一结论的依据"。[①] 法官在第五部分第七、八点中的"对有争议的证据，应当写明争议的证据名称及人民法院对争议证据认定的意见和理由；对有争议的事实，应当写明事实认定意见和理由"和"对逾期提交的证据、非法证据等不予采纳的，应当说明理由"中已经开始代入法官自己的判断。对于争议证据和争议事实均要叙述清楚并写明理由，以及说明排除当事人提交证据材料不作为定案证据的理由。第五部分第九点中"根据当事人陈述和经审查确认的证据，本院认定事实如下：……"，第十点中"要说明事实认定的结果、认定的理由以及审查判断证据的过程"，审查证据的证据效力和证明力等裁量行为的作出一定要有"理"可循，承接证据得出的事实判断必然要存在支撑理由，不然只会沦为法官的自我臆断。上述规范中强调理由的阐述，是出于对法官缜密判案逻辑的要求，虽然案件事实认定可以被笼统称之，但是实际审理之中，从最原始的证据材料到对证据逐一进行审查判断，审查证据对要件事实的证明力，进而将证据效力归一到待证案件事实，当中的每一个步骤都不可以略去法官思维的论证。[②] 只有展现从前提到结果均有依据支撑的法官论证过程，才可以使当事人和民众信服。

与此同时，2016年最高人民法院印发《人民法院民事裁判文书制作规范》的通知表述中正文同一部分的上、下连接处存有逻辑联系，上述内容中需要自身论述理由，前述内容的结果也同时是推导出后述内容的事实理由和客观依据。前述第五部分第七、八、九、十点的证据审核和

[①] Jerome Frank, *Law and Modern Mind*，转引自陈林林《裁判的进路与方法——司法论证理论导论》，中国政法大学出版社2007年版，第11页。

[②] 对事实的认定不加论证，只是对证据的简单罗列，而不说明采信证据的理由，以及不表明证据与案件事实之间的推理过程；没有针对当事人的诉求进行分析说明，二是你辩你的，我判我的；对判决结果以及适用法律，不详加说明之所以这样做的理由。参见胡桥：《中国判决理由的历史分析》，《法律方法》2007年第0期。

排除，以及认定事实的理由说明，为随后正文的第五部分第十一、十二点，叙述案件事实、确定案件争议焦点做好逻辑上的前提铺垫。因此，裁判文书中从"事实"部分到"裁判依据"部分都包含法官裁量判断，都需要法官将释法说理的依据来源交代清楚。

按照当前的民事裁判文书基本要素体例（见图7-7），"事实"和"理由"中都可能出现"争议焦点"，因为按照2016年最高人民法院印发《人民法院民事裁判文书制作规范》的通知规定，"争议焦点中有证据和事实内容的，可以在当事人诉辩意见之后在当事人争议的证据和事实中写明。争议焦点主要是法律适用问题的，可以在本院认为部分，先写明争议焦点。"而实际上，归纳争议焦点之后，应该接着进行释法说理，说明支持哪一方，理由是什么，依据是什么，而实际要求在"本院认为"之后才开始说理，这种体例安排显然与论证思维是不相符的。鉴于此，制作民事裁判文书应当遵循《人民法院民事裁判文书制作规范》《民事申请再审诉讼文书样式》《涉外商事海事裁判文书写作规范》《人民法院破产程序法律文书样式（试行）》《民事简易程序诉讼文书样式（试行）》等规定的技术规范标准，① 同时赋予法官可以根据证据审查、事实认定、法律适用和自由裁量等灵活安排民事裁判文书说理的体例结构的权限，由办案法官根据案件具体情况灵活处理。在保持裁判文书"标题""落款"以及"正文"中的"首部""裁判依据""裁判主文""尾部"不变动的前提下，厘清只有"本院认为"才需要说理的误解，对"正文"中的"事实"和"理由"做如下调整（见图7-7）。

针对当事人的诉讼请求、事实和理由以及提交的证据，首先区分"无争议部分"和"争议部分"。

无争议部分叙述双方当事人认可的事实和证据等即可，而无需做任何说明，在无争议部分按如下表述："×××承认×××主张的事实""×××承认×××提供的证据""×××承认×××主张的诉讼请求"。

---

① 2018年最高人民法院印发《关于加强和规范裁判文书释法说理的指导意见》的通知第十一条，"制作裁判文书应当遵循《人民法院民事裁判文书制作规范》《民事申请再审诉讼文书样式》《涉外商事海事裁判文书写作规范》《人民法院破产程序法律文书样式（试行）》《民事简易程序诉讼文书样式（试行）》《人民法院刑事诉讼文书样式》《行政诉讼文书样式（试行）》《人民法院国家赔偿案件文书样式》等规定的技术规范标准，但是可以根据案件情况合理调整事实认定和说理部分的体例结构。"

第七章　民事裁判文书的说理依据适用机制：以能动司法为视角

```
                    ┌─ 首部
                    │
                    │           ┌─ 首部
                    │           │
                    │           │─ 无争议部分
                    │           │                    ┌─ 证据和事实争议
民事裁判文书 ──────┼─ 正文 ────┼─ 有争议部分 ──────┤
                    │           │                    └─ 法律问题争议
                    │           │─ 裁判依据
                    │           │
                    │           │─ 裁判主文
                    │           │
                    │           └─ 尾部
                    │
                    │           ┌─ 署名
                    └─ 落款 ────┤
                                └─ 日期
```

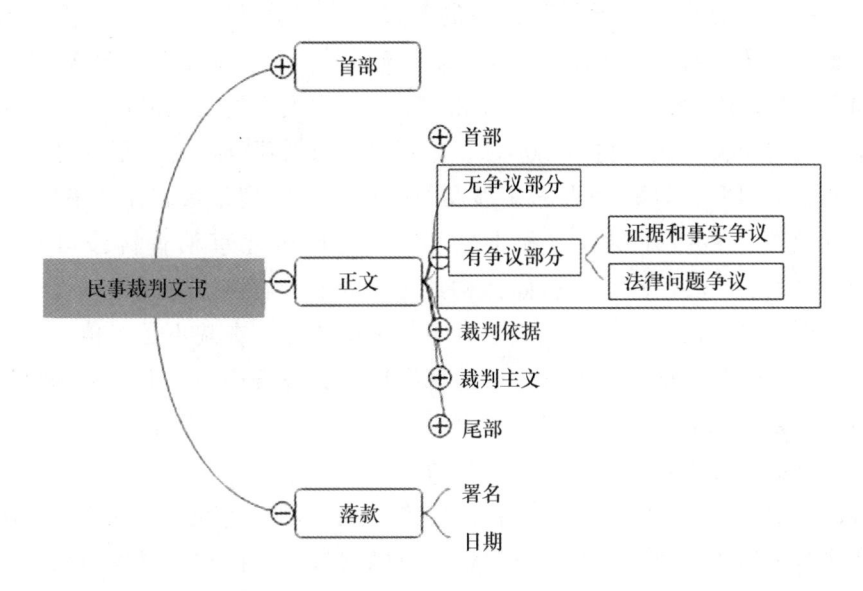

图 7-7　调整后的民事裁判文书基本要素体例

　　按照江西省高级人民法院法官龚雪林的思路，可将"民事案件中当事人可能存在的三种争议（证据争议、事实争议、法律问题争议）分成三部分来说理，在文书结构中也相应布置位置"。[①] 但是，本书主张证据争议和事实争议并不必然需要分开写，因为法律事实（法院认定事实）往往是根据证据审查而确定的。"证据争议和事实争议"在争议部分按照如下结构叙述说理：

　　针对×××（证据）存在争议，本院查明×××，认为该证据有效/无效，理由是×××，因为×××（说理依据）。鉴于此，可以认定×××（事实），理由是×××，因为×××（说理依据）。

　　"法律问题争议"在争议部分按照如下结构叙述说理：针对×××（法律问题）存在争议。本院认为，×××。理由是×××。因为×××（说理依据）。例如，在（2015）京知民初字第1606号裁判文书关于"商标是否近似"争议的说理中，按照上述体例可表述如下：

[①]　周庆华：《"裁判文书说理的技巧与规则"研讨会发言摘登》，《人民司法（应用）》2016年第25期。

针对"商标是否近似"存在的争议。本院认为，被告北京苏稻公司、苏州稻香村公司在被诉侵权产品上实际使用的"稻香村DAOXIANG-CUN SINCE1773及图"标识及在相关电商平台网页中对产品的详细介绍中使用的相关"稻香村"扇形标识，其主要识别部分均为"稻香村"文字和扇形图形，与第85号裁定涉及的"稻香村"扇形标志在文字构成、视觉效果、整体外观等方面十分相近，与原告北京稻香村公司的第1011610号"稻香村"注册商标构成近似标识，故被告北京苏稻公司、苏州稻香村公司的上述主张缺乏事实与法律依据，本院不予采信。理由是本案原告北京稻香村公司提交的现有证据，被告……。上述标识中均包含主要识别部分"稻香村"文字，与第1011610号"稻香村"注册商标相对比，其文字、读音、含义相同，仅在字体上存在细微差别，属于近似标识。因为2020年《最高人民法院关于审理商标民事纠纷案件适用法律若干问题的解释》第九条规定，商标近似，是指被控侵权的商标与原告的注册商标相比较，其文字的字形、读音、含义或者图形的构图及颜色，或者其各要素组合后的整体结构相似，或者其立体形状、颜色组合近似，易使相关公众对商品的来源产生误认或者认为其来源与原告注册商标的商品有特定的联系。

总而言之，让办案法官灵活调整民事裁判文书说理体例，不是固定不变地在事实和理由部分割裂开来——罗列证据、摆明事实、分析争点、描述理由，而是区分争议部分和无争议部分，无争议部分无需说理，有争议部分加强说理以判定证据、固定事实、分析法律问题，加强"证据""事实""法律"之间的融贯性。

三 默认机制：民事裁判文书说理依据辅助生成

运用助推理论来推动法官能动地适用裁判文书说理依据，还需要形成"默认机制"。默认机制是指预先设定的选择，只要行为者没有主动采取行动去改变，那么这个默认的选择就会自动生效。这个场景经常出现在网络空间，例如安装电脑软件会默认安装在系统盘，安装软件时也会默认勾选"同意协议"。默认机制产生的机理有多个原因，它们可能单独起作用，也可能综合起作用：首先，从众心理，当面临选择时，人们会认为默认选择项对于大家都一样；其次，潜在的权威，当面临选择

第七章　民事裁判文书的说理依据适用机制：以能动司法为视角

时，人们会认为如果不默认选择会给自己带来不利后果；最后，人的惰性，当面临选择时，没有足够的时间或不愿意耗费时间做出新决定。目前关于裁判文书默认选择的规定尚且没有，因为这一机制的实现需要特别依赖智能司法——裁判文书自动生成系统，通过说理库的说理依据知识图谱来实现。

当前，在人工智能技术的影响下，"智慧司法"已经成为法院信息化浪潮的愿景，在商业化市场上出现的声称可以实现"裁判文书自动生成"的产品也被多数法官诟病和不看好，因为远远未达到法官的预期。殊不知，"智慧法院"必须建立在法院信息化的基础之上，不仅是法院的办公硬件信息化，还包括法官掌握的信息化办公技能，如果没有这些基础作为支撑，再智慧的"裁判文书生成系统"也无法实现法官的"智能化"预期。同时不能因为现阶段的"智慧司法"没有真正实现"智能"使用，就不能在应然层面构想和预期。在理论上，基于法律语义分析技术（该技术已经成熟），在全面实现电子化卷宗的基础上，对案件的起诉书、答辩状、证据材料等进行法律语义分析后，按照裁判文书的格式要素要求，裁判文书自动生成具有可能性。裁判文书的所有内容可以分为两个部分：其一，不涉及价值判断的部分，包括法院名称、文书名称、案号，诉讼参加人及其基本情况，当事人的诉讼请求及其事实和理由，案件由来和审理经过，诉讼费用负担和告知事项，署名和日期；其二，涉及价值判断部分，包括人民法院认定的证据及事实，对当事人的诉讼请求是否成立进行分析评述及其理由，人民法院作出裁判所依据的实体法和程序法条文，人民法院对案件实体、程序问题作出的明确、具体、完整的处理决定。对于不涉及价值判断的部分，只要将其数字化后输入系统，然后根据算法按照模板自动抓取填写生成裁判文书的各个要素；对于涉及价值判断的部分，需要法官先完成价值判断之后，才能按照不涉及价值判断的部分那样完成自动抓取。但是要注意，前述包括说理在内涉及价值判断的要素，大部分都可以在庭审过程中由法官完成价值判断，记录在庭审笔录（语音输入完成电子化），但是要出现在书面化裁判文书中的说理依据是难以在庭审过程中完成的，而是在法官撰写裁判文书的过程中逐渐根据其法律推理和论证而形成的。

对于经验丰富的法官，其根据自己的法律素养和法律思维，在撰写裁判文书中说理并非难事，对于说理所需要的依据也有大致的预期，但是难就难在说理依据发现的书面表述（或者说是规范表述）；对于经验相对不足的法官，其在撰写裁判文书过程中面临着说理如何说，根据什么说的困难。裁判文书自动生成技术虽然不甚完善，但是并不是说明裁判文书自动生成不可行，至少自动生成裁判文书部分要素是可行的。裁判文书自动生成已经在互联网法院中作为规范行为对待，例如2017年《杭州互联网法院诉讼平台审理规程》第三十六条规定的"文书自动生成"，审理法官可在诉讼平台使用人工智能技术在线制作裁判文书，由诉讼平台自动生成文书部分要素或全部，审理法官予以完善或修改。此处，不讨论裁判文书自动生成，而是注重于如何实现具有很强价值判断因素的"说理依据"的辅助生成。之所以强调"辅助生成"而不是"自动生成"，一方面是考虑到"说理依据"选取具有很强的价值判断，另一方面是让法官通过简便的语义检索就能获得有效的说理依据默认列表，而法官只要在有限的供选结果中按照"选取准据"找到最合适的说理依据。

如图7-8所示，按照民事裁判文书说理依据辅助生成模型，法官实现说理依据辅助生成大致要分为以下几个步骤。

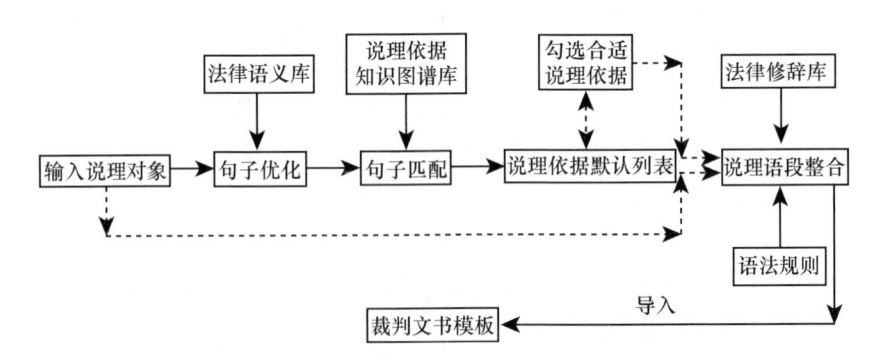

图7-8 民事裁判文书说理依据辅助生成模型

第一步，法官输入"说理对象"，即输入拟需要说理依据的主题。例如，法官对关于"商标是否近似"争议进行说理，那么说理对象就是"商标近似"。对于说理对象的输入没有必须限定为关键词，允许法官输入语段或句子，例如法官可以输入"怎么对商标近似进行说理"或者

第七章　民事裁判文书的说理依据适用机制：以能动司法为视角

"商标近似说理的依据是什么"等等。

第二步，句子优化，即对输入的表示说理对象的句子与法律语义库进行匹配形成法言法语，例如将"商标近似说理的依据是什么"进行优化后得出"近似商标判断"。法律语义库就是依据法律语义技术分析法律文本、司法解释、裁判文书等文献所形成的法言法语库。

第三步，句子匹配，即将优化后的句子在说理依据知识图谱库进行匹配。说理依据知识图谱库是已经构建完成并和中国裁判文书网实时连接，将新导入到裁判文书网中的案例进行智能分析、自动学习，不断更新说理依据知识图谱库，优化后的句子能够自动匹配到相关的说理依据，并按关联度自动排序。例如，"近似商标判断"与说理依据知识图谱匹配后生成"近似商标判断说理依据默认列表"：

（1）商标近似侵权行为：2019年《中华人民共和国商标法》第五十七条第一款第二项（具体条文略，系统中有列明）

（2）商标近似定义：2020年《最高人民法院关于审理商标民事纠纷案件适用法律若干问题的解释》第九条第二款（具体条文略，系统中有列明）

（3）商标"近似"的认定原则：2020年《最高人民法院关于审理商标民事纠纷案件适用法律若干问题的解释》第十条（具体条文略，系统中有列明）

（4）文字商标近似审查：2021年《商标审查审理指南》下编第五章第五节第一点

（4.1）中文商标的汉字构成相同……（具体内容略，系统中有列明）

（4.2）商标文字由字、词重叠而成……（具体内容略，系统中有列明）

（4.3）中文商标由三个或三个以上汉字构成……（具体内容略，系统中有列明）

（4.4）……（具体内容略，系统中有列明）

……（具体内容略，系统中有列明）

（5）图形商标近似审查：2021年《商标审查审理指南》下编第五章第五节第二点

（5.1）……（具体内容略，系统中有列明）

……（具体内容略，系统中有列明）

（6）组合商标近似审查：2021年《商标审查审理指南》下编第五章第五节第三点

（6.1）……（具体内容略，系统中有列明）

……（具体内容略，系统中有列明）

（7）……（具体内容略，系统中有列明）

……（具体内容略，系统中有列明）

第四步，勾选合适说理依据，句子匹配后自动生成说理依据列表，法官按照关联度排序或入库时间排序等方式点击查看具体的说理依据条目，法官在查看说理依据条目时就会判断该依据是否可以作为正在撰写的裁判文书说理部分的说理依据，然后勾选其认为合适的条目。

第五步，说理语段整合，法官勾选条目后，系统自动将第一步输入的"说理对象"的语段和勾选的条目内容进行整合，通过匹配法律修辞库进行优化，并按照设定的语法规则形成说理段落。例如：

针对"商标是否近似"存在的争议。本院认为，××××。理由是××××。因为按照2020年《最高人民法院关于审理商标民事纠纷案件适用法律若干问题的解释》第九条第二款规定，"商标法第五十七条第（二）项规定的商标近似，是指被控侵权的商标与原告的注册商标相比较，其文字的字形、读音、含义或者图形的构图及颜色，或者其各要素组合后的整体结构相似，或者其立体形状、颜色组合近似，易使相关公众对商品的来源产生误认或者认为其来源与原告注册商标的商品有特定的联系。"同时根据2020年《最高人民法院关于审理商标民事纠纷案件适用法律若干问题的解释》第十条规定，"人民法院依据商标法第五十七条第（一）（二）项的规定，认定商标相同或者近似按照以下原则进行：（一）以相关公众的一般注意力为标准；（二）既要进行对商标的整体比对，又要进行对商标主要部分的比对，比对应当在比对对象隔离的状态下分别进行；（三）判断商标是否近似，应当考虑请求保护注册商标的显著性和知名度。"

第六步，导入裁判文书模板，对于形成的"说理语段"中"本院认为"和"理由是"空余部分，在电子卷宗中会自动抓取相应的内容填

第七章 民事裁判文书的说理依据适用机制：以能动司法为视角

入，最终形成完整的说理部分。因为电子卷宗已经完成自动生成庭审笔录、案件事实即证据自动梳理、无争议部分的自动罗列以及争议部分的自动归纳。

需要说明的是，民事裁判文书说理依据是置于整个裁判文书智能生成子系统的场景实现的（尽管目前还没有很理想的裁判文书智能生成系统，不过大致指标可参见表7-2）。法官在这种民事裁判文书说理依据辅助生成的默认机制下，在展开说理部分的整个说理过程中，只要在系统的对话框中完成第一步，后续的第二至第六步都会由系统自动完成，最后整个说理段落即可在撰写中的裁判文书相应位置生成。

表7-2 裁判文书智能生成子系统主要性能指标[①]

	主要指标
1	系统应支持刑事和民事一审、二审所涉及的程序性文书生成
2	系统应支持对生成的程序性文书进行编辑
3	系统应能与电子卷宗管理系统无缝结合，在其系统提供程序性文书的生成功能
4	系统应提供"左看右写"功能，支持左右分屏模式，左侧可展示电子卷宗及各项辅助功能，右侧进行文书编辑
5	系统需要提供电子卷宗管理功能的入口，可查看电子卷宗
6	系统需要具备案件信息展示的功能，案件信息至少要包括基本信息、诉讼参与人、相关证据和案件事实
7	★系统针对普通程序和二审案件应能够辅助生成裁判文书，在文书生成时系统可以根据对案件的分析推送与案件相适应的文书模板供选择
8	系统生成的裁判文书应包含了从文书标题、文书首部、当事人信息、文书尾部、落款等文书内容
9	★系统应能够对生成的裁判文书进行分章节段落进行定位；并可根据案件类型定制定位的文书段落
10	系统需要具备文书样式查看的功能以及文书样式快速查询的功能
11	系统需要支持文书模板定制功能

---

① 来源于"A标段：电子卷宗随案同步生成及深度应用技术"标书"（四）设备清单及技能"。参见山东省政府采购信息公开平台：《政府采购合同》，http://www.ccgp-shandong.gov.cn/sdgp2017/site/readcontract.jsp? id = 200009718.

续表

	主要指标
12	系统需要提供电子签章的入口,可对裁判文书进行导出、打印
13	★系统能够与中院现有科技法庭管理系统无缝对接,在法官应用系统软件内直接提供案例推送和查询支持

结　语

"随着司法改革的深入，民众权利意识的觉醒和法治意识的增强，我国的司法判决公信力已从'以权服人'的阶段进入'以法服人''以理服人'的阶段。"[①] 传统的"司法三段论"——R（Rules）+ F（Facts）= D（Decision）已有了较为细化的研究，针对最为首要的 Rules 的研究突破了法律规则的束缚，衍生扩充为原则、习惯和法理等维度。[②] 现如今再回望司法三段论，想达到司法结果 Decision 的正义则应从 Rules 和 Facts 中继续深挖，进一步研究 Rules 所表达裁判理由的由来，同时结合法官基于案件 Facts 给出内心确信的支撑，共同探究更为隐秘因而常被忽视的裁判理由来源——裁判文书说理依据。法官的价值取向是自我的思维过程，其内向性、隐秘性和抽象性等特征，导致该过程难以被捕捉行径和步骤化。然而，价值判断又是说理依据中最能检验法官法治思维和裁量能力的核心内容，如果缺失了它，似乎整个司法过程均是逻辑推理的结果，使人无法从判决中看出法官自己针对个案的个性化思维和真实价值取向，从而致使判决理由成为"套话"并最终沦落为一种形式上的东西。[③] 法官所选取的裁判文书说理依据，实则是裁量过程中法官主观价值判断的客观外化呈现，每一个说理依据所荷载的都是价值考量的结果。

[①] 杨贝：《法律论证的能与不能》，《华东政法大学学报》2017 年第 2 期。
[②] 范凯文、钱弘道：《论裁判理由的独立价值——中国法治实践学派的一个研究角度》，《浙江社会科学》2014 年第 4 期。
[③] 胡桥：《中国判决理由的历史分析》，《法律方法》2007 年第 0 期。

然而，在相当长的一段时间里，中国法官"裁判不说理"成为人们的"共识"。据考证，诸如"腐败""无能""缺管""体制"这四种最有代表性的观点都不足以解释这种现象，由于裁判说理具有的防卫性、辅助性和后置性，影响中国法官"裁判不说理"更为根本的原因有"掩饰比说理重要""判断比说理重要""沟通比说理重要"。① 裁判文书说理面临着"言多必失"的困境，作为能够公正裁判的法官，其身为理性经济人也不例外，也会采取简约化说理方式来减少潜在的风险。但是，随着从裁判文书改革过渡到裁判文书释法说理的改革，"裁判不说理"已经成为过去式。裁判文书不仅要说理，还要阐明事理、释明法理、讲明情理和讲究文理，并从审查判断证据说理、认定事实说理、适用法律说理、行使自由裁量权等说理方面提出具体的要求——说明理由。

通过实证的体系化研究，提出"说理对象＝说理理由＋说理依据"公式。裁判说理彰显着司法论证的实践理性，说理依据是裁判理由的事实样态，可以推导出说理依据是指在裁判文书中支持被说理对象的说理理由的一般性依据。"理由"并不是完全客观的，它是具有主观性的因素，理由的"主观性"需要依据的"客观性"来排除。判断理由是否存在问题，需要看支持理由的依据是否是正确的。民事裁判文书说理依据具有独立价值，即无"依据"则无"说理"，民事裁判文书说理依据是规范与事实的连接点，也是同案不同判的理性尺度。然而，民事裁判文书说理依据的发现工具不便利、民事裁判文书说理依据选择的标准不统一、民事裁判文书说理依据适用的能动性不够，导致民事裁判文书说理依据发现难、选择难和适用消极。

在"智慧司法"的场域下，说理依据发现迎来新的契机，即通过人工智能技术建立民事裁判文书说理依据的知识图谱，在此基础上构建说理依据库，进而实现说理依据的智能检索。民事裁判要求在事实和规范之间做出价值衡量，不是所有的依据都能成为民事裁判文书的说理依据。法官在选择民事裁判文书的说理依据时，应该从"合乎现行法律"考察说理依据的形式合法性，从"实现法律效果"考察说理依据的实质合法性，遵循"缺位—弥合"模式考察说理依据能否弥合法律漏洞，遵循

---

① 凌斌：《法官如何说理：中国经验与普遍原理》，《中国法学》2015年第5期。

"诉求—回应"模式考察说理依据能否使说理理由均有说理依据，从"说理依据本身无须再证"考察说理依据的客观性，从"说理依据之间不相冲突"考察说理依据的一致性。不仅要建立民事裁判文书说理依据能动适用的心理机制，即是要在心理契约形成、维护和履行阶段让法官形成愿用说理依据、敢用说理依据和用好说理依据的隐性期待；而且要建立民事裁判文书说理依据能动适用的助推机制，即是要形成以民事裁判文书说理"繁简"分流为内容的简化机制，以民事裁判文书说理体例灵活调整为核心的纠正机制，以民事裁判文书说理依据辅助生成的默认机制。

社会法治的进步和社会技术的革新，促进了司法环境和司法技术的变化，法官面临的工作环境从"传统司法"变成了"智慧司法"。从"裁判不说理"到"说理依据"，不仅仅要求法官的观念革新，而且要求法院积极推进法院信息化3.0建设，利用先进的技术来辅助法官办公和决策，让法官能够在"案多人少"的困境中走出来，将有限的精力投入到实现法律效果和司法效果更强的裁判文书创作环节，"努力让人民群众在每一个司法案件中感受到公平正义"。

参考文献

一 中文文献

（一）外文译著

［德］阿图尔·考夫曼：《法律哲学（第2版）》，刘幸义译，法律出版社2003年版。

［德］汉斯·普维庭：《现代证明责任问题》，吴越译，法律出版社2000年版。

［德］卡尔·拉伦茨：《法学方法论》，陈爱娥译，商务印书馆2003年版。

［德］阿图尔·考夫曼：《后现代法哲学：告别演讲》，米健译，法律出版社2000年版。

［德］莱奥·罗森贝克：《证明责任论》，庄敬华译，中国法制出版社2002年版。

［德］齐佩利乌斯：《法学方法论》，金振豹译，法律出版社2009年版。

［德］尤尔根·哈贝马斯：《交往与社会进化》，张博树译，重庆出版社1989年版。

［德］约翰·斯图亚特·穆勒：《功利主义》，叶建新译，新华书店2009年版。

［法］雅克·盖斯旦、吉勒·古博、谬黑埃·法布赫—马南：《法国民法总论》，陈鹏、张丽娟、石佳友译，法律出版社2004年版。

［古罗马］普布里乌斯·克奈里乌斯·塔西佗：《历史》，王以铸、崔妙

因译，商务出版社 2017 年版。

［古希腊］亚里士多德：《工具论》，张留华、冯艳译，上海人民出版社 2015 年版。

［美］埃德加·博登海默：《法理学：法律哲学与法律方法》，邓正来译，中国政法大学出版社 1998 年版。

［美］埃尔斯特、［挪］斯莱格斯塔德：《宪政与民主：理性与社会变迁研究》，潘勤、谢鹏程译，生活·读书·新知三联书店 1997 年版。

［美］艾伦、库恩斯、斯威夫特：《证据法：文本、问题和案例》，张保生、王进喜、赵滢译，高等教育出版社 2006 年版。

［美］本杰明·N·卡多佐：《法律的成长 法律科学的悖论》，董炯、彭冰译，中国法制出版社 2002 年版。

［美］本杰明·N·卡多佐：《司法过程的性质》，苏力译，商务印书馆 2000 年版。

［美］凯斯·R·孙斯坦：《法律推理与政治冲突》，金朝武、胡爱平、高建勋译，法律出版社 2003 年版。

［美］欧文·M·柯匹、卡尔·科恩：《逻辑学导论》，张建军、潘天群、顿新国等译，中国人民大学出版社 2007 年版。

［日］高桥宏志：《民事诉讼法制度与理论的深层分析》，林剑峰译，法律出版社 2004 年版。

［日］市川繁治郎主编：《英语搭配大辞典》，外语教学与研究出版社 2006 年版。

［日］新堂幸司：《新民事诉讼法》，林剑峰译，法律出版社 2008 年版。

［意］彼得罗·彭梵得：《罗马法教科书》，黄风译，中国政法大学出版社 2018 年版。

［英］阿瑟·塞西尔·庇古：《福利经济学（珍藏本）》，金镝译，华夏出版社 2013 年版。

［英］戴维·M·沃克：《牛津法律大辞典》，李双元等译，法律出版社 2003 年版。

［英］弗里德利希·冯·哈耶克：《法律、立法与自由（第一卷）》，邓正来、张守东、李静冰译，中国大百科全书出版社 2000 年版。

（二）中文著作

毕玉谦：《民事证据原理与实务研究》，人民法院出版社 2003 年版。

陈金钊：《法治与法律方法》，山东人民出版社 2003 年版。

陈林林：《裁判的进路与方法——司法论证理论导论》，中国政法大学出版社 2007 年版。

陈荣宗：《民事程序法与诉讼标的理论》，国立台湾大学出版社 1977 年版。

程春华：《裁判思维与证明方法》，法律出版社 2016 年版。

段厚省：《请求权竞合要论：兼及对民法方法论的探讨》，中国法制出版社 2013 年版。

段厚省：《请求权竞和与诉讼标的研究》，吉林人民出版社 2004 年版。

樊崇义主编：《证据法学》，法律出版社 2001 年版。

范凯文：《裁判理由的发现与论证》，中国政法大学出版社 2018 年版。

费多益：《论科学的合理性》，《中国社会科学院研究生院》2001 年版。

葛洪义：《法律方法》，中国人民大学出版社 2013 年版。

韩明安：《新语词大词典》，黑龙江人民出版社 1991 年版。

韩象乾主编：《民事诉讼理论新探》，中国人民公安大学出版社 2006 年版。

何家弘、刘品新：《证据法学》，法律出版社 2019 年版。

黄茂荣：《法学方法与现代民法》，法律出版社 2007 年版。

黄松有主编：《民事诉讼证据司法解释的理解与适用》，中国法制出版社 2002 年版。

孔祥俊：《法官如何裁判》，中国法制出版社 2017 年版。

李宗锷、潘慧仪主编：《英汉法律大词典》，法律出版社 1999 年版。

梁慧星：《民法解释学》，中国政法大学出版社 1995 年版。

上海译文出版社编：《新英汉词典（世纪版）》，上海译文出版社 2000 年版。

沈德咏主编：《最高人民法院民事诉讼法司法解释理解与适用（上）》，人民法院出版社 2015 年版。

汪世荣：《中国古代判词研究》，中国政法大学出版社 1997 年版。

王利明：《法学方法论》，中国人民大学出版社 2012 年版。

王泽鉴：《法律思维与民法实例》，中国政法大学出版社 2001 年版。

王泽鉴：《民法总则》，中国政法大学出版社 2001 年版。

夏征农、陈至立：《辞海（第6版）》，上海辞书出版社2009年版。
许崇德、胡锦光：《宪法（第5版）》，中国人民大学出版社2014年版。
杨仁寿：《法学方法论》，中国政法大学出版社1999年版。
易研友：《证据法学：原则·规则·案例》，法律出版社2017年版。
占善刚：《民事证据法研究》，武汉大学出版社2009年版。
张润彤、朱晓敏：《知识管理学》，中国铁道出版社2002年版。
张卫平：《程序公正实现中的冲突与平衡》，成都出版社1993年版。
张卫平：《诉讼构架与程式》，清华大学出版社2000年版。
张卫平主编：《外国民事证据制度研究》，清华大学出版社2003年版。
张永泉：《民事诉讼证据原理研究》，厦门大学出版社2005年版。
中国社会科学院法学研究所、国家法治指数研究中心法治指数创新工程项目组：《中国法院信息化第三方评估报告》，中国社会科学出版社2016年版。
中国司法文明指数项目组：《中国司法文明指数报告2015》，中国政法大学出版社2016年版。
朱伟一：《美国经典案例解析》，上海三联书店2007年版。
最高人民法院司法改革领导小组办公室主编：《最高人民法院关于加强和规范裁判文书释法说理的指导意见理解与适用》，中国法制出版社2018年版。

（三）中文期刊

蔡定剑：《中国宪法司法化路径探索》，《法学研究》2005年第5期。
蔡萍琴、张演锋：《裁判文书说理的实践与思考——以基层法院为例》，《智库时代》2018年第25期。
陈灿平：《裁判文书说理的法理立场与运用》，《湖南大学学报》（社会科学版）2017年第3期。
陈加洲、凌文辁、方俐洛：《组织中的心理契约》，《管理科学学报》2001年第2期。
陈金钊：《司法过程中的法律发现》，《中国法学》2002年第1期。
陈曦：《法律融贯论辨析》，《北方法学》2017年第6期。
范进学：《论宪法比例原则》，《比较法研究》2018年第5期。
范进学：《宪法精神应成为我国的主流价值观》，《山东社会科学》2013

年第 2 期。

范凯文、钱弘道：《论裁判理由的独立价值——中国法治实践学派的一个研究角度》，《浙江社会科学》2014 年第 4 期。

范毅：《论宪法精神的科学内涵》，《求索》2004 年第 8 期。

傅郁林：《当信仰危机遭遇和谐司法——由彭宇案现象透视司法与传媒关系》，《法律适用》2012 年第 12 期。

傅郁林：《繁简分流与程序保障》，《法学研究》2003 年第 1 期。

傅郁林：《民事裁判文书的功能与风格》，《中国社会科学》2000 年第 4 期。

高翔：《人工智能民事司法应用的法律知识图谱构建——以要件事实型民事裁判论为基础》，《法制与社会发展》2018 年第 6 期。

高宇：《浅议中国古代判词》，《文教资料》2014 年第 36 期。

葛洪义：《试论法律论证的概念、意义与方法》，《浙江社会科学》2004 年第 2 期。

哈罗德·格里门、刘立萍：《默会知识与社会科学理论》，《思想与文化》2005 年第 0 期。

韩大元：《民法典编纂要体现宪法精神》，《国家检察官学院学报》2016 年第 6 期。

侯学勇：《融贯性的概念分析：与一致性相比较》，《法律方法》2009 年第 2 期。

胡桥：《中国判决理由的历史分析》，《法律方法》2007 年第 0 期。

孔祥俊：《论法律事实与客观事实》，《政法论坛》2002 年第 5 期。

李国光：《坚持办案的法律效果与社会效果相统一》，《党建研究》1999 年第 12 期。

李可：《法律解释方法位序表的背后》，《法律方法与法律思维》2011 年第 8 期。

李喜莲：《网上公开之民事裁判文书的现状、问题及对策》，《法律科学》（西北政法大学学报）2015 年第 4 期。

梁洪霞：《我国法院援引宪法说理的实施问题研究》，《政治与法律》2017 年第 7 期。

梁战平：《情报学若干问题辨析》，《情报理论与实践》2003 年第 3 期。

林国华：《法律漏洞与自由裁量》，《青海师范大学学报》（哲学社会科学版）2006年第2期。

凌斌：《法官如何说理：中国经验与普遍原理》，《中国法学》2015年第5期。

刘峤、李杨、段宏、刘瑶、秦志光：《知识图谱构建技术综述》，《计算机研究与发展》2016年第3期。

刘显鹏：《电子证据的证明能力与证明力之关系探析——以两大诉讼法修改为背景》，《北京交通大学学报》（社会科学版）2013年第2期。

刘星：《司法中的法律论证资源辨析：在"充分"上追问——基于一份终审裁定书》，《法制与社会发展》2005年第1期。

刘仲林：《认识论的新课题——意会知识——波兰尼学说评介》，《天津师大学报》1983年第5期。

龙宗智：《推定的界限及适用》，《法学研究》2008年第1期。

罗东川、丁广宇：《我国能动司法的理论与实践评述》，《法律适用》2010年第Z1期。

莫纪宏：《宪法原则在宪法学理论研究体系中的地位及发展》，《法学论坛》2012年第6期。

欧阳康：《合理性与当代人文社会科学》，《中国社会科学》2001年第4期。

潘自强、邵新：《裁判文书说理：内涵界定与原则遵循》，《法治研究》2018年第4期。

彭礼堂：《税宪法原则与遗产税的开征》，《经济法研究》2018年第1期。

苏力：《关于能动司法与大调解》，《中国法学》2010年第1期。

苏力：《判决书的背后》，《法学研究》2001年第3期。

童之伟：《宪法适用应依循宪法本身规定的路径》，《中国法学》2008年第6期。

万毅、林喜芬：《从"无理"判决到判决书"说理"——判决书说理制度的正当性分析》，《法学论坛》2004年第5期。

王国征：《民事证明责任中的罗森贝克规范说述评》，《山东社会科学》2008年第5期。

王明辉：《裁判文书说理评价标准之建构》，《河北经贸大学学报（综合版）》2016 年第 2 期。

王雅兰、朱尚明：《面向科学计量分析的司法鉴定学科知识图谱构建与应用研究》，《中国司法鉴定》2017 年第 1 期。

王雅文：《传统"三段论"对裁判文书说理"困境"的影响及其消解》，《牡丹江大学学报》2017 年第 1 期。

王云才、张民：《基于知识图谱的国际刑事司法研究可视化分析》，《上海公安高等专科学校学报》2014 年第 3 期。

文庭孝：《知识单元的演变及其评价研究》，《图书情报工作》2007 年第 10 期。

郗伟明：《论诉讼标的与请求权规范之竞合——以旧诉讼标的理论的两岸实践为视点》，《法商研究》2016 年第 3 期。

夏克勤：《民事裁判文书说理实证调查——基于 900 篇民事裁判文书的分析》，《中国应用法学》2018 年第 2 期。

夏卫国：《司法论证概念网络的逻辑分析》，《贵州工程应用技术学院学报》2015 年第 6 期。

肖冬梅、文禹衡：《数据权谱系论纲》，《湘潭大学学报》（哲学社会科学版）2015 年第 6 期。

徐梦醒：《法律论证的规范性融贯研究》，《法学论坛》2014 年第 6 期。

许崇德：《"宪法司法化"质疑》，《中国人大》2006 年第 11 期。

薛扬：《论裁判文书说理改革配套制度之完善》，《人民司法（应用）》2018 年第 10 期。

杨贝：《法律论证的能与不能》，《华东政法大学学报》2017 年第 2 期。

杨解君：《法律漏洞略论》，《法律科学．西北政法学院学报》1997 年第 3 期。

杨月娥：《我国裁判文书说理困境及其对策——以惠阳"许霆案"判决为例》，《淮海工学院学报》（人文社会科学版）2016 年第 7 期。

阴建峰：《论法律效果与社会效果的统一——以贯彻宽严相济刑事政策为中心》，《河南社会科学》2011 年第 2 期。

于新国、熊易：《新搜商公式及其构成因素研究》，《新世纪图书馆》2016 年第 1 期。

张保生:《人工智能法律系统的法理学思考》,《法学评论》2001年第5期。

张润:《地方人民法院民事裁判文书说理的实践考察》,《法治论坛》2016年第2期。

张卫平:《证明责任分配的基本法理》,《证据学论坛》2000年第0期。

张志铭:《法治视野中的法律解释问题——〈法律解释操作分析〉"导论"》,《南京大学法律评论》1999年第1期。

张志铭:《司法判决的结构和风格——对域外实践的比较研究》,《法学》1998年第10期。

赵朝琴:《规范民事裁判文书说理的五个问题》,《人民司法(应用)》2016年第1期。

赵朝琴、刘树德:《关于裁判文书说理责任制度构建的思考》,《法律适用》2017年第23期。

赵朝琴、邵新:《裁判文书说理制度体系的构建与完善——法发〔2018〕10号引发的思考》,《法律适用》2018年第21期。

赵敏:《心理契约研究综述》,《安阳工学院学报》2018年第5期。

赵士英、洪晓楠:《显性知识与隐性知识的辩证关系》,《自然辩证法研究》2001年第10期。

郑晓剑:《比例原则在民法上的适用及展开》,《中国法学》2016年第2期。

郑永流:《法律判断形成的模式》,《法学研究》2004年第1期。

周芳:《从公开到说理:新形势下裁判文书说理的完善与思考——对裁判文书中证据认定与"本院认为"的实证分析》,《中国案例法评论》2016年第2期。

周庆华:《"裁判文书说理的技巧与规则"研讨会发言摘登》,《人民司法(应用)》2016年第25期。

[英]杰里米·库珀、杨小利:《英国法官如何进行裁判说理》,《中国应用法学》2018年第2期。

二 外文文献

Aleksander Peczenik, *On Law and Reason*, Dordrecht/Boston/London: Kluwer Academic Publishers, 1989.

Bryan A. Garner, *Black's law dictionary (Ninth Edition)*, st. Paul.： Thomson Reuters, 2009.

Cf. Bruce Anderson, "*Discovery*" *in Legal Decision-Making*, Netherlands： Kluwer Academic Publishers, 1996.

Geoffrey Q. Walker, *The Rule of Law： Foundation of Constitutional Democracy*, Oxford： Clarendon Press, 1980.

H. L. A. Hart, *The Concept of Law*, Oxford： Oxford University Press, 2012.

Kratochwil F V, *Rules, norms, and decisions on the conditions of practical and legal reasoning in international relations and domestic affairs*, Cambridge Town： Cambridge University Press, 1989.

Levinson H, Price C R, Munden K J, et al, *Men, management and mental health*, Cambridge. Harvard University Press, 1962.

Michael Polanyi, *The Study of Man*, Chicago： The University of Chicago Press, 1958.

Neil McCormick, *Coherence in legal justification. in Scott Brewer. Moral theory and legal reasoning*, New York： Garland Publishing Inc, 1998.

Richard H, Thaler Cass R,. Sunstein, *NUDGE： Improving Decisions About Health, Wealth, and Happiness*, New Haven& London： Yale University Press, 2008.

Gibson C S, "Iran-United States Claims Tribunal Precedent in Investor State Arbitration", *Journal of International Arbitration*, Vol. 23, No. 6, 2006.

Gunnar Beck, "The Limits of Legal Reasoning and the European Court of Justice", *International & Comparative Law Quarterly*, Vol. 62, No. 2, 2013.

Herriot P, Manning E G, Kidd JM, "The content of the psychological contract", *British Journal of Management*, No. 8, 1997.

Kotter JP, "The psychological contract", *California Management Review*, No. 15, 1973.

Lei L, "A Structural Analysis of Basic Forms of Legal Reasoning", *Chinese Journal of Law*, 2009.

Schröter, Michael W, "European Legal Reasoning： a coherence-based Approach", *ARSP*: *Archiv für Rechtsund Sozialphilosophie / Archives for Philosophy of Law and Social Philosophy*, Vol. 92, No. 1, 2006.

Conway G, "Levels of Generality in the Legal Reasoning of the European Court of Justice", *European Law Journal*, Vol. 14, No. 6, 2008.

附　　录

附件1：民事裁判文书说理依据研究访谈提纲

"民事裁判文书说理依据研究"法官访谈提纲

为了解我国"增强法律文书说理性""加强法律文书释法说理"进展情况，特组织开展了此次问卷调查。本处为不记名访谈调查部分，重点就法院在民事裁判文书说理依据方面的有关情况，特向您当面征询、请教。感谢您的合作与支持！

请您简要介绍一下您审理民事案件的基本情况？
（例如年度办案数量、案件类型等）

1. 根据您的审判经验，《民事裁判文书样式规范》发布后对您制作裁判文书是否存在影响？尤其是裁判文书的说理部分？（例如，是否会对选取说理依据有改变）

2. 根据您的审判经验，哪些案件的说理依据选择、适用难度较大？

3. 根据您的审判经验，民事案件的说理依据是否仅涉及《民事裁判文书样式规范》的第六部分"说理"，还是包括第五部分的"事实"和/或第七部分的"裁判依据"。

4. 根据您的审判经验，民事案件审理是否是先有对案件的预设结论，再去寻找说理依据？

5. 根据您的审判经验，裁定书的说理标准同判决书说理标准是否存在差异？现行司法环境下，您认为裁定书是否有说理必要？

6. 根据您的审理经验，如果遇到法律概念（例如诉讼标的）需要解释时，会如何处理并在裁判文书中体现。

7. 根据您的审理经验，法律三段论推理过程中寻求依据是否存在问题？

8. 根据您的审理经验，面对案多人少的压力时，时间安排上是否会着重处理某些民事案件的说理工作，或略过民事案件的说理（或说理依据）工作？

9. 根据您的审理经验，进行民事裁判文书说理依据研究，您建议采取采用何种更为合理的、优化的案件分析方法（标准）？

10. 贵院是否有制定、印发关于裁判文书"释法说理"的指导性文件（指导手册）之类的细则？（例如根据《最高人民法院关于加强和规范裁判文书释法说理的指导意见》第二十条规定，各级人民法院可以根据本指导意见，结合实际制定刑事、民事、行政、国家赔偿、执行等裁判文书释法说理的实施细则。）

再次感谢您在百忙之中参与我们的访谈调查！祝您万事如意！

附件2　民事裁判文书说理依据研究访问卷

编号：_____

"民事裁判文书说理依据研究"调查问卷

（卷一·社会公共卷）

为了解我国"增强法律文书说理性""加强法律文书释法说理"进展情况，特组织开展了此次问卷调查。本处为不记名问卷调查部分，重点就法院在民事裁判文书说理依据方面的有关情况，特向您征询意见。为保证调查结论的客观性、中立性，请您据实填写，我们保证不会泄露相关信息。感谢您的合作与支持！

（请您在相应的选项前打"√"或在"_____"处填写）

1. 您的基本情况

您的性别：A. 女　　B. 男

您住在：A. 农村　B. 乡镇　C. 城市（含县城）

您的年龄：A. 18—28岁　B. 29—40岁　C. 41—50岁　D. 51—60岁
　　　　　E. 61岁以上

您的职业：A. 党政机关干部
　　　　　B. 人民团体（如妇联、共青团）工作人员
　　　　　C. 社区、乡村基层干部
　　　　　D. 专业技术人员（如医生、教师）
　　　　　E. 其他事业单位工作人员
　　　　　F. 离退休干部、职工
　　　　　G. 公司、企业工作人员
　　　　　H. 私营业主
　　　　　I. 城镇无固定职业居民
　　　　　J. 农民
　　　　　K. 进城务工人员
　　　　　L. 其他_____

您的学历：A. 研究生　B. 本科　C. 大专　D. 高中　E. 初中　F. 小学

2. 根据您的生活经验，是否有在法院进行诉讼活动的行为？（单选）

　　A. 经历过诉讼活动　　　B. 没有经历过诉讼活动

　　C. 不清楚法院诉讼

3. 根据您的生活经验，民事裁判文书说理依据重要的作用是？（多选）

　　A. 正确认定案件事实　　B. 正确选取法律适应

　　C. 正确判断证据效力　　D. 没有作用

4. 根据您的生活经验，对于法官制作裁判文书时说理依据的态度是？（单选/填空）

　　A. 说理依据很重要，直接关系到裁判结果

　　B. 说理依据可能会影响裁判结果

　　C. 说理依据无所谓，同裁判结果没有关系

　　D. 不清楚说理依据是什么

　　E. 其他_____

5. 请问您对于援引与案件相关联的学说、观点进行说理的态度是？（单选）

　　A. 直接作为说理依据

　　B. 整合成法官自己观点进行说理

　　C. 不支持作为说理依据

　　D. 不清楚

6. 请问您相信法院的说理和裁判是公正的吗？（单选）

　　A. 很相信　　　B. 比较相信　　　C. 不太相信

　　D. 很不相信　　E. 不好说

7. 根据您的生活经验，民事裁判文书说理及其依据会影响裁判的公正性吗？（单选）

　　A. 会，直接关联　　　　B. 会，影响不大

　　C. 不会　　　　　　　　D. 不清楚

8. 民事裁判文书说理依据类型

8.1　根据您的生活经验，适用的"释法类"说理依据类型有？（多选/填空）

　　A. 依据法律条文　　　　　　B. 援引司法解释
　　C. 援引司法指导性文件　　　D. 援引指导性案例
　　E. 援引国际条约　　　　　　F. 其他＿＿＿＿

8.2　根据您的生活经验，适用的"法理类和政策类"等说理依据类型有？（多选/填空）

　　A. 适用法律原则　　　　　　B. 援引立法原则
　　C. 引用国家政策　　　　　　D. 运用法律学说
　　E. 运用法律术语　　　　　　F. 运用法学方法
　　G. 其他＿＿＿＿

8.3　根据您的生活经验，运用的"情理类"等说理依据类型有？（多选/填空）

　　A. 根据常识、经验法则　　　B. 运用情理
　　C. 利用行业规则（商业惯例）D. 运用社会公共利益或公序良俗
　　E. 从公平或利益衡平角度　　F. 其他＿＿＿＿

8.4　根据您的生活经验，最为信任的民事裁判文书说理依据类型是？（单选/填空）

　　A. "释法类"说理依据
　　B. "法理类和政策类"等说理依据
　　C. "情理类"等说理依据
　　D. 其他＿＿＿＿

9.　根据您的生活经验，认为法官选取民事裁判文书说理依据的思路为？（单选/填空）

　　A. 先有预设结论，按结论选择说理依据
　　B. 先根据案情需要选择说理依据，再推导结论
　　C. 其他＿＿＿＿

10.　根据您的生活经验，对于适用宪法作为民事裁判文书说理依据的态度是？（单选/填空）

　　A. 直接援引宪法条文　　　　B. 阐述宪法条文精神
　　C. 不适用　　　　　　　　　D. 其他＿＿＿＿

11. 根据您的生活经验，社会主义核心价值观可以作为民事裁判文书的？（单选）

    A. 直接说理依据   B. 间接说理依据

    C. 不得作为说理依据   D. 裁判依据

    E. 不清楚

12. 根据您的生活经验，您认为民事裁判文书制作中是否存在说理依据的适用问题？（单选）

    A. 存在，问题很多   B. 存在一些问题

    C. 很少存在问题   D. 不存在

13. 根据您的生活经验，您认为民事裁判文书说理包括哪些部分？（多选/填空）

    A. 事实认定说理   B. 法律适用说理

    C. 证据判断说理   D. 其他_____

14. 根据您的生活经验，您认为民事裁判文书说理依据存有问题的原因在于？（多选/填空）

    A. 法官不愿说理   B. 法官不善于说理

    C. 法官不敢说理   D. 其他_____

15. 根据您的生活经验，影响民事裁判文书说理依据选取的因素为？（多选/填空）

    A. 裁判结果的公正性

    B. 裁判结果的可接受性

    C. 裁判结果的经济性（息讼性）

    D. 裁判文书的社会影响

    G. 其他_____

16. 根据您的审判经验，说理依据与裁判依据的关系为？（单选/填空）

    A. 两者并无区别   B. 两者具有显著区别

    C. 两者细微区别   D. 两者既有区别又有联系

    E. 其他_____

17. 根据您的生活经验，证据及其认定所选取说理依据的考量因素？（多选/填空）

A. 举证证明责任分配说理　　B. 单一证据采信说理

C. 证明标准说理　　　　　　D. 证据证明力说理

E. 从公平或利益衡平角度　　F. 证据综合采信说理

G. 不清楚　　　　　　　　　H. 其他_____

18. 根据您的生活经验，法律适用阶段所运用说理依据的考量因素有？（多选/填空）

A. 法律位阶效力　　　　　　B. 个案的针对性

C. 从公平或利益衡平角度　　D. 其他_____

19. 您认为民事裁判文书说理还应在哪一方面最需要提升？（单选/填空）

A. 说理依据　　　　　　　　B. 推理过程

C. 自由裁量　　　　　　　　D. 责任意识

E. 其他_____

20. 根据您的生活经验，您对制定民事裁判文书说理依据清单持何种态度？（单选/填空）

A. 制作说理依据清单，规范说理依据选取

B. 没有必要制作说理依据清单

C. 无所谓

D. 其他_____

【选做题】您认为"民事裁判文书说理依据研究"还应该注意哪些问题？应该如何改进？

_____
_____
_____
_____

再次感谢您在百忙之中参与我们的问卷调查！祝您万事如意！

编号：_____

"民事裁判文书说理依据研究"调查问卷
（卷二·其他法律从业人员卷）

为了解我国"增强法律文书说理性""加强法律文书释法说理"进展情况，特组织开展了此次问卷调查。本处为不记名问卷调查部分，重点就法院在民事裁判文书说理依据方面的有关情况，特向您征询意见。为保证调查结论的客观性、中立性，请您据实填写，我们保证不会泄露相关信息。感谢您的合作与支持！

（请您在相应的选项前打"√"或在"_____"处填写）

1. 您的基本情况

您的性别：A. 女　B. 男

您的职业：A. 律师　B. 检察官　C. 公司法务　D. 科研工作者
　　　　　E 调解员　F. 政法委工作人员　G. 法制办工作人员
　　　　　H. 司法局工作人员　　I. 其他_____

您的学历：A. 研究生　　B. 本科　　　C. 大专

工作年限：A. 5 年以下　B. 5—10 年　C. 11—15 年　D. 16—20 年
　　　　　E. 20 年以上

2. 根据您的法律从业经验，民事裁判文书制作中是否存在说理依据的适用问题？（单选）

　　A. 存在，问题很多　　　　　B. 存在一些问题
　　C. 很少存在问题　　　　　　D. 不存在

3. 民事裁判文书说理依据类型

3.1 根据您的法律从业经验，适用的"释法类"说理依据类型有？（多选/填空）

　　A. 依据法律条文　　　　　　B. 援引司法解释
　　C. 援引司法指导性文件　　　D. 援引指导性案例
　　E. 援引国际条约　　　　　　F. 其他_____

3.2 根据您的法律从业经验，适用的"法理类和政策类"等说理依据类型有？（多选/填空）

　　A. 适用法律原则　　　　　　B. 援引立法原则

C．引用国家政策　　　　　D．运用法律学说

　　E．运用法律术语　　　　　F．运用法学方法

　　G．其他_____

3.3　根据您的法律从业经验，运用的"情理类"等说理依据类型有？（多选/填空）

　　A．根据常识、经验法则　　B．运用情理

　　C．利用行业规则（商业惯例）　D．运用社会公共利益或公序良俗

　　E．从公平或利益衡平角度　F．其他_____

4．根据您的法律从业经验，对于适用宪法作为民事裁判文书说理依据的态度是？（单选/填空）

　　A．直接援引宪法条文　　　B．阐述宪法条文精神

　　C．不适用　　　　　　　　D．其他_____

5．根据您的法律从业经验，社会主义核心价值观可以作为民事裁判文书的？（单选/填空）

　　A．直接说理依据　　　　　B．间接说理依据

　　C．不得作为说理依据　　　D．裁判依据

　　E．其他_____

6．根据您的审判经验，说理依据与裁判依据的关系为？（单选/填空）

　　A．两者并无区别　　　　　B．两者具有显著区别

　　C．两者细微区别　　　　　D．两者既有区别又有联系

　　E．其他_____

7．根据您的法律从业经验，民事裁判文书说理依据存有问题的原因在于？（多选/填空）

　　A．法官不愿说理　　　　　B．法官不善于说理

　　C．法官不敢说理　　　　　D．其他_____

8．根据您的法律从业经验，影响民事裁判文书说理依据选取的因素为？（多选/填空）

　　A．裁判结果的公正性　　　B．裁判结果的可接受性

　　C．裁判结果的经济性（息讼性）D．裁判文书的社会影响

　　E．其他_____

9. 根据您的法律从业经验，选取民事裁判文书说理依据的思路为？（多选/填空）

　　A. 按照预设结论选择说理依据

　　B. 根据说理需要选择说理依据，再推导结论

　　C. 其他_____

10. 根据您的审判经验，对于援引与案件相关联的学说、观点进行说理的态度是？（单选）

　　A. 直接作为说理依据　　　　B. 整合成法官自己观点进行说理

　　C. 不支持作为说理依据　　　D. 不清楚

11. 根据您的法律从业经验，您认为民事裁判文书说理包括哪些部分？（多选/填空）

　　A. 事实认定说理　　　　　　B. 法律适用说理

　　C. 证据判断说理　　　　　　D. 其他_____

12. 根据您的法律从业经验，证据及其认定所选取说理依据的考量因素有？（多选/填空）

　　A. 举证证明责任分配说理　　B. 单一证据采信说理

　　C. 证明标准说理　　　　　　D. 证据证明力说理

　　E. 从公平或利益衡平角度　　F. 证据综合采信说理

　　G. 其他_____

13. 根据您的生活经验，民事裁判文书说理及其依据会影响裁判的公正性吗？（单选）

　　A. 会，直接关联　　　　　　B. 会，影响不大

　　C. 不会　　　　　　　　　　D. 不清楚

14. 根据您的法律从业经验，法律适用阶段所运用说理依据的考量因素？（多选/填空）

　　A. 法律位阶效力　　　　　　B. 个案的针对性

　　C. 从公平或利益衡平角度　　D. 其他_____

15. 您认为民事裁判文书说理还应在哪一方面最需要提升？（单选/填空）

　　A. 说理依据　　　　　　　　B. 推理过程

　　C. 自由裁量　　　　　　　　D. 责任意识

E. 其他_____

16. 根据您的法律从业经验,您对制定民事裁判文书说理依据清单持何种态度?(单选/填空)

A. 制作说理依据清单,规范说理依据选取

B. 没有必要制作说理依据清单

C. 无所谓

D. 其他_____

【选做题】您认为"民事裁判文书说理依据研究"还应该注意哪些问题?应该如何改进?

_____
_____
_____
_____

再次感谢您在百忙之中参与我们的问卷调查!祝您万事如意!

附　录

编号：_____

"民事裁判文书说理依据研究"调查问卷
（卷三·法官卷）

为了解我国"增强法律文书说理性""加强法律文书释法说理"进展情况，特组织开展了此次问卷调查。本处为不记名问卷调查部分，重点就法院在民事裁判文书说理依据方面的有关情况，特向您征询意见。为保证调查结论的客观性、中立性，请您据实填写，我们保证不会泄露相关信息。感谢您的合作与支持！

（请您在相应的选项前打"√"或在"_____"处填写）

1. 您工作单位：A. 最高人民法院　B. 高级人民法院
　　　　　　　C. 中级人民法院　D. 基层人民法院

2. 根据您的审判经验，民事裁判文书制作中是否存在说理依据的适用问题？（单选）

　　A. 存在，问题很多　　　　B. 存在一些问题
　　C. 很少存在问题　　　　　D. 不存在

3. 根据您的审判经验，适用的"释法类"说理依据类型有？（多选/填空）

　　A. 依据法律、法规条文　　B. 援引司法解释
　　C. 援引司法指导性文件　　D. 援引指导性案例
　　E. 援引国际条约　　　　　F. 其他_____

4. 根据您的审判经验，适用的"法理类和政策类"等说理依据类型有？（多选/填空）

　　A. 适用法律原则　　　　　B. 援引立法精神
　　C. 引用国家政策　　　　　D. 运用法律学说
　　E. 运用法律术语　　　　　F. 运用法学方法
　　G. 其他_____

5. 根据您的审判经验，运用的"情理类"等说理依据类型有？（多选/填空）

　　A. 根据常识、经验法则

B. 案情、事理

C. 利用行业规则（商业惯例）

D. 运用社会公共利益或公序良俗

E. 从公平或利益衡平角度

F. 其他_____

6. 根据您的审判经验，说理依据与裁判依据的关系为？（单选/填空）

  A. 两者并无区别　　　　　　B. 两者具有显著区别

  C. 两者细微区别　　　　　　D. 两者既有区别又有联系

  E. 其他_____

7. 根据您的审判经验，对于适用宪法作为民事裁判文书说理依据的态度是？（单选/填空）

  A. 直接援引宪法条文　　　　B. 阐述宪法条文精神

  C. 不适用　　　　　　　　　D. 其他_____

8. 根据您的审判经验，社会主义核心价值观可以作为民事裁判文书的？（单选/填空）

  A. 直接说理依据　　　　　　B. 间接说理依据

  C. 不得作为说理依据　　　　D. 裁判依据

  E. 其他_____

9. 根据您的审判经验，对于援引与案件相关联学说、观点进行说理的态度？（单选）

  A. 直接作为说理依据

  B. 整合成法官自己观点进行说理

  C. 不支持作为说理依据

  D. 不清楚

10. 根据您的审判经验，民事裁判文书说理依据存有问题的原因在于？（多选）

  A. 法官不愿说理　　　　　　B. 法官不善于说理

  C. 法官不敢说理　　　　　　D. 法官认为无说理必要

11. 根据您的审判经验，影响民事裁判文书说理依据选取的因素为？（多选/填空）

  A. 裁判结果的公正性

B. 裁判结果的可接受性

C. 裁判结果的经济性（息讼性）

D. 裁判文书的社会影响

E. 其他_____

12. 根据您的审判经验，选取民事裁判文书说理依据的思路为？（多选）

A. 按照预设结论选择说理依据

B. 根据说理需要选择说理依据，再推导结论

C. 预设结论，审理程序中不断调整说理依据

13. 根据您的审判经验，民事裁判文书说理包括哪些部分？（多选/填空）

A. 证据判断说理　　　　　B. 事实认定说理

C. 法律适用说理　　　　　D. 其他_____

14. 根据您的审判经验，证据及其认定所选取说理依据的考量因素为？（多选/填空）

A. 举证证明责任分配说理

B. 单一证据采信说理

C. 证明标准说理

D. 证据证明力说理

E. 从公平或利益衡平角度

F. 证据综合采信说理

G. 其他_____

15. 根据您的审判经验，法律适用阶段所运用说理依据的考量因素？（多选/填空）

A. 法律位阶效力　　　　　B. 个案裁量的针对性

C. 公平或利益衡平角度　　D. 其他_____

16. 您认为民事裁判文书说理还应在哪些方面最需要提升？（单选/填空）

A. 给予法官适用说理选取更大的自由裁量

B. 重点阐述个案说理依据选取的特殊性

C. 明晰说理依据和说理结果间的逻辑关系

D. 注重说理以及说理依据的表达方式

E. 增加/减少"情理类"说理依据使用

F. 增加/角色"释法类"说理依据使用

G. 增加/减少"法理类和政策类"说理依据使用

H. 其他_____

17. 根据您的审判经验，您对制定民事裁判文书说理依据清单持何种态度？（单选）

A. 制作说理依据指引，规范说理依据选取

B. 没有必要制作说理依据指引

【选作题】您认为"民事裁判文书说理依据研究"还应该注意哪些问题？应该如何改进？

_____
_____
_____
_____

再次感谢您在百忙之中参与我们的问卷调查！祝您万事如意！